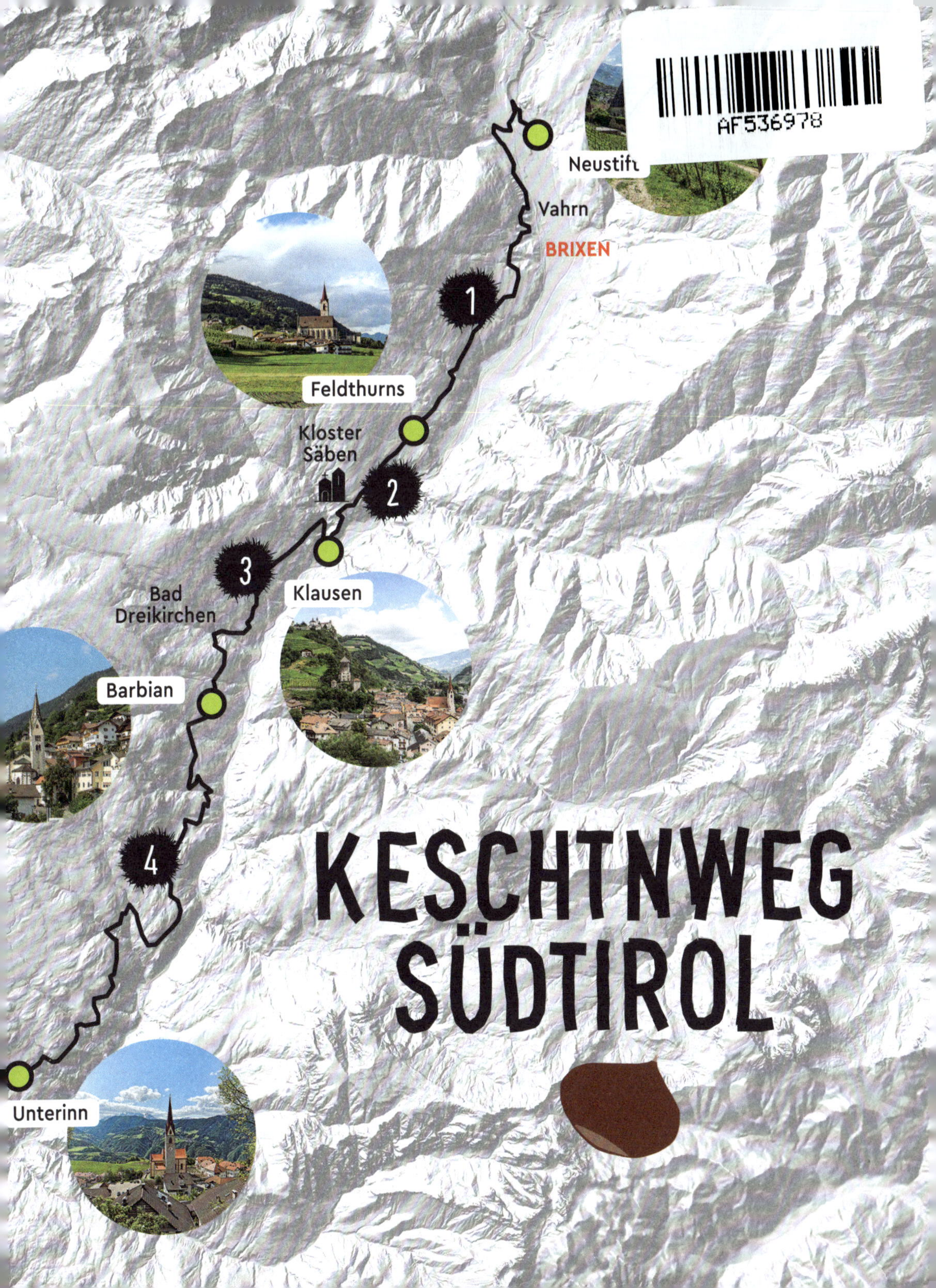

AF536978
Neustift
Vahrn
BRIXEN
1
Feldthurns
Kloster
Säben
2
3
Klausen
Bad
Dreikirchen
Barbian
4
KESCHTNWEG
SÜDTIROL
Unterinn

ROSMARIE RABANSER GAFRILLER

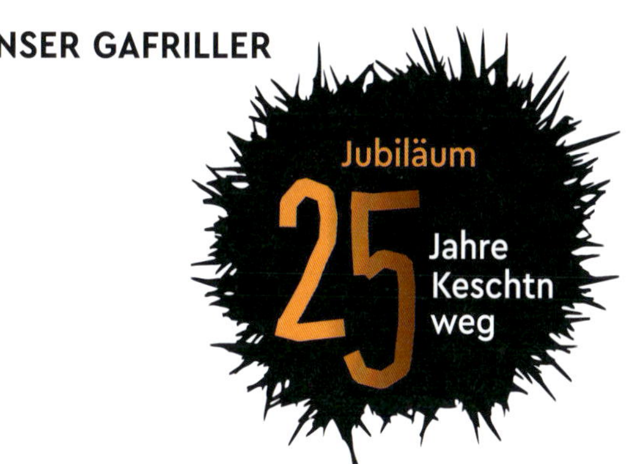

Der Kastanienweg
von Neustift nach Vilpian

KESCHTNWEG SÜDTIROL

TAPPEINER.

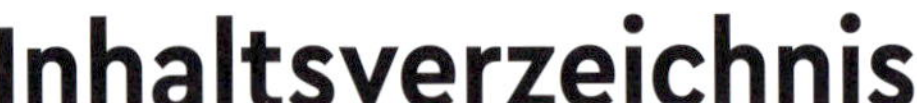

Inhaltsverzeichnis

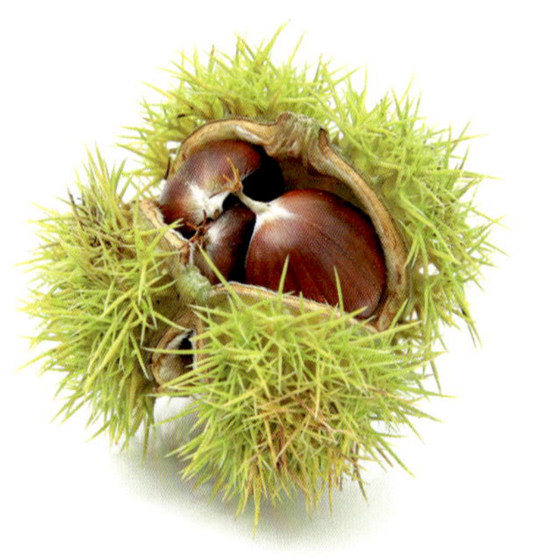

Vorwort

Werte Gäste, liebe Freunde des Keschtnweges!

Der Keschtnweg ist vor 25 Jahren entstanden und ist ein Musterbeispiel, wie es gelingt Landschaft, Kultur, Tradition, Landwirtschaft und Kulinarik zu vereinen. Der Keschtnweg von Vahrn über Brixen, Feldthurns, Klausen, Villanders, Barbian, Ritten, Bozen bis nach Terlan/ Vilpian verbindet eine wunderschöne Natur- und Kulturlandschaft, welche durch prachtvolle Kastanienhaine geprägt ist.
Die Kastanie ist somit das verbindende Element des Keschtnweges, welcher mittlerweile nicht nur im Herbst zur Törggelezeit gerne begangen wird.
Das zweite verbindende Element ist die Gastronomie, die es entlang des Keschtnweges zu entdecken gilt. Der Keschtnweg führt an Gasthäusern, Buschenschänken und Hofschänken vorbei, wo man Schmackhaftes aus Küche, Hof und Keller genießen kann. Der Keschtnweg ist somit auch ein Vorzeigebeispiel, wie sich Gastronomie und Landwirtschaft gegenseitig stützen und fördern können.

Das 25-jährige Jubiläum unseres Keschtnweges nehme ich als Obmann des Bezirkes Eisacktal des Hoteliers- und Gastwirteverbandes (HGV) gerne zum Anlass, um all jenen zu danken, die diesen spannenden Wanderweg realisiert haben. Insbesondere danke ich den langjährigen Wegbegleitern Norbert Blasbichler und Franz Tauber, die vor 25 Jahren die treibende Kraft bei der Realisierung des Keschtnweges waren.
Dass die Kastanienhaine gepflegt werden und in der Öffentlichkeit eine größere Wertschätzung erfahren müssen und dass die Kastanie ein wertvolles

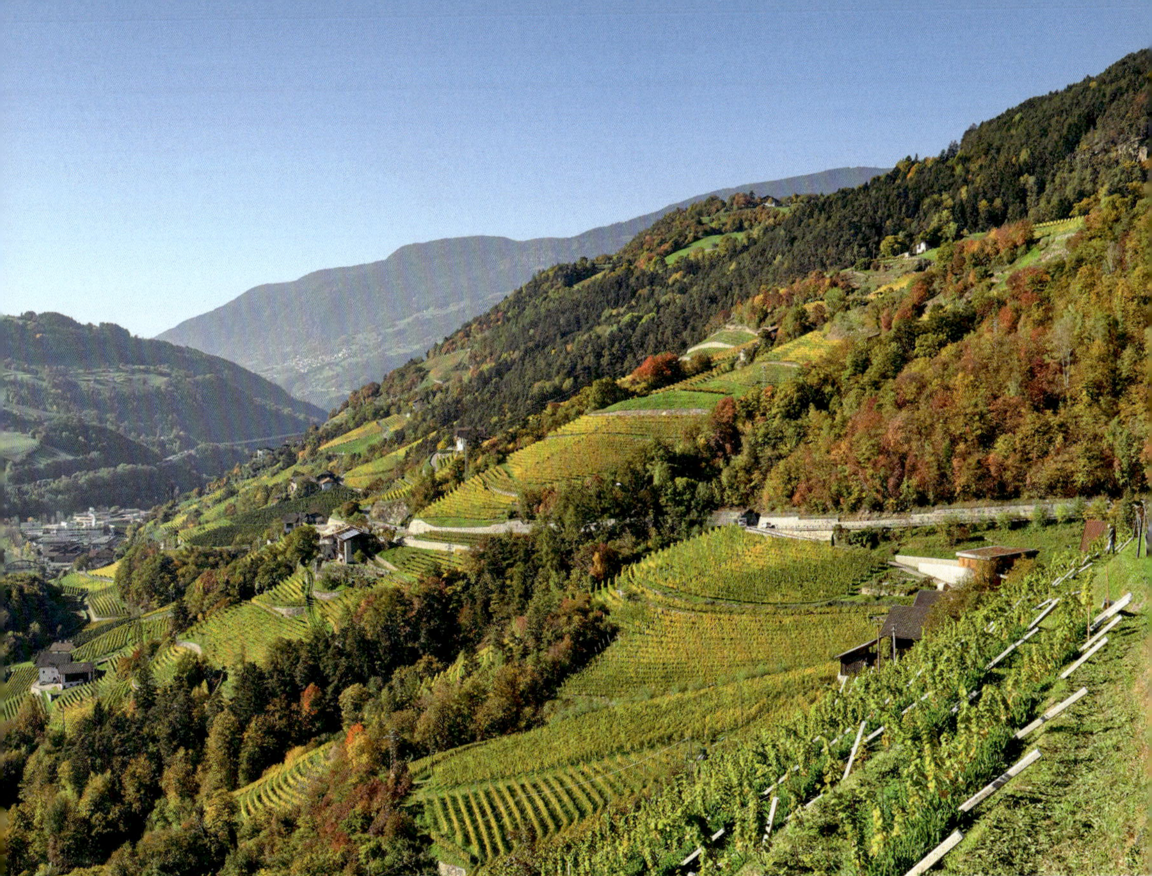

Herbstlandschaft zwischen Klausen und Feldthurns

Produkt für die Gastronomie darstellt, das war sowohl den Bauern als auch den Gastwirten schnell klar. Der Keschtnweg bot die Möglichkeit, Landschaft, Landwirtschaft und Gastronomie noch enger zu verzahnen und schließlich die Dörfer und Täler entlang dieses Weges noch besser miteinander zu verbinden.
Ich danke Peter Righi, der sich mit viel Engagement für die Realisierung und Weiterentwicklung des Keschtnweges eingesetzt hat.

Herzlichen Dank auch den Gemeinden und Tourismusvereinen entlang des Keschtnweges für die jahrzehntelange, sehr gute Zusammenarbeit.

Schließlich danke ich all jenen, die ihren Beitrag zur Verwirklichung dieses wunderschönen Buches beigetragen haben.

Helmut Tauber
Obmann des Bezirkes Eisacktal des Hoteliers- und Gastwirteverbandes (HGV)

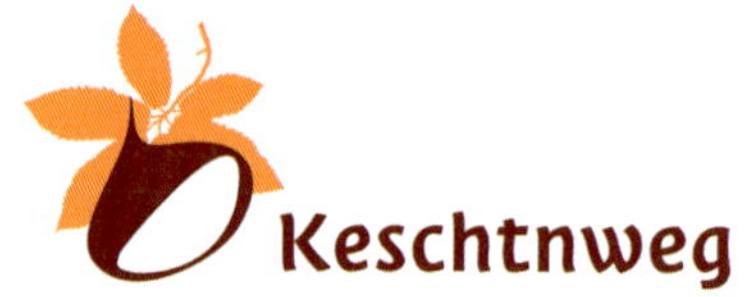

Die Entstehung des Keschtnweges und seine Vision ...

→ Ende der 1990er Jahre wurde ich vom Tourismusverband Eisacktal beauftragt, nachhaltige touristische „Produkte" zu entwickeln, die das Zusammenspiel zwischen Gastronomie, Landwirtschaft und Kultur verstärken. In dieser Zeit hatte ich das Glück, den Eisacktaler Volks- und Heimatkundler Hans Fink (1912–2003) kennenzulernen. Dieser weckte meine Neugier für die vielen Kulturgüter an der orografisch rechten Seite des Eisacks, vom Kloster Neustift, dem Mittelgebirge zwischen Tils bei Brixen und dem Säbener Berg bis hin zum Künstlerstädtchen Klausen. Hans Fink hatte im Jahr 1955 bei Tötschling in einer Trockenmauer einen Figurenmenhir entdeckt und er erzählte mir von der vorgeschichtlichen Besiedlung des Eisacktals, das im Süden an meinen geliebten Ritten grenzt. Dort wurde bei St. Verena nur drei Jahre vorher der „Penzlmenhir" an der alten „Kaiserstraße" gefunden.

Etwas später, bei der Veranstaltung des „Keschtnigls" in Feldthurns hat auch mich der Tatendrang der kreativen „Keschtnrunde" in ihren Bann gezogen. Die Arbeitsgruppe hatte 1998 entlang bestehender Wanderwege – zwischen dem Wöhrmanngraben im Gemeindegebiet von Feldthurns, vorbei am Schloss Velthurns bis zum Säbener Berg und hinunter nach Klausen – den Keschtnweg ausgeschildert und markiert. Heute noch kann man hie und da eine der historischen Tafeln erspähen, die damals der Künstler Heiner Gschwendt (1914–2011) aus Klausen gestaltet hatte. Man schmiedete nun an der Vision, in dieser malerischen Landschaft mit ihren sonnenverwöhnten Rebhängen und lichtdurchfluteten Kastanienhainen ein gut durchdachtes

Wegeprojekt zu verwirklichen und die Anrainer am Keschtnweg zwischen Brixen und Bozen miteinzubeziehen.

Nach unzähligen Gesprächen mit Grundbesitzern, Gemeindeverwaltern, Kulturschaffenden und nicht zuletzt mit den Tourismustreibenden konnte der Weitwanderweg zwischen Neustift/Vahrn und der Landeshauptstadt ausgewiesen werden. Gut 60 Kilometer sollte er damals auf alten Flur- und Handelswegen vom Vahrner See – etwas später ab Kloster Neustift –, vorbei an Brixen, hinauf nach Feldthurns, hinunter nach Klausen, steil hinauf nach Villanders und Barbian und über das sonnige Rittner Hochplateau bis hin zur Bilderburg Runkelstein bei Bozen verlaufen. Bevor weitere Etappen durch das Etschtal in das Burggrafenamt oder in den Vinschgau hinzugefügt werden, sollten weitere 20 Jahre vergehen. Erst im Jahr 2022 konnte die Verlängerung bis nach Terlan/Vilpian realisiert werden.

Heute kennt man den Keschtnweg als einen technisch mittelschwierigen, rund 90 km langen Weitwanderweg, dessen Streckenabschnitte individuell von den Wanderern ausgewählt werden können, aber auf dem ebenso lohnende Tageswanderungen gemacht werden können. Die mehrtägige Weitwanderung über Mittelgebirgsterrassen auf ca. 700 bis 800 Meter Meereshöhe verläuft über Wanderwege, Saumpfade und wenig befahrene Straßen. Der gesamte Streckenverlauf ist mit der Benennung „Keschtnweg" gekennzeichnet.

Der neue Keschtnweg soll wie ein Faden verstanden werden, auf dem wir nun Perlen auffädeln können. Der Weg soll mit authentischen Erlebnispunkten der ländlichen Alltagskultur, Gastronomie und der Kulturgüter aufgewertet und kommuniziert werden. Dabei können den Wandernden Bequemlichkeiten wie der Transport ihres Gepäckes von einem zum anderen Etappenziel angeboten werden.

Das ehrgeizige Ziel war damals, auch den landschaftsprägenden Kastanienbaum aufzuwerten und die Esskastanien in der Gastronomie ganzjährig zu verankern, aber auch die Sichtbarkeit des Kastanienholzes zu verstärken – mit diesen Werten wollten wir bereits damals unseren Keschtnweg nicht auf die abgegriffene Ebene der Themenwege stellen, sondern ihn durch die gelebte Alltagskultur entlang der Strecke einen besonderen Charakter verleihen, der auch ohne Schautafeln oder moderne

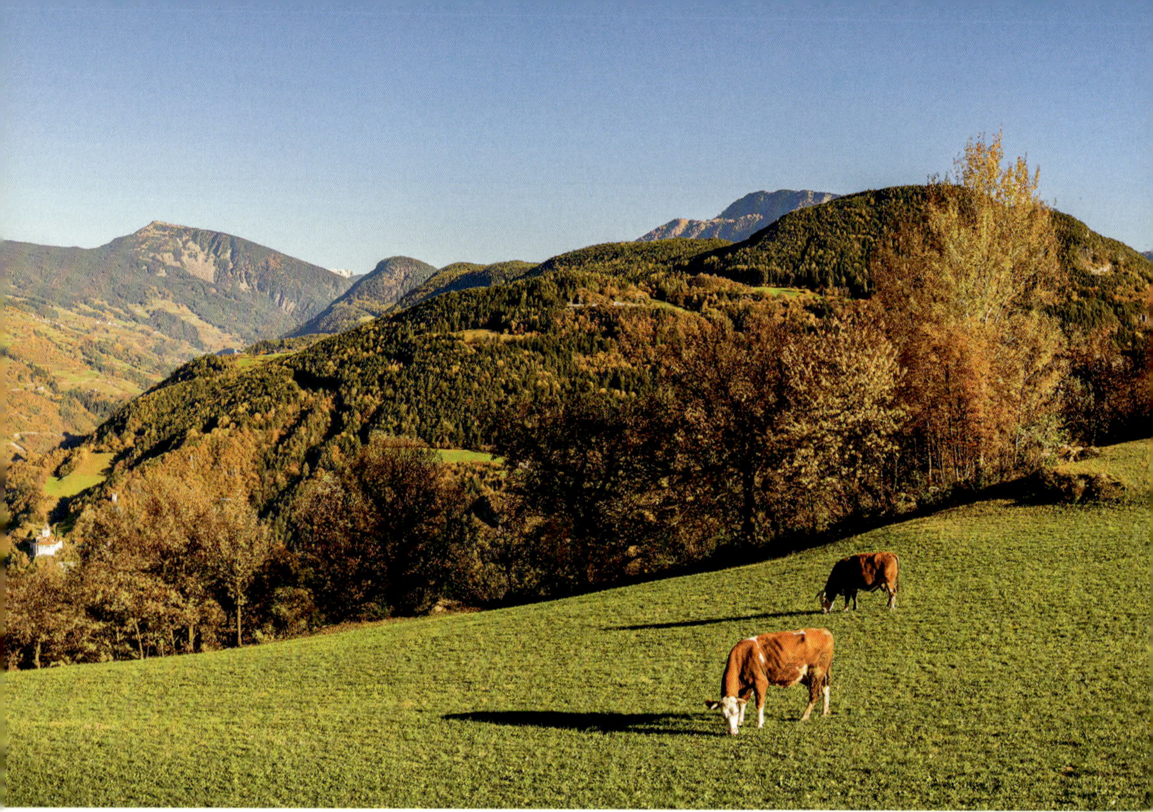

Installationen zurechtkommt. Die Besonderheit am Keschtnweg sind die uralten Kastanienhaine, die im Sommer Schatten spenden und im Herbst einer bunten Farbenpalette ähneln. Im Winter greifen die mächtigen Stämme und bizarren Äste wie stumme Riesen in den Himmel. Zartgrün erwachen sie im Frühling und betören im Frühsommer mit ihren Blütenständen unsere Sinne. Nach der Auflösung der übergemeindlichen Tourismusverbände im Jahr 2018 stand der Keschtnweg vor einer großen Herausforderung, da sich weder die örtlichen noch die landesweiten Tourismusorganisationen für das Projekt zuständig fühlten. Immer stärker bemängelten die lokalen Partner eine zentrale Anlaufstelle, da sich die Marke des Keschtnweges etabliert hatte und diese sich auch weiterentwickeln sollte. Es war der Tourismusverein Klausen, der im Jahr 2019 das Projekt aufgegriffen und die Kommunikation rund um das Wegeprojekt gepflegt hat. Erst nach der Pandemie im Jahr 2022 schufen die Tourismusorganisationen am Keschtnweg eine Arbeitsgruppe und vergaben in dieser Gruppe verschiedene Aufgaben.

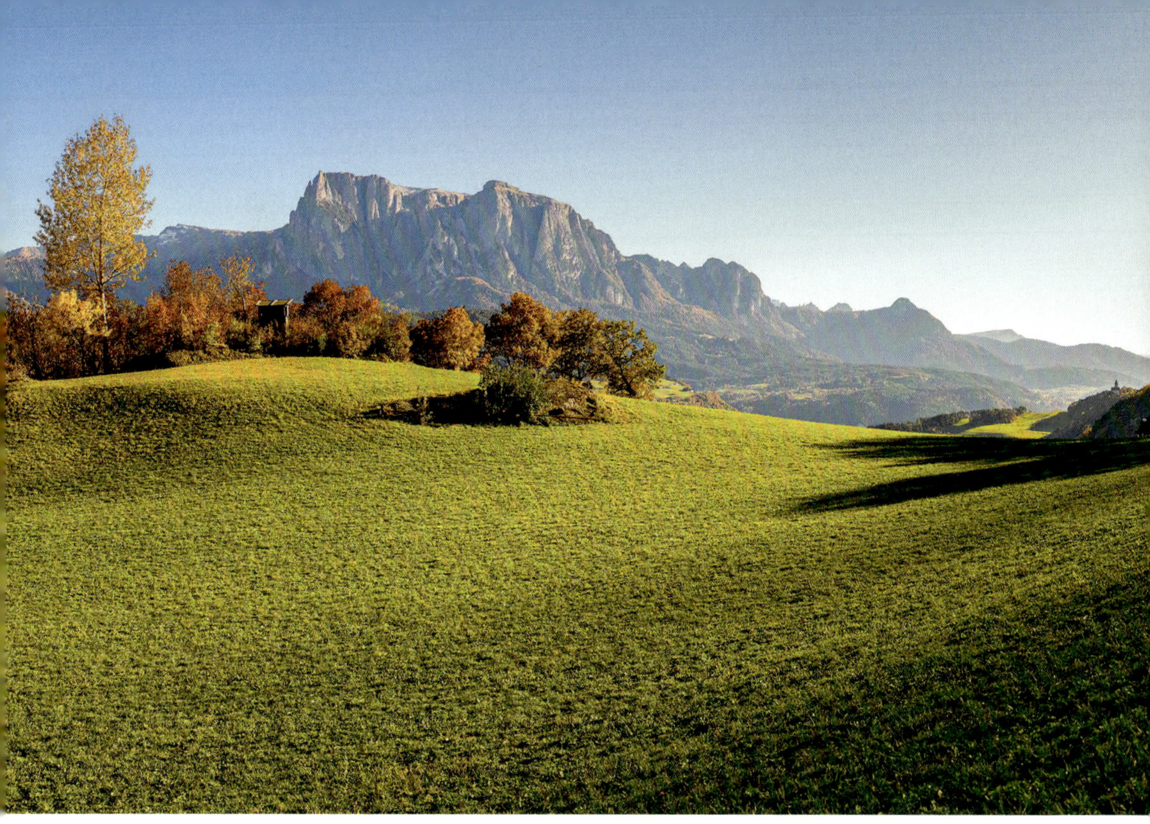

Herbstlicher Blick auf den Schlern, das Wahrzeichen Südtirols

Im darauffolgenden Jahr wurde ein kurzer Streckenabschnitt zwischen Barbian und Ritten verlegt und die Verlängerung des Weges zwischen Schloss Runkelstein und Terlan neu beschildert. Noch innerhalb desselben Jahres sollen weitere Gemeinden im Burggrafenamt angesprochen werden, ob sie an einer Verlängerung des Keschtnweges bis nach Dorf Tirol interessiert sind.
Heute – 25 Jahre nach der ersten Ausschilderung – möchten wir das Viertelhahrhundert-Bestehen dieses einmaligen und wunderbaren Keschtnweges ehren und würdigen.

Für mich persönlich ist der Keschtnweg mehr als nur ein Fernwanderweg, der von vielen Wegbegleitern mit viel Herzblut und Engagement verwirklicht worden ist. Er zeichnet ein Profil durch die authentische Kultur- und Naturlandschaft Südtirols, das geschaffen wurde, Menschen zu verbinden. Der Keschtnweg ist ein Stück Lebensweg.

Peter Righi
Mit-Initiator des Keschtnweges und Projektleiter

Einführung

→ Der gemeinsame Nenner, welcher Neustift mit Vilpian verbindet, ist der Kastanienbaum und dessen geschätzte Frucht, die „Keschte". So wird die Esskastanie in der Südtiroler Mundart bezeichnet und diesen Namen erhielt auch der „Keschtnweg" als Hauptdarsteller dieses Buches. Der Kastanienbaum wurde einst wegen seiner stärkereichen Früchte als Brotbaum bezeichnet und die Esskastanie galt als Brot der armen Leute, da sie über so manche Hungersnot hinweghalf. Bei Getreidemissernten etwa bildete sie einen wertvollen Ersatz. Der Verzehr von Kastanien half generell, kostbares Brotmehl zu sparen.

Dieses Buch begleitet den Leser auf eine Wanderung über verschiedene Etappen Richtung Süden, von Neustift über Feldthurns, Klausen, Villanders und Barbian im Eisacktal, über das Hochplateau am Ritten in die Landeshauptstadt Bozen und schließlich weiter nach Terlan und Vilpian im Etschtal. Der Kastanienweg ist mit seiner Länge von rund 90 Kilometern und einer Höhenlage zwischen 260 und 1000 Metern vom Frühling bis in den späten Herbst und bei milden Temperaturen auch im Winter begehbar.
Der Kastanienweg ist durchwegs sehr gut markiert, es empfiehlt sich jedoch, eine Karte der jeweiligen Umgebung im Maßstab 1:25.000 für die detaillierte Planung und Orientierung hinzuzuziehen.

Den Keschtnweg verbindet man gerne mit Herbst, Törggelen, gebratenen Kastanien, Wein und Genuss. Das ist auf jeden Fall richtig, weil vor allem im Herbst, wenn sich die Kastanienhaine in den verschiedensten Farben färben, die Landschaft einen unvergleichlichen

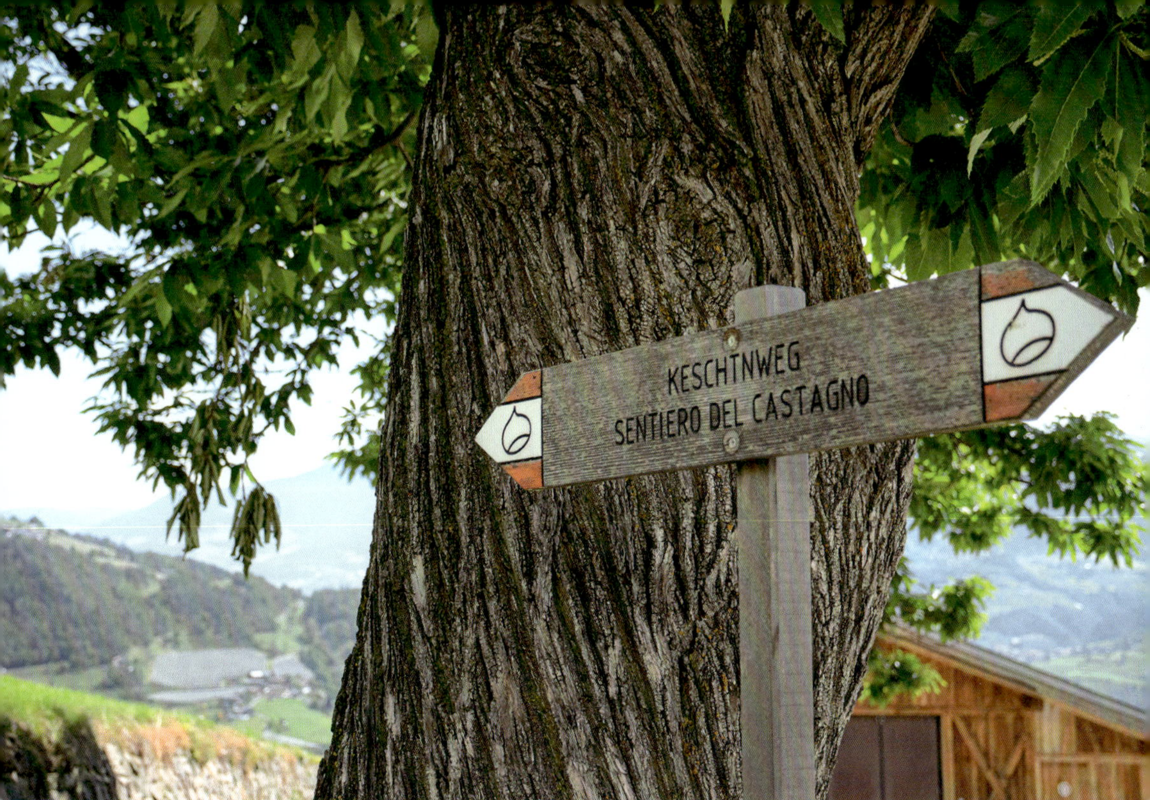

Beschilderung von Neustift bis Bozen: Dieses Symbol begleitet den Wanderer sicher über den Keschtnweg.

Charme versprüht. Das Törggelen mit gebratenen Kastanien und dem „jungen" Wein, das an den zahlreichen Buschenschänken und typischen Gasthäusern zu einer ganz bestimmten Zeit im Herbst entlang des Weges angeboten wird, hat schon immer Gäste und Einheimische begeistert und in den Bann gezogen.

Der Keschtnweg ist jedoch meist das ganze Jahr über begehbar: ein Wanderparadies inmitten von Mischwäldern, grünen Wiesen und imposanten alten Kastanienbäumen. Man begegnet außerdem zahlreichen Naturdenkmälern mit einer jahrhundertealten Kultur.

Zu Beginn dieses Buches wird kurz beschrieben, wie die Idee zu diesem Weg entstanden ist und wer die Initiatoren dieses so wunderbaren Weges waren. Die Kastanie wird ebenfalls genauer unter die Lupe genommen, wobei man Wissenswertes über Geschichte, Standort und Pflege, Sorten, Holz, Laub und Blüte der Kastanie, aber auch über Inhaltsstoffe, Ernte und Konservierung und noch einiges mehr über diese wunderbare Frucht in Erfahrung bringt.

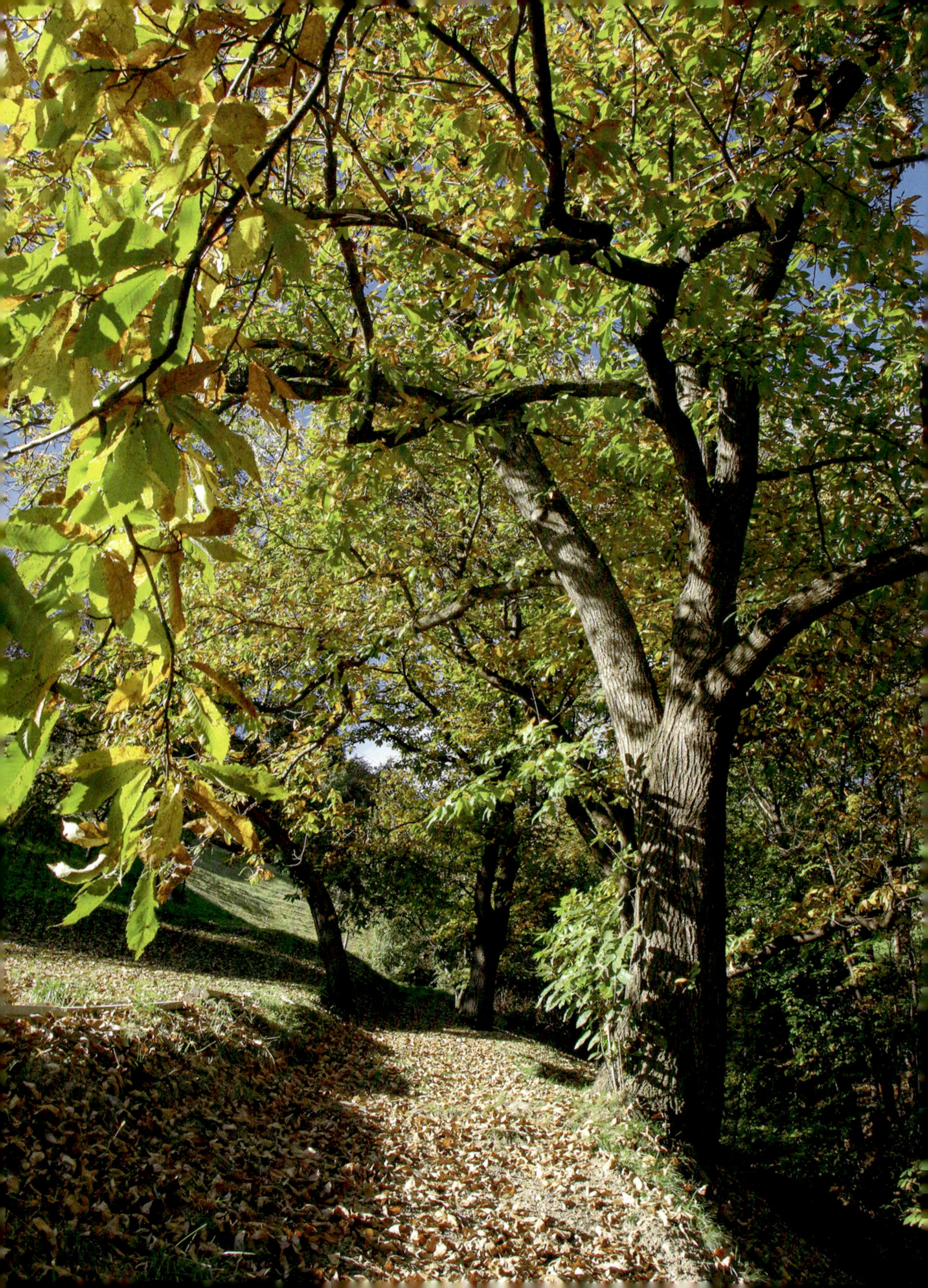

„Wenn die Kastanienbäume, wie aus glänzendem Metall geschnitten, ihre Blätter ansetzen oder die üppigen Blütenbüschel vorantreiben, wenn die „Köstenigel" sich entwickeln und dann aufspringen und die glatten, harten Früchte freigeben und ebenso, wenn im Spätherbst die mächtigen Kronen goldbraun aus der ganzen Landschaft herausleuchten, immer sind sie gleich schön und interessant. Ja selbst wenn sie entblättert und völlig nackt dastehen, wird ein aufmerksames Auge immer neue Reize an ihnen entdecken."

Josef Weingartner, Kunsthistoriker

In einem eigenen Kapitel werden traditionelle Südtiroler Kastaniengerichte präsentiert und zudem einige köstliche Rezepte mitgeliefert.
Im Hauptteil des Buches werden die einzelnen sechs Etappen detailliert beschrieben: Jede Etappe enthält eine allgemeine Beschreibung des Weges, detaillierte technische Daten des Weges, den genauen Wegverlauf, einen kartografischen Kartenausschnitt zur genauen Orientierung, einen 3D-Ausschnitt für einen guten Überblick sowie zahlreiche Tipps und Sehenswertes am Wegesrand. Selbstverständlich sind die Etappen mit zahlreichen Fotos versehen. Jede Etappe ist auch als Tagesziel geeignet.

Neben dem bekannten Keschtnweg gibt es auch andere Wege durch Kastanienhaine. Dieser wundervolle Pfad findet sich in Barbian.

Die besondere Flora, Fauna und Geologie des Keschtnweges werden in leicht verdaulicher und lesbarer Form vermittelt. Am Ende des Buches gibt es Informationen zu Veranstaltungen rund um die Kastanie sowie eine Liste der Einkehrmöglichkeiten am Kastanienweg.
Die Kastanienbäume entlang des Kastanienweges sind zur Gänze im Privatbesitz. Der Erlös der Kastanien ist für die Besitzer der meist kleinstrukturierten Bauernhöfe ein wichtiges Einkommen. Deshalb zu guter Letzt noch der freundliche Aufruf an die Wanderer: Sie sollten das Aufsammeln der Kastanien den Bauern überlassen!
Danke an alle, die dieses Buch angeregt, unterstützt und zu dessen Verwirklichung beigetragen haben, und wir wünschen genussvolle, entspannte, aber auch durchaus sportliche Erlebnisse am Keschtnweg!

Die Edelkastanie *(castanea sativa)*

„Was wäre Feldthurns ohne seine Kastanienkronen! Diese Bäume sollten hier Ehrenbürgerschaft genießen, sie sind die Wahrzeichen dieser Landschaft."

Josef Rampold

→ Allgemeines

Nicht nur die Früchte des Kastanienbaumes spielen im Eisack- und Etschtal eine wichtige Rolle, auch der Baum selbst charakterisiert die Mittelgebirgslandschaft dieser Gebiete. Die Stämme alter, umfangreicher Baumriesen mit ihrer rissigen, meist gedrehten Rinde und die ausladende Laubkrone erfreuen das Auge und brachten auch Dichter ins Schwärmen. Zu jeder Jahreszeit sind sie eine Zierde für diese Gegenden. Die Geschichte der Edelkastanie begann bereits im Tertiär, fossile Funde belegen ihr damaliges Vorkommen in ganz Europa. Dieses Erdzeitalter endete vor 2,6 Millionen Jahren. Durch die letzte große Eiszeit wurde die Kastanie in den Süden verdrängt. Unsere Europäische Kastanie stammt aus Kleinasien. Über Griechenland breitete sie sich dann nach Italien und Spanien aus. Jedenfalls wird sie in Italien bereits zur Zeit von Christi Geburt erwähnt. Damals wurde aber eher das Holz geschätzt und die Frucht an die Schweine verfüttert. Man kann annehmen, dass es wohl die Römer waren, welche die Kastanie dann in unser Land mitbrachten, das sie ab 15 v. Chr. besetzten.

Im 13. Jahrhundert fand man die Kastanie schließlich dann auch in schriftlichen Zeugnissen bei uns in Südtirol und zwar in Form von Flurnamen, die mit der Kastanie zu tun hatten. Die Bevölkerung nahm zu, neue Hofstellen entstanden und mit ihnen nahm auch der Bestand an Kastanienbäumen zu. Auch die Klöster leisteten ihren Beitrag zu deren Verbreitung, sie verlangten

Rund 300 Jahre alt ist dieser Kastanienbaum beim Prinznonerhof in Barbian.

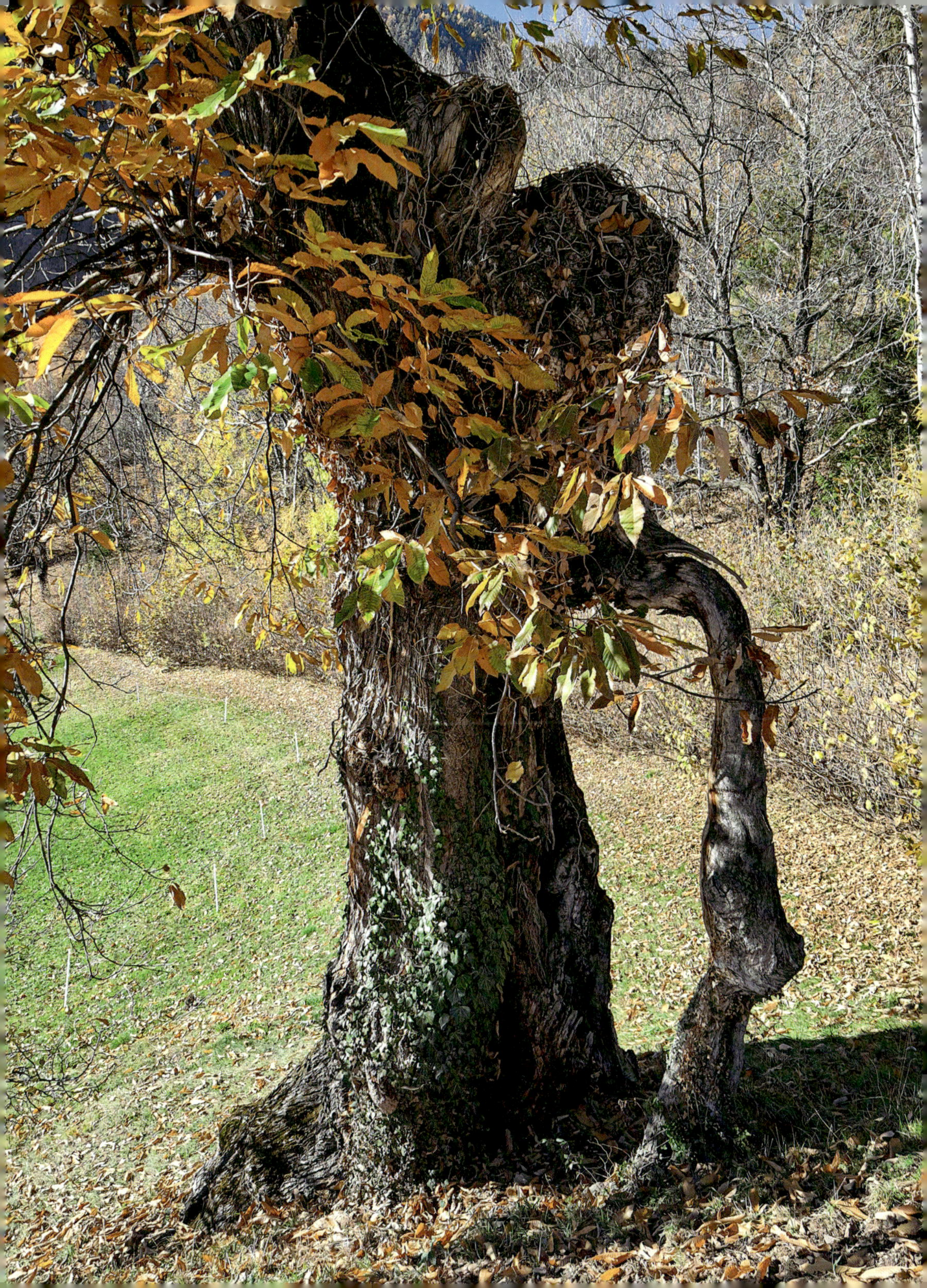

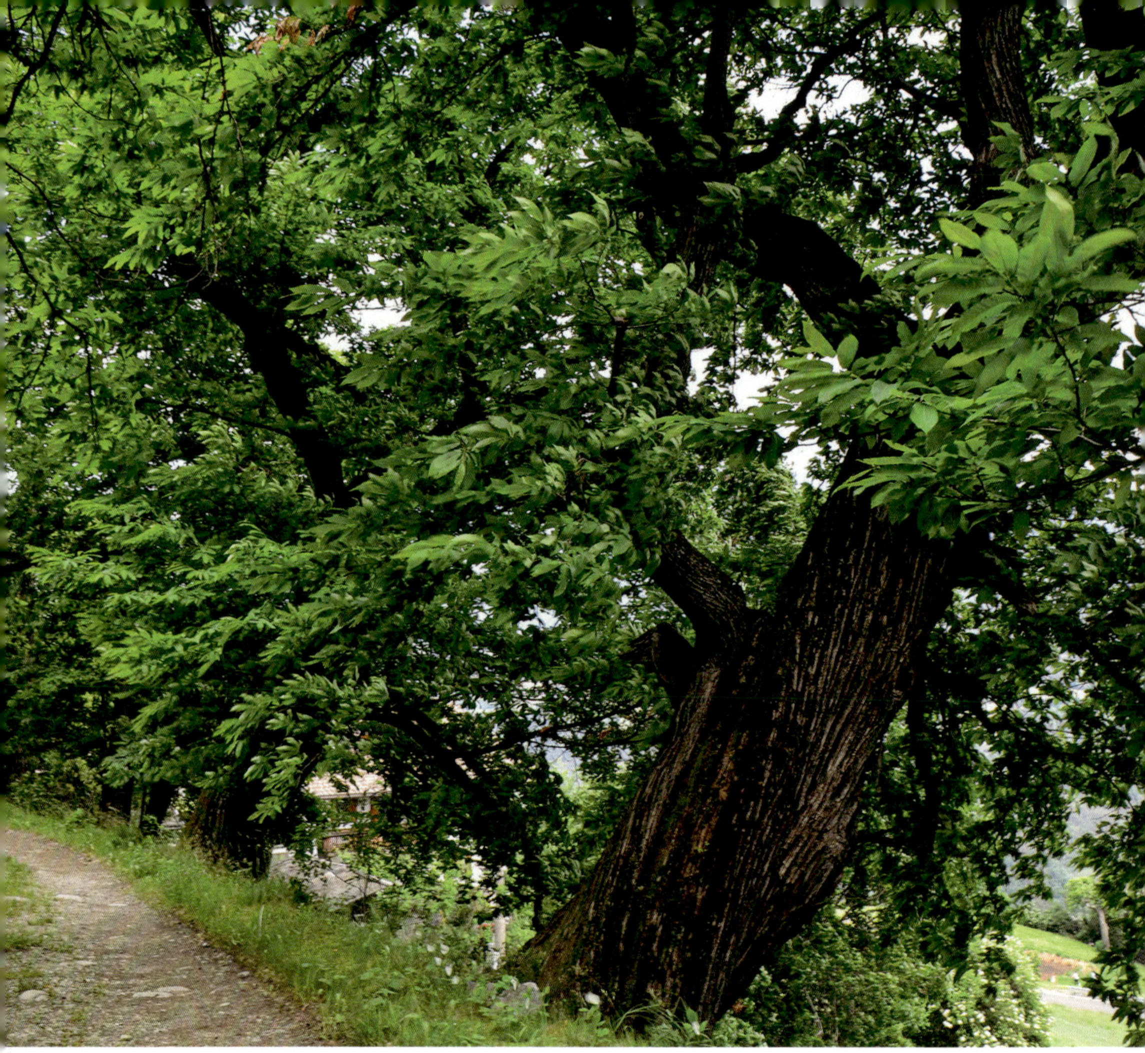

Stattliche Kastanienbäume am Keschtnweg in Feldthurns

neben dem Wein auch Kastanien als Zinsgabe. Nicht zuletzt trug auch Kaiserin Maria Theresia mit ihrer Landesreform im 18. Jahrhundert das ihre zur Verbreitung dieser Frucht bei, sie schrieb deren Anbau sogar vor.

Es gibt viele Bäume, welche noch auf diese Zeit zurückdatiert werden, also um die 300 Jahre alt sind. Aber es gibt auch Ausnahmeexemplare, welche 500 Jahre und älter sind. In den folgenden Jahrhunderten wurde die geschätzte Frucht nach und nach durch die Kartoffel verdrängt. Schließlich bedrohte und befiel auch der Kastanienrindenkrebs viele Bäume.

Der Kastanienbaumzüchter Hans Laimer beim Braten seiner Keschtn

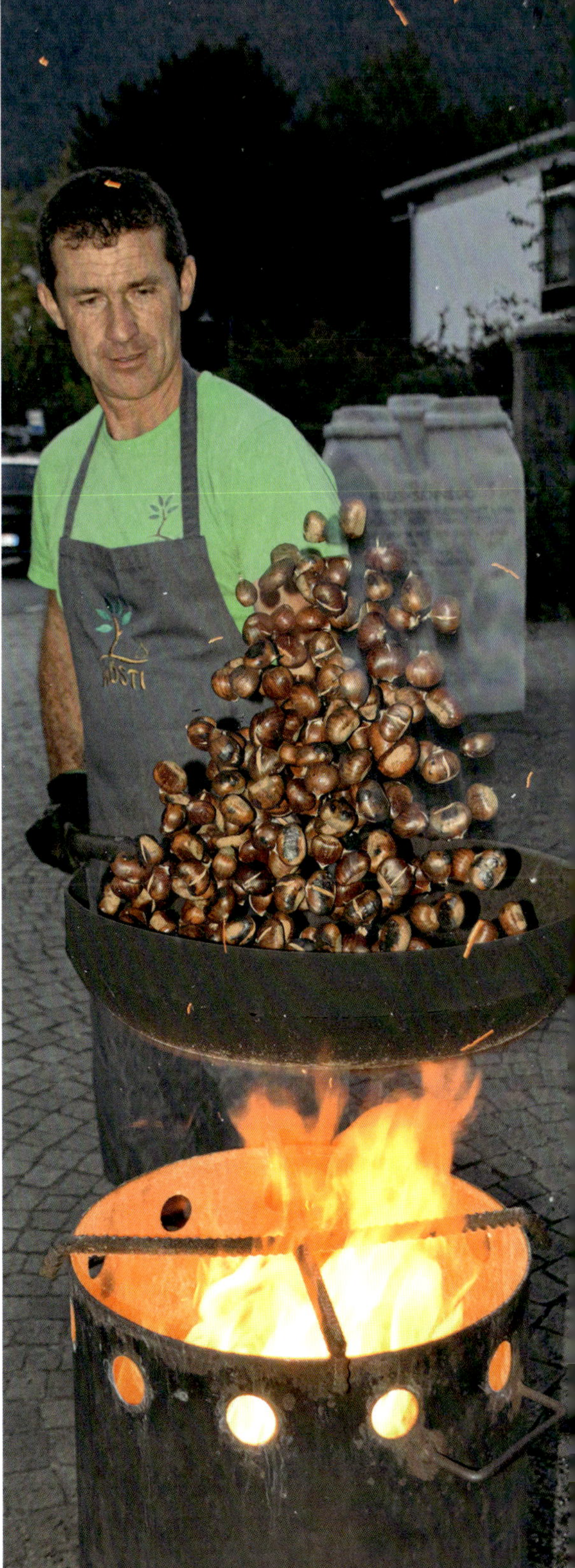

Geschichtliche Hinweise finden sich ebenso über die Südtiroler „Keschtnbrater", welche sich auch über die Landesgrenzen hinauswagten. Dort verkauften sie ihre köstlich duftende, wärmende und knusprige Ware, die gebratenen Kastanien. Auf dem Stegener Markt, einem großen Volksfest in Stegen bei Bruneck (Pustertal), welches im Herbst stattfindet, werden ebenso gebratene Kastanien angeboten. Früher galt der Spruch: „Wer auf dem Stegener Markt Kastanien gegessen hat, ist leichter über den Winter zu bringen."

Heute noch werden in Deutschland gebratene Kastanien mit den Weihnachtsmärkten in Verbindung gebracht.

→ Standort, Aussehen, Pflege

Die Esskastanien fühlen sich auf sauren und lockeren Böden wohl und diese Böden befinden sich im Gebiet der Bozner Porphyrplatte. Im Brixner Raum dominieren Granit und Quarzphyllit,

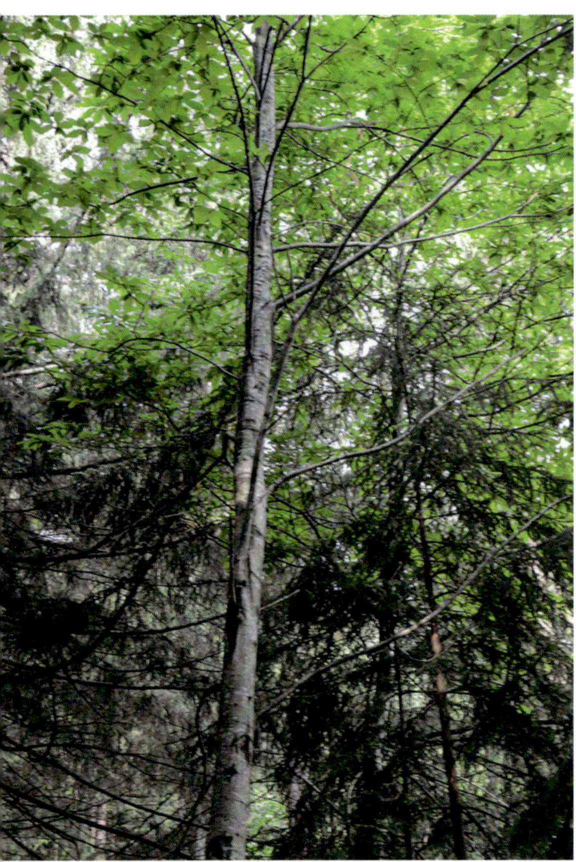

Die Rinde der jungen Kastanienbäume ist silbrig-grau und glatt.

welche den Kastanien genauso zusagen. Auf kalkhaltigen und staunassen Böden hingegen, wie etwa in den Dolomiten, gedeihen sie nicht gerne.

Wärme ist ebenfalls gut für die mediterrane Pflanze und in trockenen Sommern freuen sich die Bäume über Wassergaben. Düngen mit gutem Stallmist oder Kompost verbessert die Bodenbeschaffenheit, vor allem die Kaliumzufuhr ist gefragt, denn sie erhöht die Widerstandskraft des Baumes. Kalium ist auch in der Frucht der Kastanie in hohem Maße enthalten.

Kastanienbäume wollen frei atmen können, also rundherum freistehen und sich nicht mit anderen Bäumen vergesellschaften. Der Boden sollte zum Beispiel vom Herbstlaub befreit werden. Darin könnten nämlich Schädlinge überwintern. Man sollte auch immer wieder einen fachgerecht durchgeführten Schnitt machen und die vom Kastanienrindenkrebs befallenen Äste entfernen. Aber auch diese Arbeit will gekonnt sein, um dem Baum nicht zu schaden. Denn die Schnittstelle könnte

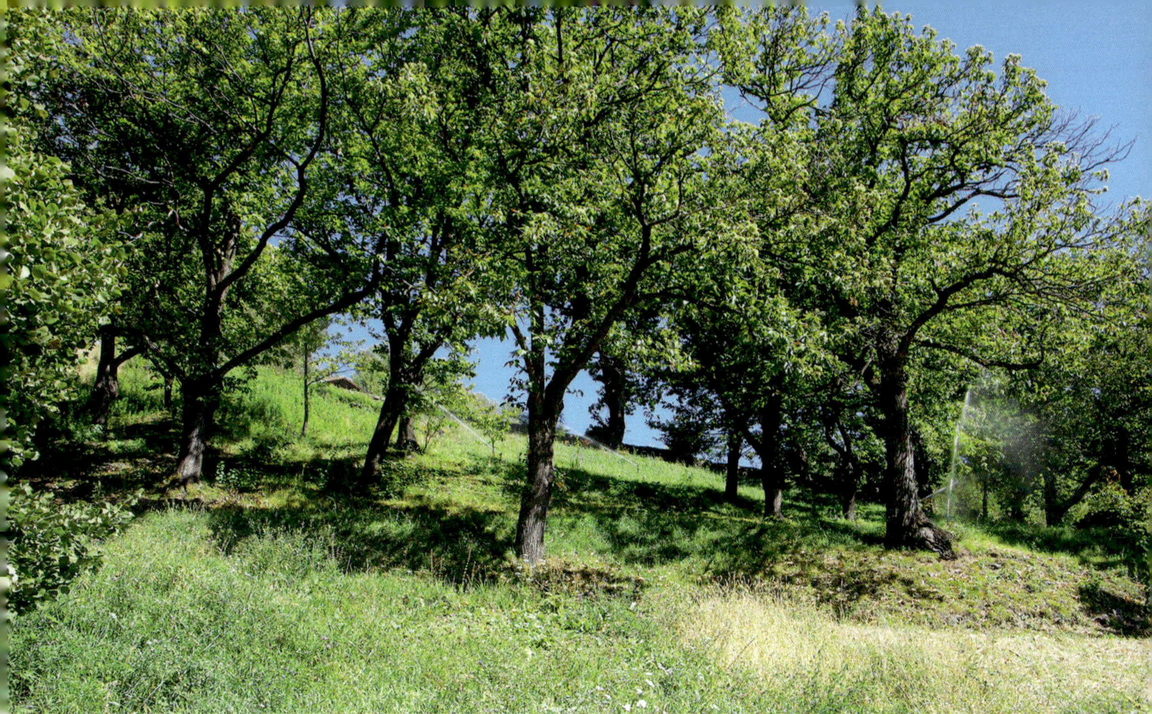

In trockenen Sommern freuen sich die Kastanien über Wassergaben.

zu bestimmten Zeiten wieder eine Eintrittspforte für schädliche Pilzsporen sein.

Die Kastanie gehört übrigens zur Familie der Buchen und wächst bis auf eine Obergrenze von 900 bis 1000 Metern. Mit der sogenannten Rosskastanie (Aesculus, ein Seifenbaumgewächs), die vor allem in Deutschland oft als Kastanie bezeichnet wird, haben unsere Esskastanien nichts gemein. Die Früchte der Rosskastanien sind viel rundlicher und nicht essbar. Beide sind umhüllt von Igeln, jene der Esskastanie haben aber deutlich mehr Stacheln und diese sind sehr viel weicher als die Stacheln der Rosskastanie. Die Blätter der giftigen Rosskastanie ähneln einer Hand, sie sind also im Unterschied zu den Blättern der Esskastanie mehrgliedrig und zudem nicht gezackt. Die auffällige Blüte der Rosskastanie ist ein weiteres eindeutiges Erkennungsmerkmal, aber dieses hilft einem im Herbst beim Sammeln der Kastanien natürlich wenig.

Der Esskastanienbaum erreicht eine durchschnittliche Höhe von 25 Metern, welche sich aber auch bis zu 35 Metern steigern kann. Der Durchmesser liegt bei ein bis zwei Metern, dieser Wert kann aber genauso überschritten werden. Mit zunehmendem Alter erhält der Baum seine drehwüchsige, grau-braune und rissige Rinde, welche den Baum charakterisiert. Bei jungen Bäumen ist die Rinde noch glatt und silbrig-grau.

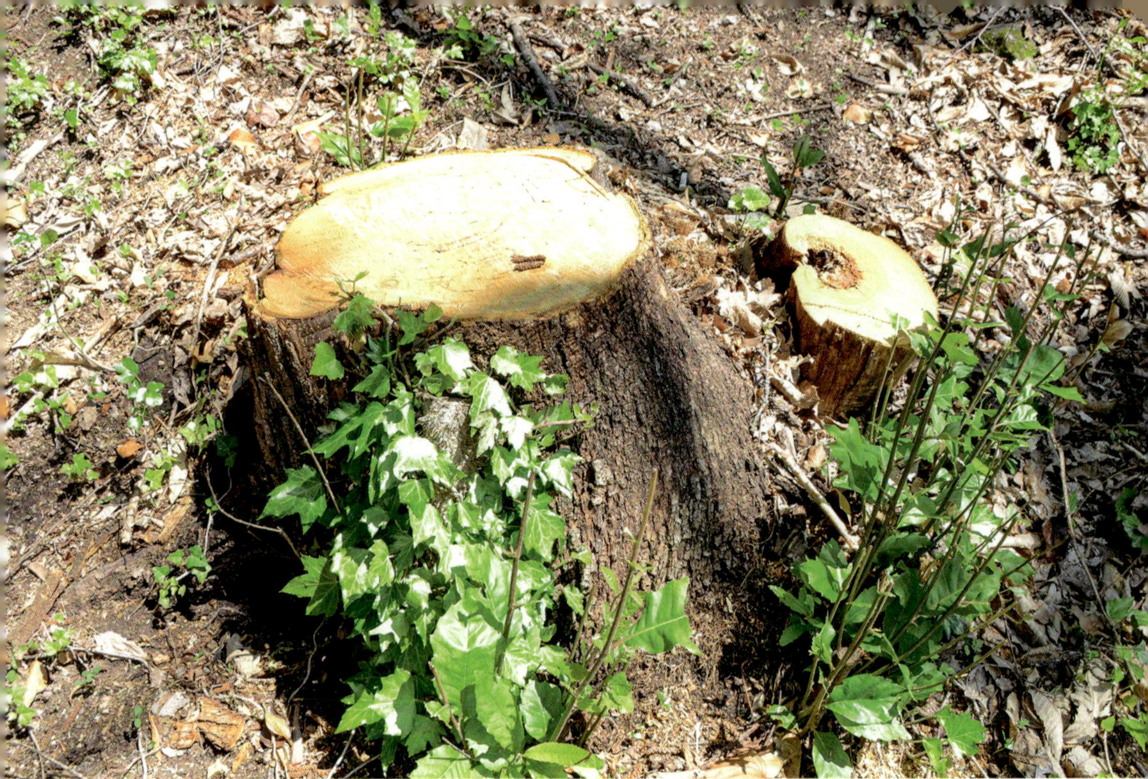

Auf den Stock geschnittene Bäume schlagen an einer anderen Stelle sofort wieder aus.

➔ Das Holz

Das Holz der Kastanienbäume enthält sehr viel Gerbstoffe und gilt daher als dauerhaft und äußerst widerstandsfähig gegen Feuchtigkeit und Schädlinge. Südlich von Bozen – im Überetsch beziehungsweise im Montiggler Wald – wächst viel Wein und man verwendete früher das Stangenholz der dort wachsenden Kastanien vor allem als Rebpfähle für die Stabilisierung der Weinrebe. Heute macht dieser Bedarf nur mehr einen kleinen Anteil aus und man greift auf Stangen aus Beton zurück. Das edle Holz wird – sofern man es erhält – gerne auch für Möbel im Außenbereich, Brücken, Zäune, Spielgeräte, aber auch für Fässer verwendet. So reift der Kastanienschnaps eines Produzenten aus Feldthurns für einige Zeit in ebenso einem Fass. Kastanienholz für den Innenausbau hingegen wird größtenteils importiert. Auch einige Künstler verwenden das Holz der Kastanie vorzugsweise für ihre Skulpturen, wie etwa Lothar Dellago aus Barbian sowie Simon Rauter und Herbert Kerschbaumer aus Feldthurns.

➔ Das Laub

Im Herbst erfreut das Laub der Kastanie mit seiner goldgelben Färbung das Auge und schmückt die Landschaft. Es wurde früher im getrockneten Zustand als Streu für das Vieh im Stall verwendet. Ich erinnere mich noch selber daran, wie ich es einige Male mit einem großen Buckelkorb, dem sogenannten „Labkorb" heimschleppte. Eine Zeitzeugin aus Barbian erzählte mir, dass Bauern, welche keine Kastanienbäume besaßen und bei den Besitzern „Lab (Laub) kehren" durften, dieses Laub dann beim betreffenden Bauern in Form von Arbeitsdienst abgelten mussten.

Die bis zu 25 Zentimeter langen, grobgezähnten, knapp sechs Zentimeter breiten Blätter werden auch blanchiert und zum Einwickeln von Käse verwendet: Einerseits sorgt das enthaltene Tannin für einen besonderen Geschmack, andererseits ist es ein natürliches Verpackungsmaterial, welches auch zur Haltbarkeit dient. Der bekannte Käse-Affineur Hansi Baumgartner aus dem Brixner Raum weiß diesen Umstand zu nutzen und begeistert damit seine Kunden!

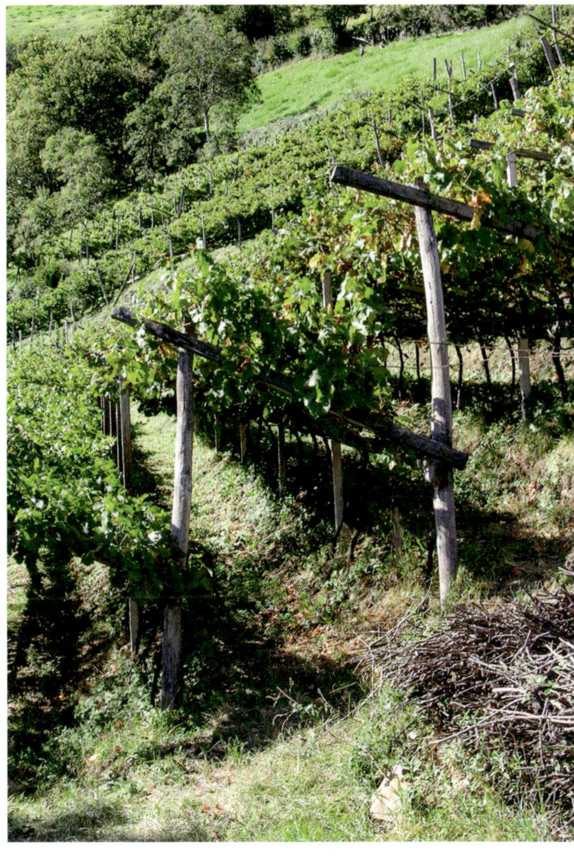

Auch heute entdeckt man noch ab und zu Rebpfähle aus dauerhaftem Kastanienholz.

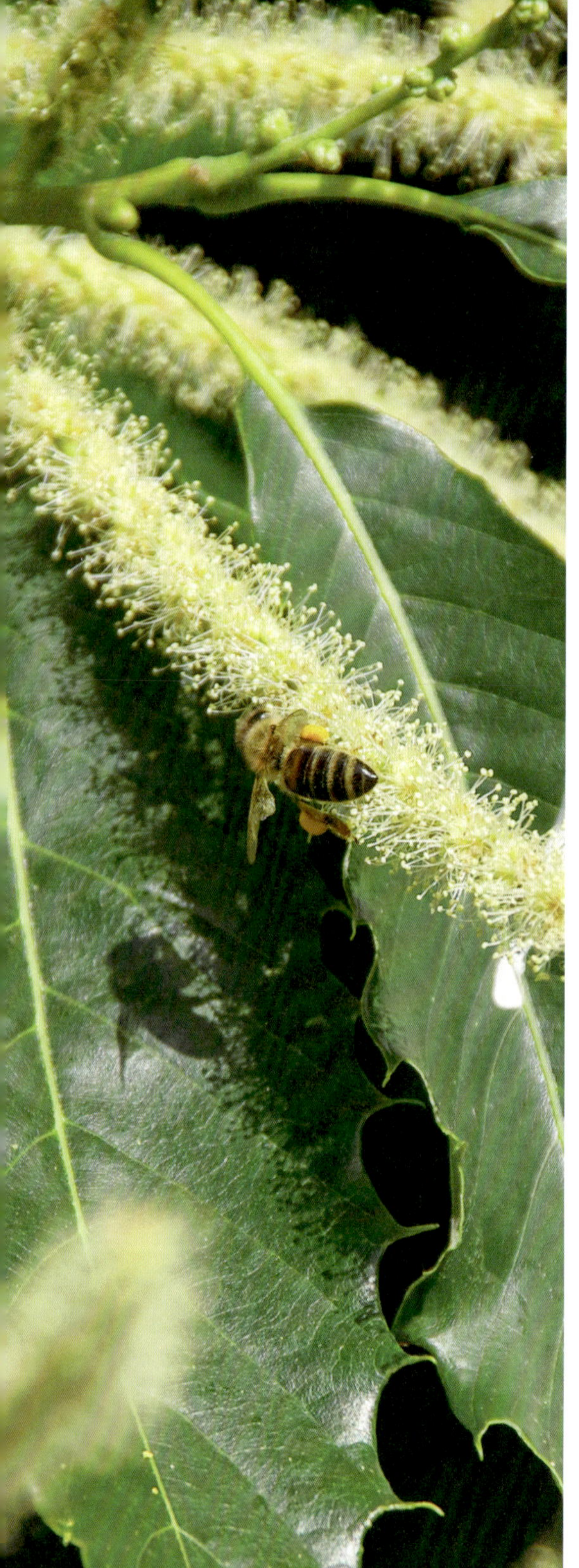

Die Blüten der spät blühenden Kastanienbäume werden gerne von Bienen aufgesucht.

→ Die Blüte

Die Kastanienbäume gehören zu den letzten Blühern. Sie lassen sich Zeit bis Juni, bieten dann aber einen wahren Augenschmaus, intensiven Duft und eine langwährende Blütezeit. Die Kastanie ist einhäusig, das bedeutet, dass auf einem Baum männliche und weibliche Blüten vorhanden sind. Die zartgelben, stark duftenden und rund 20 Zentimeter langen Blütenrispen sind die männlichen Blüten. An der Basis dieser entwickeln sich etwa zehn Tage später die unscheinbaren, grünlichen, kugeligen weiblichen Blüten, aus denen sich dann die Igel samt Frucht entwickeln. Die männlichen Blüten sind sehr nektarreich und werden gerne von den Bienen aufgesucht. Der Ertrag wird dann zu Kastanienhonig verarbeitet.

→ Die Inhaltsstoffe

Die Kastanie enthält viele Kohlenhydrate und wurde daher früher auch als das „Brot der armen Leute" bezeichnet. Sie half früher vielen Familien die *Mäuler* satt zu kriegen und das wert-

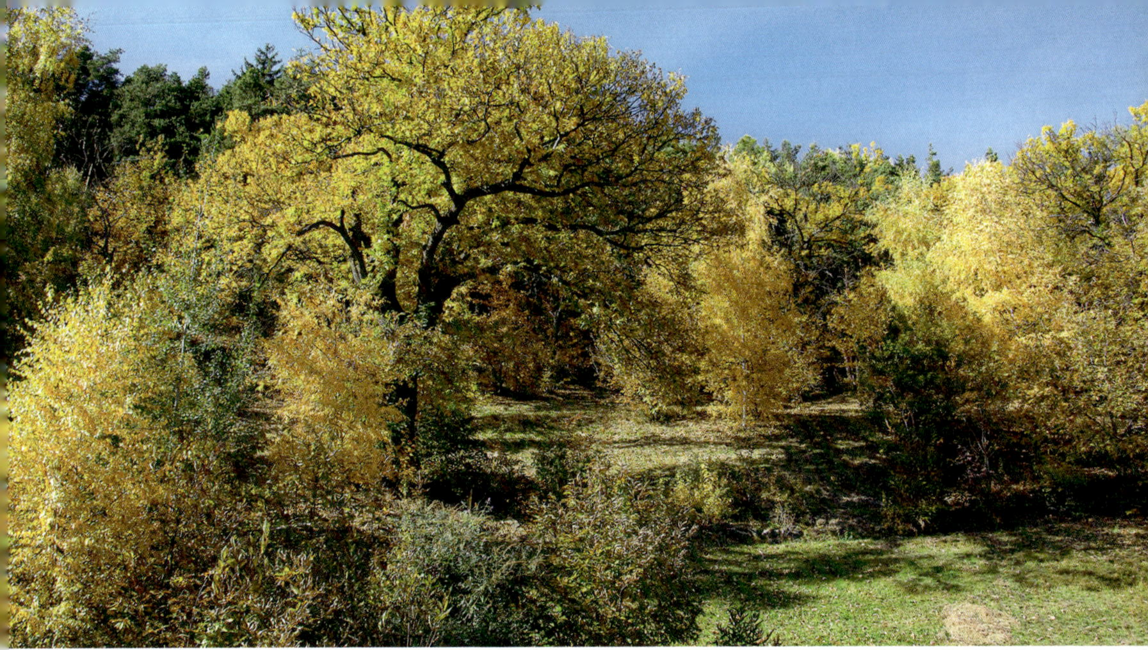

Kastanienbäume vergesellschaften sich nicht gerne mit anderen Bäumen.

volle Brotmehl zu sparen. Die Frucht rettete über so manche Hungersnot hinweg. Man aß im Winter abends ausschließlich gekochte Kastanien. Sie wurden mittels Wasserbad haltbar gemacht. Eine andere Methode des Haltbarmachens war es, die Früchte in der Scheune auszubreiten und immer wieder umzudrehen. So schimmelten sie nicht und trockneten aus. Durch das Kochen der Kastanien wurden sie wieder weich und genießbar. „Auch während der Pause ging ich von der Schule heim, um gekochte Kastanien zu essen", erzählte mir eine ältere Mitbürgerin aus Barbian. Ein anderer Zeitzeuge – ebenfalls aus Barbian – erzählte mir, dass seine Mutter sogar aus wilden Kastanien Mehl herstellte, denn zum Kochen und Essen taugten diese nicht. „Sie entfernte nur die harte Schale, die bräunliche, pelzige Haut ließ sie drauf. Wir waren arme Kleinhäusler und die Mutter musste zusehen, unsere Mäuler irgendwie zu stopfen", erzählte er. Bei den sogenannten „wilden" Kastanien handelt es sich um die Früchte von nicht veredelten Bäumen. Dies sind Bäume, welche sich aus einer keimenden Kastanie entwickeln. Diese findet man vor allem in Wäldern und werden von Tieren als Wintervorrat deponiert.

Die Frucht ist außerdem ein basenbildendes Nahrungsmittel, das in heutigen Zeiten der Übersäuerung ebenfalls einen gesunden Nebeneffekt darstellt. Nicht zuletzt ist die Kastanie glutenfrei und das Mehl daher auch für Zöliakie-Patienten bekömmlich. Ein weiterer Vorteil ist, dass die Kastanie zwar

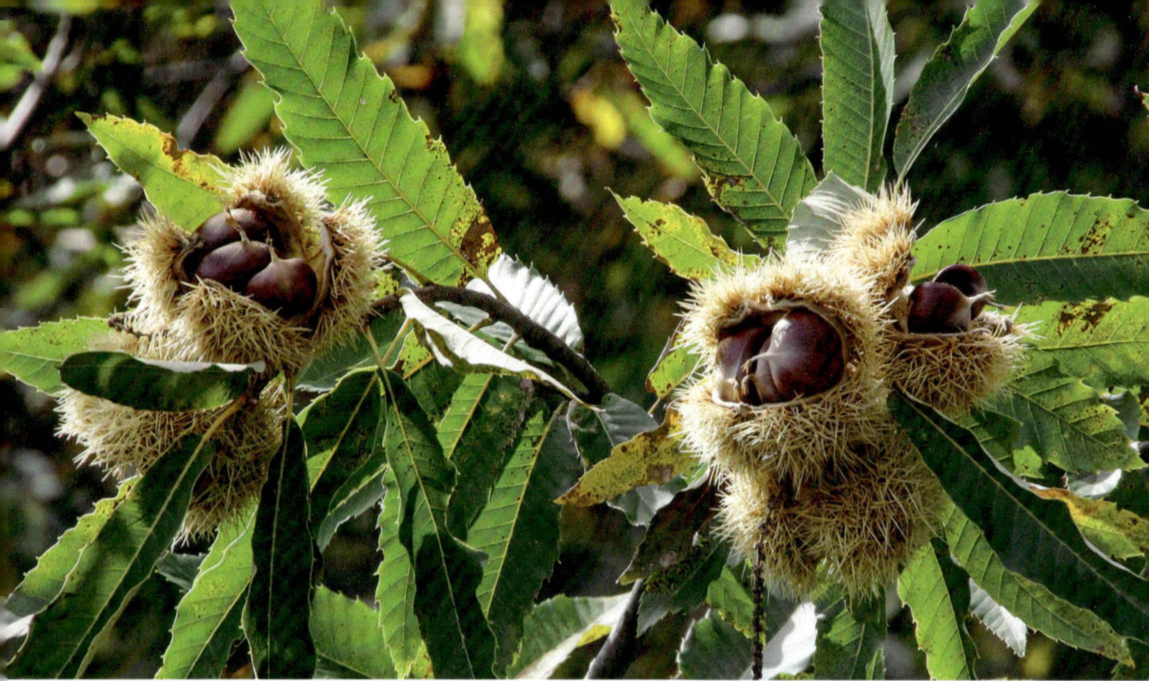

Jeweils drei Kastanien sind in einem Igel.

zu den Nussfrüchten zählt, aber einen niedrigen Fettgehalt aufweist, verbunden mit einem hohen Gehalt an essenziellen Aminosäuren. Außerdem liefert uns diese wertvolle Frucht Kalzium, Kalium, Phosphor und Magnesium sowie die Vitamine A, B1, B2 und C. Nicht umsonst ist sie gleich dreifach geschützt: durch ihren stacheligen Igel, ihre braune Nusshülle und ihre pelzige Haut.

→ Ernte und Konservierung

Frühestens Ende September fallen die Igel vom Baum, sie platzen von alleine auf oder werden mit festen Schuhen aufgetreten. Größere Betriebe leisten sich einen Erntestaubsauger. Die Früchte werden von diesem Gerät eingesaugt – Blätter, Igel und anderer Schmutz werden wieder hinausbefördert. In jedem Igel befinden sich meist drei Früchte: zwei große und eine (ziemlich) kleine. Diese letztere bezeichnete man zum Beispiel in Barbian als „Leffn". Sogar diese hat man früher aufgesammelt, mit anderen Früchten wie Rüben, Kartoffeln und dergleichen gekocht und an die Schweine verfüttert. Die geernteten Kastanien werden zu Hause ausgebreitet und nach Größe sortiert. Früher wurden sie zum Beispiel in „Sieder und Brater", unterteilt, also Kastanien zum Kochen (sieden) und jene zum Braten. Dann werden sie verkauft. Abnehmer sind Geschäfte, Buschenschänke (für das Törggelemahl) und private Kunden aus Gegen-

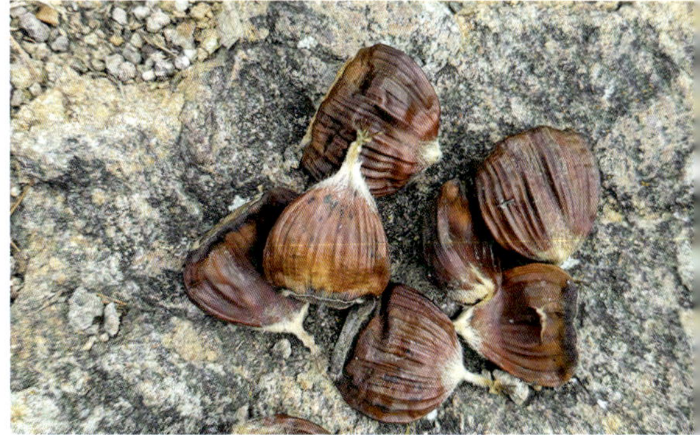

Diese kleinen, nicht genießbaren Kastanien werden „Leffn", im Etschtal auch „Laffn" genannt.

den, wo keine wachsen, wie zum Beispiel im Pustertal, wo man früher sogar den Patenkindern zu Allerheiligen Kastanien schenkte. Denn, auch wenn sie schon ziemlich eingetrocknet waren, im Mund entfalteten sie durch die enthaltene Stärke ihre Süße und ersetzten so die *Zuckerlen* (Bonbons) beziehungsweise die Naschereien. Ein Problem ist allerdings die Haltbarkeit. Diese ist wegen des hohen Zucker- und Wassergehaltes vor allem bei frischen Früchten von nicht allzulanger Dauer. Man kann sie beispielsweise gut einfrieren, das ist die beste Methode. Wenn man sie ausbreitet, dann trocknen sie und man kann sie durch Kochen wieder genießbar machen. So wurde dies auch früher gehandhabt. Wenn man sie hingegen in einem Sack luftdicht verpackt aufbewahrt, dann „ersticken" die Kastanien und werden ungenießbar. Durch das bereits erwähnte Wasserbad kann man eine begrenzte Haltbarkeit erzielen. Dadurch wird nämlich ein Gärungsvorgang ausgelöst, welcher schädliche Keime stoppt. Das Wasserbad hat zusätzlich noch die Funktion der Reinigung der Kastanien und „wurmige" Früchte können aussortiert werden. Diese schwimmen dann nämlich obenauf.

Eine weitere Methode, um Kastanien haltbar zu machen, war es, die Kastanien in ihren Igeln zu belassen und in mehreren Schichten – welche jeweils mit Laub oder Reisig bedeckt wurden – zu einem Haufen zusammenzufügen. Im Igel sind nämlich keimtötende Stoffe enthalten, welche das Schimmeln beziehungsweise das Ersticken verhinderten. Es findet eine sogenannte Fermentation statt. Heute würde das niemand mehr machen, da zu viele Keime enthalten wären, meint Hans Laimer, der Kastanienzüchter.

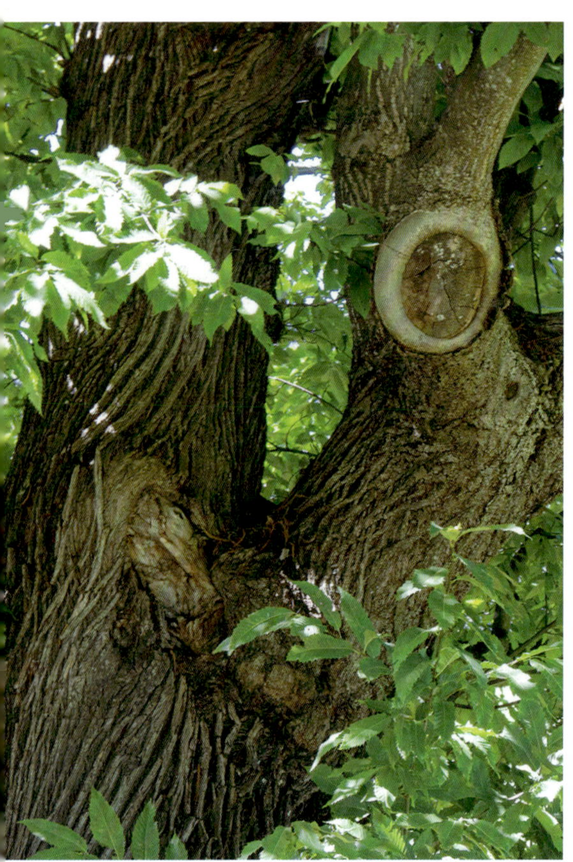

Der Kastanienrindenkrebs birgt weiterhin eine große Gefahr für Kastanienbäume.

→ Die Krankheiten der Kastanie

Der Kastanienrindenkrebs

In den 1930er Jahren wurde aus Amerika der sogenannte Kastanienrindenkrebs eingeschleppt. Er wird durch einen in China beheimateten Schlauchpilz verursacht. Die Bestände der Amerikanischen Kastanie wurden in Amerika zur Gänze ausgerottet. Die Europäische Kastanie reagiert glücklicherweise nicht so stark auf diesen Pilz. Aber ab 1970 begann er in Südtirol zu wüten und viele Bäume fielen ihm zum Opfer. So war es höchst an der Zeit zu reagieren, denn auch das generelle Interesse der Bauern an der Kastanie hatte nachgelassen.

1992 wurde gemeinsam mit dem Landesassessorat für Land- und Forstwirtschaft sowie dem Südtiroler Beratungsring für Obst- und Weinbau im Obstbaumuseum in Lana eine Tagung zum Thema „Die Kastanien sterben – na und?" organisiert. Das Echo bei den Landwirten war groß und die Landesforstbehörde machte sich tatkräftig an

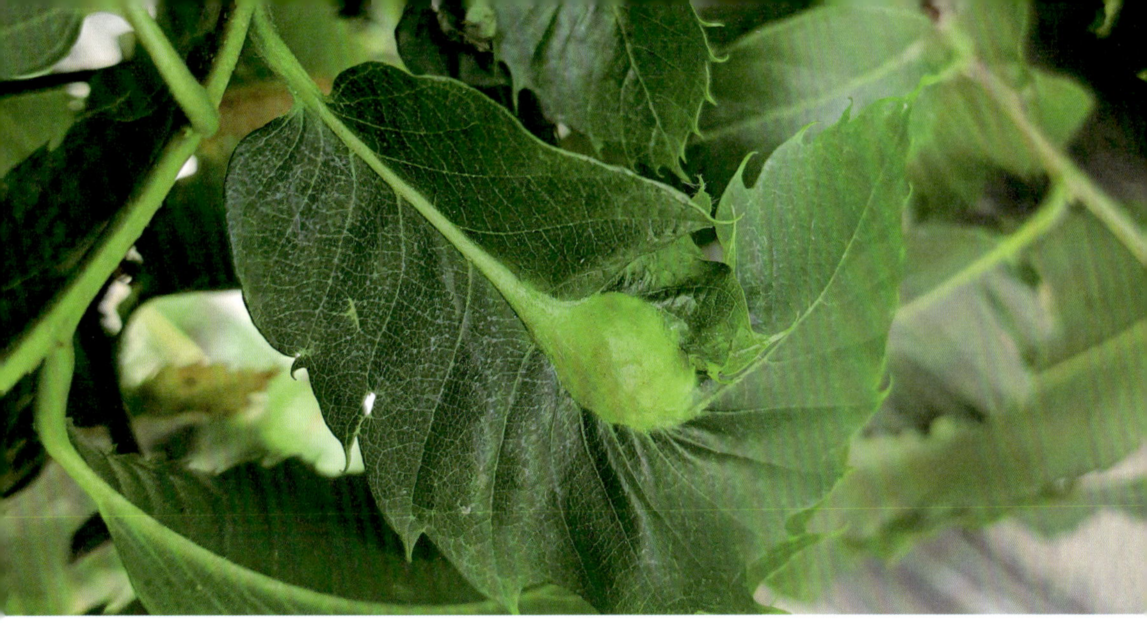

Eine weitere Gefahr: die Kastaniengallwespe, ein kugeliges Gewächs

die Sanierung von über 30.000 kranken Bäumen. Man schnitt die befallenen Teile der Bäume ab und die Sanierung wurde innerhalb von einigen Jahren abgeschlossen. Auch heute noch muss die Situation im Auge behalten und die Sanierung fortgesetzt werden. Vor allem bei jungen Bäumen muss man darauf achten, dass zum Beispiel bei Mäharbeiten der Stamm nicht verletzt wird. Solche Wunden wirken wie eine Eintrittspforte für den Pilz und müssen verschlossen werden. Auch ein rasches Abtrocknen des Stammgrundes nach Regenfällen ist wichtig sowie eine gute Vorbeugung, wie etwa darauf zu achten, dass der Grund des Stammes schön frei dasteht oder das Laub entfernt wird.

Eine weitere Hoffnung ist die Bildung von Krebsstämmen durch die Bäume selbst in abgeschwächter Form. Das heißt der Krebs bricht zwar aus, aber der Baum stirbt nicht ab. Diese sogenannten hyper-virulenten Krebsstämme werden gezielt angebracht und wirken mit Erfolg.

Die Gallwespe

Eine weitere Gefahr stellt die Edelkastanien-Gallwespe dar, die ebenfalls aus China eingeschleppt wurde und ab 2008 auch Südtiroler Bäume befiel. Man erkennt den Befall an den Gallen, das sind kugelige, gekammerte Gewächse an den Knospen und Blättern. Diese sind die Brutstube der Gallwespe. Diese Schädlinge schwächen die Bäume und führen zu kleinerer Blüten- und Fruchtbildung. Im schlimmsten Fall kann es auch zum Absterben des Baumes führen. Man versucht auch

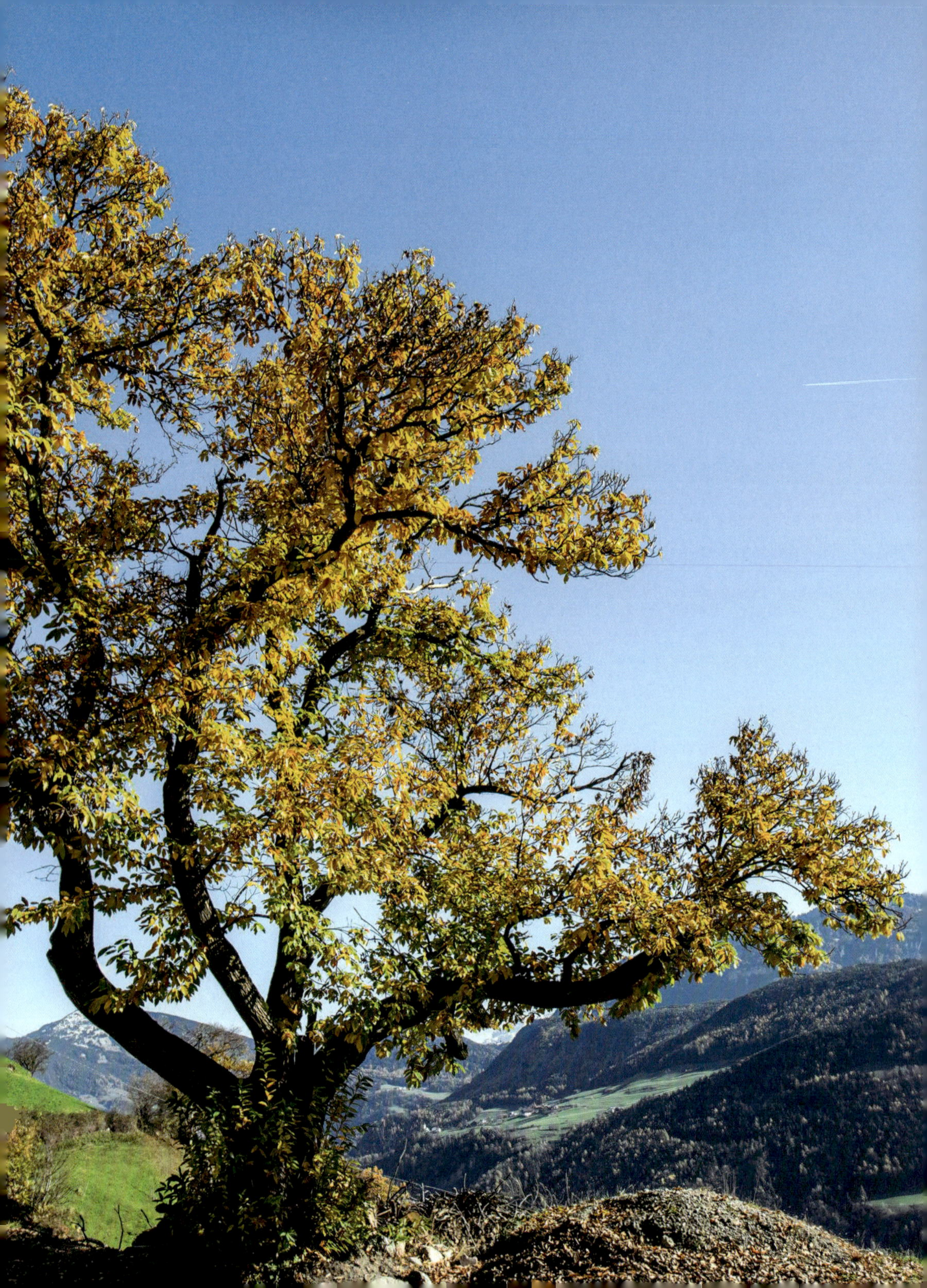

Weit breitet dieser Kastanienbaum seine „Arme" aus.

hier mit einem natürlichen Gegner – der Schlupfwespe *Torymus sinensis* – anzukämpfen und erzielt so überzeugende Erfolge. Die Weibchen dieser Schlupfwespe stechen die Gallen an, legen ihre Eier hinein und die daraus entstehenden Larven fressen die Gallwespen-Larven auf. Natürlich muss wie bei allen natürlichen Bekämpfungsmethoden mit einem langwierigen Genesungsprozess gerechnet werden, Geduld ist also angesagt. Inzwischen ist man durch diese Methode aber auch dieser Krankheit Herr geworden. „Einige von Gallwespen befallene Bestände sollte es ja weiterhin geben", erklärte Hans Laimer. „Denn diese Gallen sind die einzige Nahrung der Schlupfwespe. Das bewahrt sie vor dem Aussterben."

Weitere Feinde der Kastanie sind verschiedene Kastanienwickler, die für die sogenannten „wurmigen" Kastanien verantwortlich sind, oder der Esskastanienbohrer. Letzterer hinterlässt seinen Kot in den Kastanien und sie werden dadurch ungenießbar.

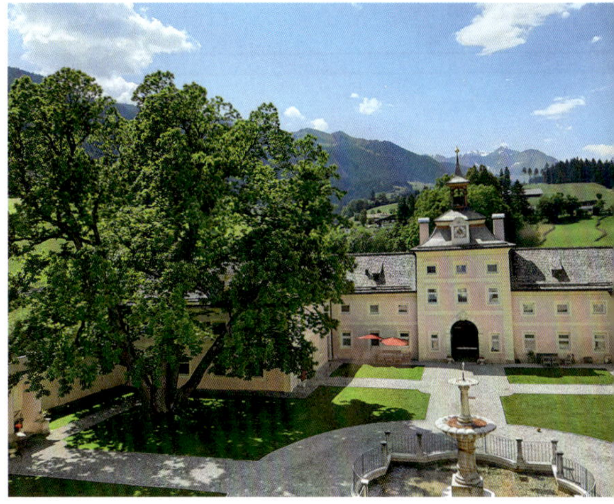

Schloss Wolfsthurn in Mareit bei Sterzing mit seiner stattlichen Edelkastanie

→ Kastaniensorten und ihre Verbreitung

Die geografische Verbreitung der Kastanienbäume in Südtirol reicht bis Kortsch bei Schlanders im Vinschgau und ins Eisacktal bis Vahrn. Im Pustertal ist das Klima für diese mediterrane Baumart bereits zu rau. Trotzdem gibt es auch einige Ausnahmen, einen besonders prächtigen Kastanienbaum zum Beispiel findet man etwa bei Schloss Wolfsthurn in Mareit/Sterzing. In Südtirol zählt man im ganzen Land rund 50.000 Bäume. Wie bereits erwähnt, leiden viele an Überalterung.

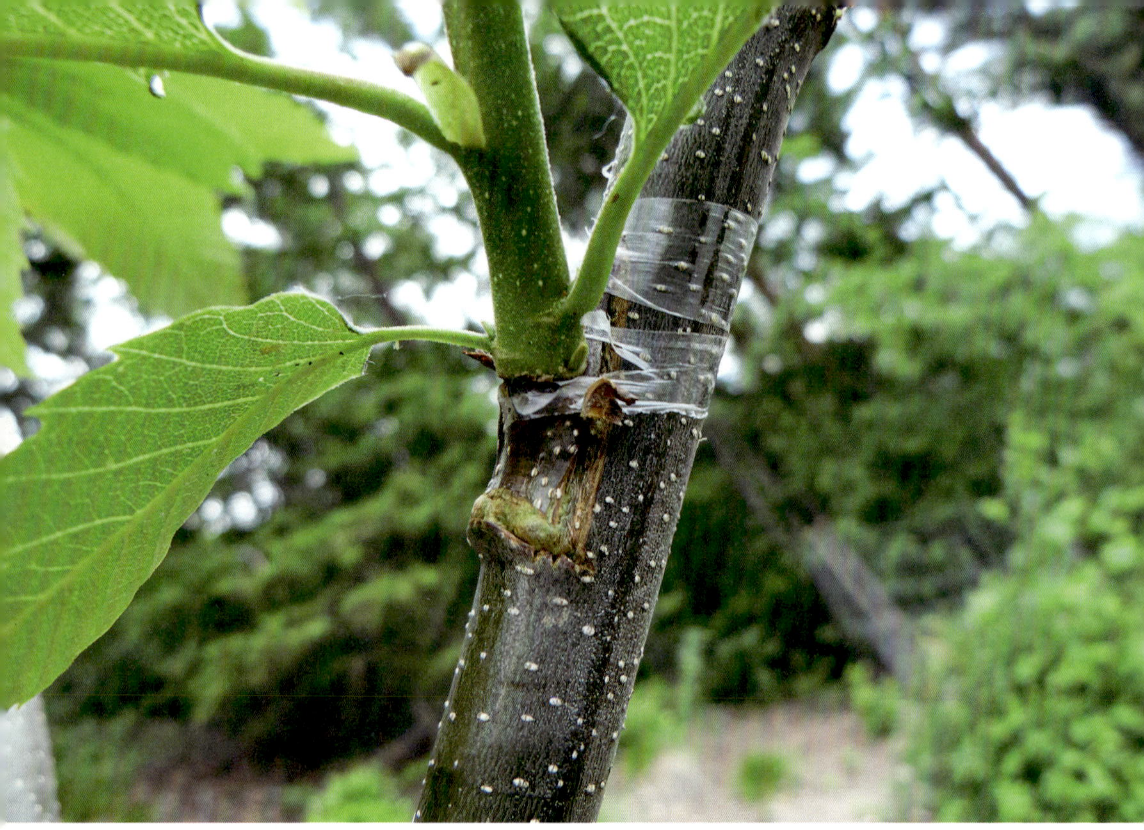

Knospenveredelung Chip-Budding: eine Veredelungsmethode, welche der Kastanienbaumzüchter Hans Laimer anwendet.

Kastanienbäume ließen sich bei früheren Züchtungen sehr viel Zeit, bis sie zum ersten Mal Früchte trugen. Da konnte man gut und gerne an die 20 Jahre und mehr warten. Ein Bauer aus Feldthurns sagte mir einst: „Die Kastanienbäume pflanzte man für die nächste Generation oder sogar für die Enkel." Bei den heutigen neuen Sorten kann man aber bereits nach sieben bis acht Jahren von einem Ertrag sprechen", verspricht der Kastanienbaumzüchter Hans Laimer. Und inzwischen werden auch in bescheidenem Maße wieder neue, bereits veredelte Bäume angepflanzt oder bestehende (jüngere) Bäume veredelt. Dabei handelt es sich einfach gesagt um eine künstliche, gezielte Vermehrung von bestimmten Sorten durch Aufpfropfen auf eine bestehende Unterlage. Es gibt unterschiedliche Formen von Veredelungsvorgängen.

Große Verdienste hinsichtlich Veredelungen erwarb sich Hans Laimer, der 2009 die erste Kastanienbaumschule namens Kösti gründete und dort verschiedene Sorten züchtet. Seine bevorzugte Kastaniensorte ist die „Südtiroler Gelbe", welche sich durch ihren Geschmack und ihre Süße gut zum Braten eignet, da sie sich leicht schälen lässt. Mittlerweise ist dies auch die bevorzugte Kastanie bei den Südtiroler Kastanienbauern.

Verschiedene Bauern aus Barbian haben erzählt, dass man es auch mit anderen Kastaniensorten, zum Beispiel den sogenannten Maronen versuchte. Maronen sind eine Weiterzüchtung der Kastanie. Sie sind deutlich größer und bis zu einem genau festgelegten Maß segmentiert (geteilt). Sie eignen sich zum Beispiel sehr gut für verschiedene Kastanienspeisen. In Südtirol gelang es der Marone jedoch nicht, Fuß zu fassen. „Wir schneiden diese Bäume nun wieder heraus", erzählen die Barbianer Kastanienbauern. Man ist nämlich von der hervorragenden Qualität der Sorte „Südtiroler Gelbe" überzeugt. In Barbian gibt es sogar eine eigene lokale Züchtung, die „Barbianer Gelbe". Und man mag es nicht glauben, die „Südtiroler Gelbe" ist rein von

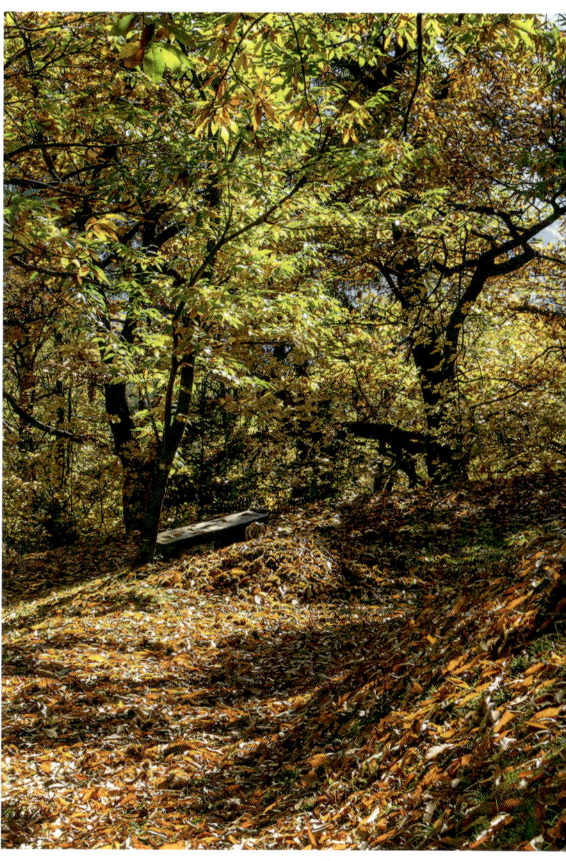

Herbstlicher Keschtnweg, bedeckt mit raschelndem Kastanienlaub

Ein etwa 1000 Jahre alter Kastanienbaum beim Partschonerhof in Signat

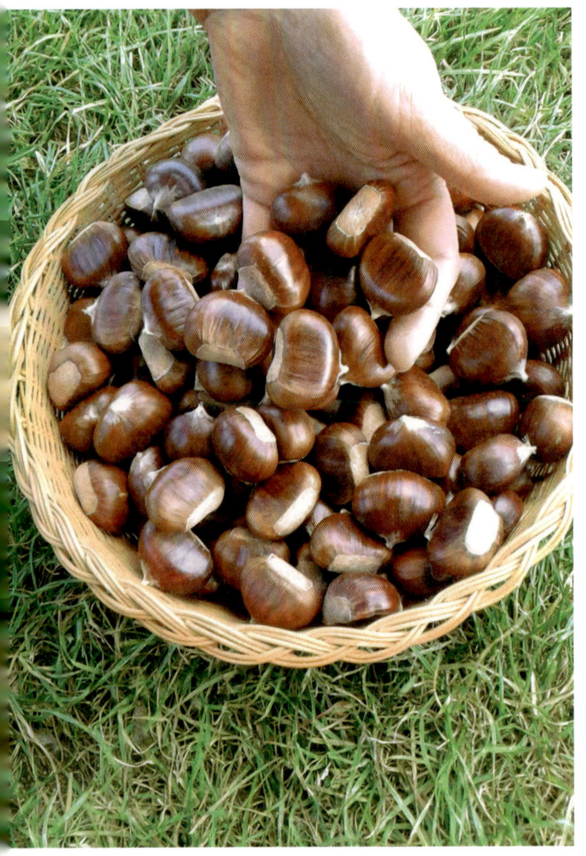

Esskastanien: gesammelt, sortiert und bereit für den Verkauf

der genetischen Zusammensetzung her identisch mit der Marone. Im restlichen Italien wird zwischen Maronen und Kastanien genau unterschieden. Die sogenannte Südtiroler „Schwarze Kastanie", die zweite hier beheimatete Sorte, ist für die italienischen Experten eine Kastanie. Diese Sorte gibt es in Südtirol immer noch, sie ist genauso schmackhaft und auch süß. Sie eignet sich bestens zum Kochen (sieden) und weniger zum Braten, da sie sich nur schwer aus der Schale lösen lässt.

Eine der Sorten des Kastanienzüchters Hans Laimer ist ein reiner Befruchter, den es braucht, da die Rolle der Bienen bei der Bestäubung der Kastanienbäume überschätzt wird. Die Befruchtung erfolgt hauptsächlich durch Windbestäubung und es sollten mindestens zwei verschiedene Sorten von Bäumen vorhanden sein. Dabei erweist sich die wilde Kastanie in den Wäldern ebenfalls als guter Befruchter. Viele kultivierte Sorten sind nämlich männlichsteril.

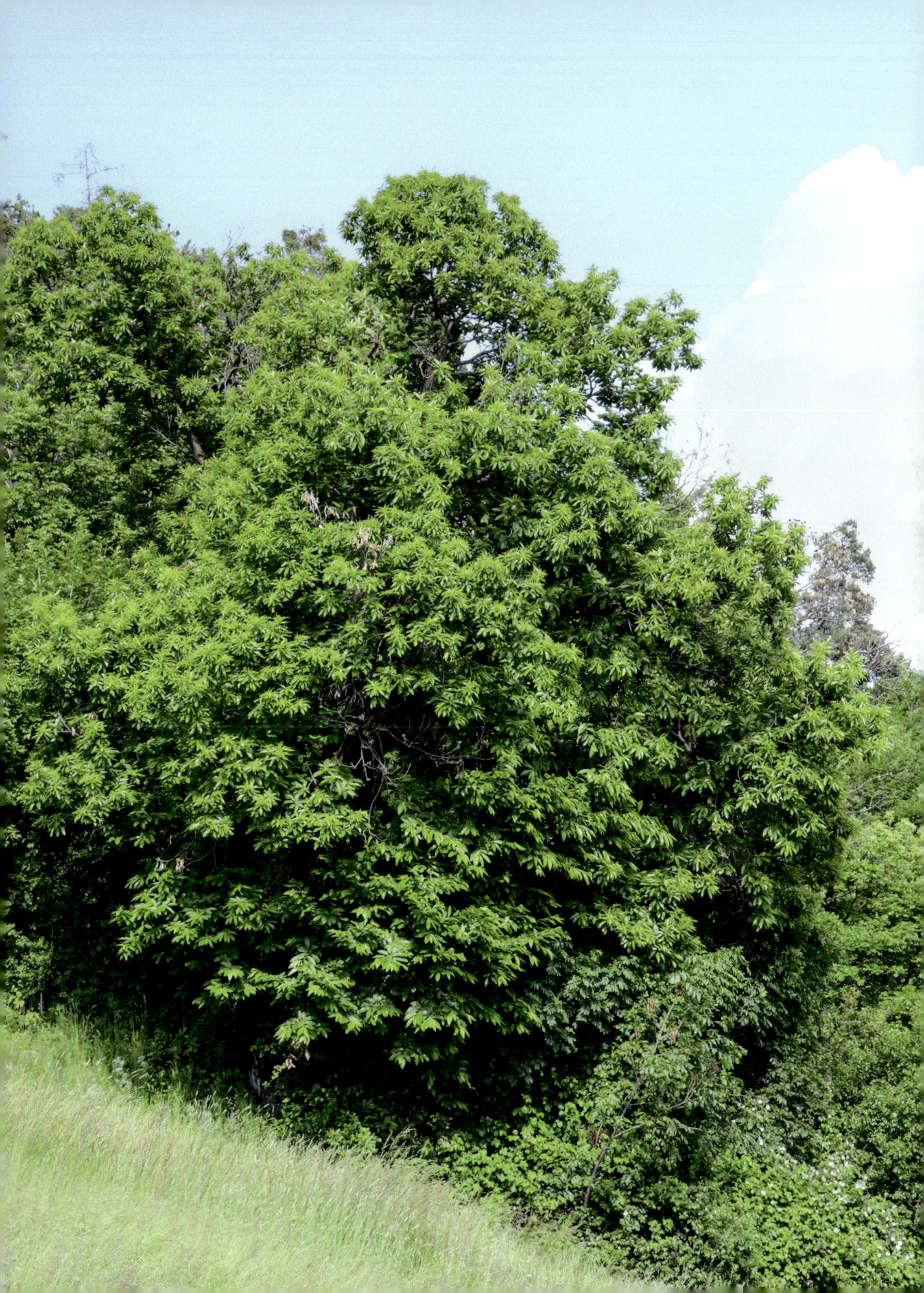

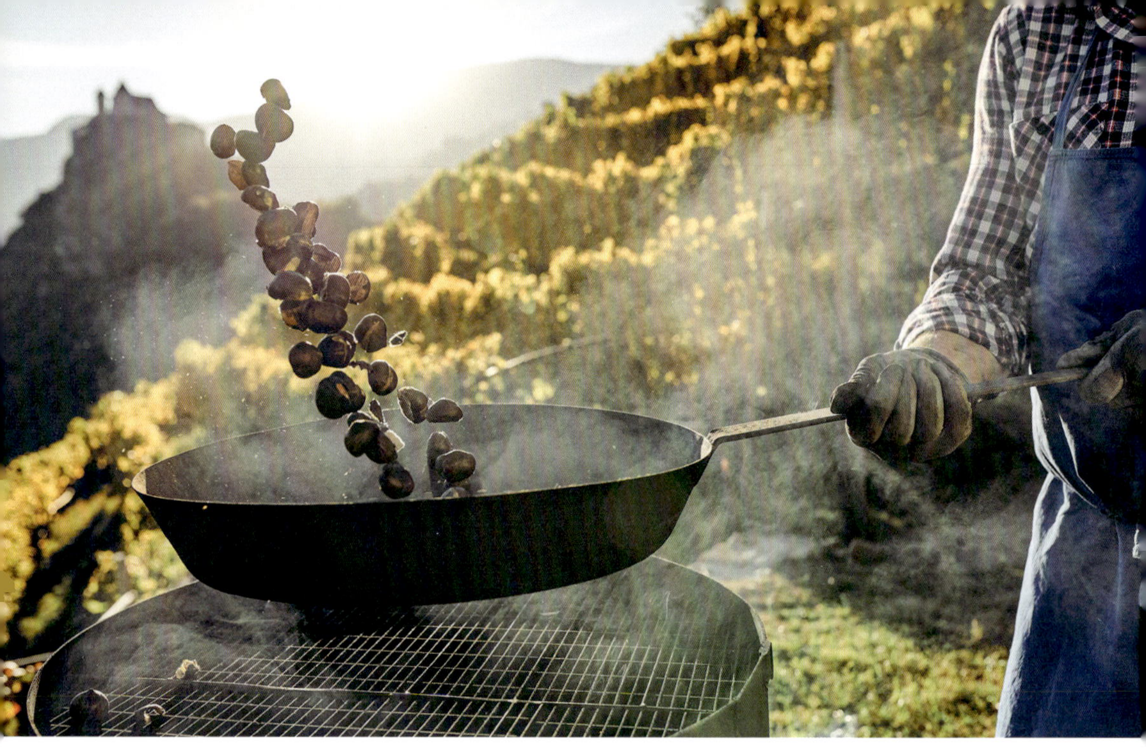

Das Braten der Kastanien über dem offenen Feuer: ein Brauch, der Genuss, Geselligkeit und Gemütlichkeit verspricht

→ Die Kastanie in der Küche

Die Verwendung der Kastanie in der Küche war früher ziemlich begrenzt. Vor allem im Eisacktal wurden die Kastanien hauptsächlich in gekochter Form gegessen. Dazu werden sie ganz schlicht in Wasser für rund 40 Minuten gekocht, dann in der Mitte geteilt und der Inhalt wird aus der Schale gelöffelt. Viele tauchten den Löffel samt diesem Kastanienmus auch noch in Milch, um sie aufzuwerten. An den Sonntagen hatte man mehr Zeit, da wurde die Kastanie dann in gebratener Form gegessen. Dazu müssen die Schalen der Früchte zuerst mit einem Messer eingeritzt werden, sonst gibt es Explosionen (wer hat nicht schon mal heimlich dem Brater ein paar ungeritzte Kastanien untergejubelt ... ☺).

In einer Bratpfanne, die am Boden Löcher hat, werden sie über dem offenen Feuer gebraten und immer wieder geschüttelt. Der Duft ist köstlich und ist wohl den meisten bekannt. Zudem garantiert das Essen von Kastanien auch ein hohes Sättigungsgefühl. In der Gegend von Lana, zum Beispiel, wurde früher schon eine kräftige Kastaniensuppe gekocht, wie Christoph Gufler in seinem Buch „Südtiroler Kastanien" erwähnt.

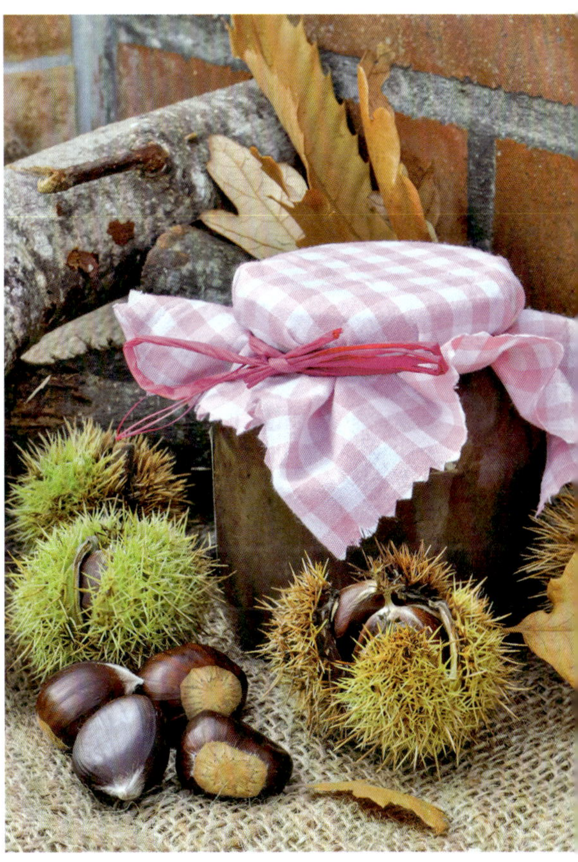

Die Kastanien werden von einigen wenigen Produzenten auch zu Marmelade verarbeitet.

Heute ist die Verwendung der Kastanie sehr viel vielfältiger und kreativer. Es wird zum Beispiel Kastanienbier gebraut oder Schnaps aus den Früchten gebrannt. Einzelne Hersteller verarbeiten die Früchte zu Marmelade. Als Füllung für süße Krapfen – ein bekanntes Südtiroler Dessert – sind sie ebenso bekannt. Der aus den Blüten der Kastanien gewonnene Honig ist ebenfalls landesweit sehr beliebt. Er hat einen etwas herberen Geschmack, eine dunklere Farbe und kristallisiert nur langsam aus. „Edelkastanien-Honig ist sehr wirksam gegen Reizhusten und Bronchitis infolge einer Erkältung oder Grippe-Infektion. Sein Aroma und die direkt verwertbare Form der von den Bienen vorverdauten Kohlenhydrate wirken sich nicht nur positiv auf den Rachen und die allgemeine Konstitution aus, Honig wirkt auch antiinfektiös und heilend. Kastanienhonig wirkt blutreinigend, hemmt die Neigung zu Thrombosen und hilft bei Erschöpfung und Appetitlosigkeit", meint Hans Laimer. Zudem findet man inzwischen jede Menge

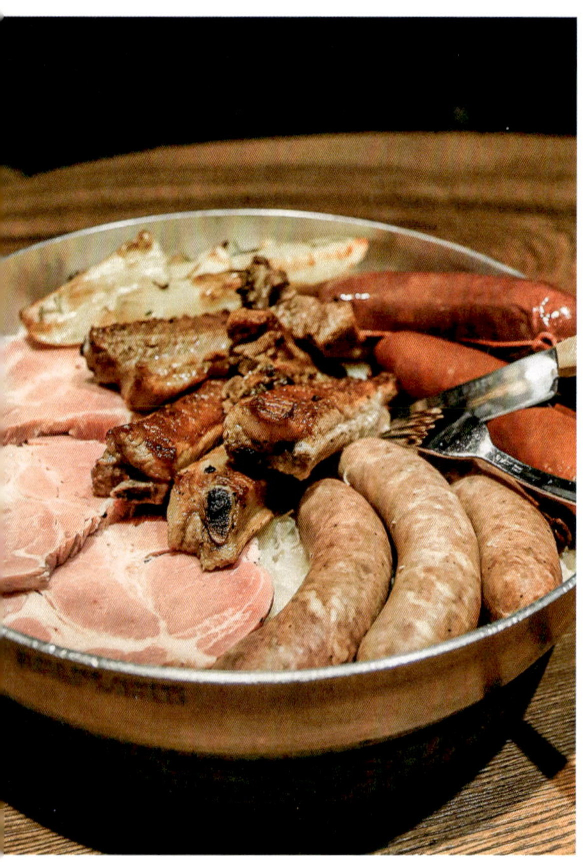

Eine Schlachtplatte ist fixer Bestandteil des Törggelemenüs.

Rezepte, in welchen die Kastanie in jeder Form – sei es gebraten, gekocht, in Mehlform oder einfach im rohen, geschälten Zustand – eingesetzt wird und zwar nicht nur für Süßspeisen. Eine typische und hier entwickelte Südtiroler Süßspeise muss natürlich angeführt werden: das Kastanienherz. Das Rezept zu dessen Herstellung findet sich auf Seite 45.

→ Das Törggelen

Die sogenannte Törggelezeit beginnt in Südtirol Mitte September und geht bis zum 1. Adventsonntag. Touristen, Einheimische und Gäste aus aller Welt lieben diesen Brauch und kommen aus aller Herren Länder, um diesen herbstlichen Brauch zu zelebrieren.

Die gebratene Kastanie gehört untrennbar zum Abschluss eines Törggelemahles. „Drei Keschtn, a Glasl Wein, so soll es sein", wurde früher gesagt. Dieser wohl aus dem Eisacktal stammende, herbstliche Brauch stand im Zusammenhang mit der Verkostung des neuen Weines. Man traf sich im Keller

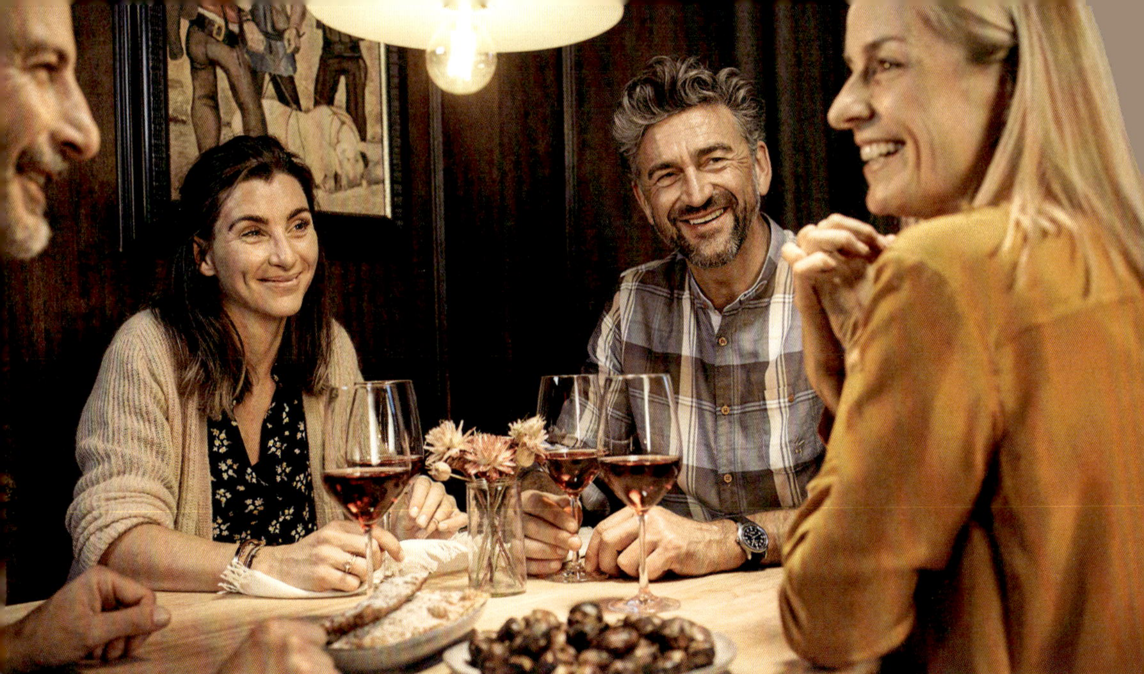

Törggelen in einer alten Bauernstube: Gemütlichkeit und Genuss

bei der Torggl – der Weinpresse – und die Nachbarsbauern, Erntehelfer und Abnehmer des Weines (zum Beispiel Wirte) freuten sich auf die ersten Gläser des jungen, neuen Tropfens.

Auch der Name Törggelen stammt nicht etwa vom „Torkeln" nach dem ausgiebigen Genuss des neuen Weines, sondern von der Wein-Torggl (= Weinpresse), beziehungsweise vom lateinischen „torquere", was so viel wie pressen bedeutet.

Beim Törggelen gab es auch Speisen, die man laut Christoph Gufler in den Anfängen des Törggelens selbst mitbrachte. Im Laufe der Zeit wurde das gesellige Beisammensein in die wesentlich gemütlichere Stube verlegt und nach und nach wurden auch verschiedene Speisen aufgetischt, die Gerichte eben, die die bäuerliche Küche hergab.

Inzwischen hat sich eine grobe Speisenfolge beim Törggelen etabliert: Als Vorspeise gibt es Gerstsuppe und Schlutzer (Teigtaschen mit Spinatfüllung). Danach folgt der Hauptgang, bestehend aus einer Schlachtplatte. Auf dieser befinden sich Sauerkraut, hausgemachte Würste, Surfleisch (Schweinefleisch, welches für einige Zeit in einer besonderen Gewürzmischung liegt), Knödel und mancherorts auch gebratene Schweinsrippen und Kartoffeln. Manche Betriebe haben auch „Erdäpfelblattlen mit Kraut" im Sortiment. Diese werden aus ausgewalktem Kartoffelteig zubereitet, der in „Blätter" geschnitten oder ausgestochen wird,

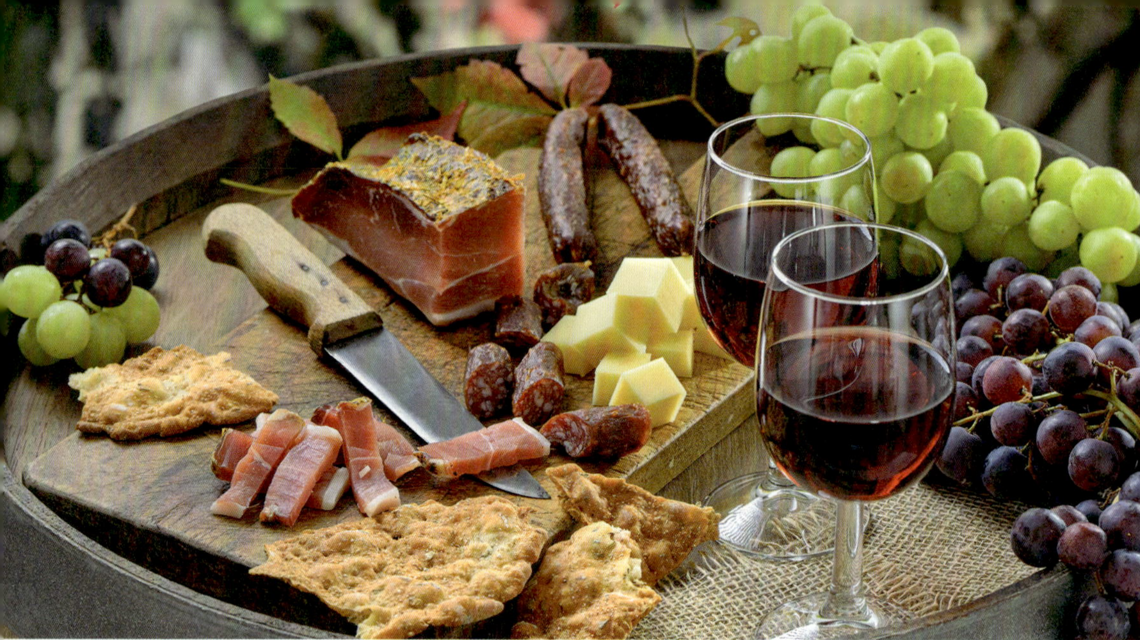

Manche ziehen der Schlachtplatte eine Brettl-Marende mit Speck und Käse vor.

und danach in heißem Fett herausgebacken.
Einige Menschen ziehen der Schlachtplatte eine sogenanntes „Marendbrettl" vor. Darauf gehören Speck, Käse und etwas Saures sowie hartes Brot dazu, das typische Schüttelbrot. Zum Abschluss dürfen die süßen Krapfen nicht fehlen, auch diese kommen aus dem heißen Öl. Sie bestehen aus Teigblättern, die viereckig oder oval ausgewalkt und mit Marmelade, Kastanien- oder Mohnfülle gefüllt werden. Jede Bäuerin oder Buschenschank-Betreiberin hat ihre eigenen Rezepte dafür, die sorgsam gehütet werden. Die gebratenen Kastanien sorgen dann für den ultimativen Abschluss. Zu den ganzen Köstlichkeiten darf der neue Wein auf keinen Fall fehlen, aber man kann auch aus verschiedenen hausgemachten Säften wählen: Apfel-, Holunder-, Himbeersaft, oder manche bieten sogar Melissen- und Maulbeersaft an. Ganz zum krönenden Abschluss winkt meist noch ein hausgemachtes Schnäpschen.
Dieser Brauch des Törggelens ist heute in den Südtiroler Weingegenden und darüber hinaus fast wie eine fünfte Jahreszeit und hat große Bekannt- und Beliebtheit erlangt. Damit man sich diese ganzen Köstlichkeiten munden lassen kann, sollte man den Buschenschank oder den bäuerlichen Schankbetrieb zu Fuß besuchen und gar eine tolle Wanderung auf dem Keschtnweg in herbstlicher Stimmung genießen. Nach einem kleinen Fußmarsch schmeckt nämlich alles viel besser.

Der Name „Buschenschank" kommt übrigens von dem „Buschen", also einem Strauß, welcher früher – und manchmal heute noch – hinausgehängt wurde. Dann wusste jeder, dass man jetzt einkehren kann.
Diese bäuerlichen Schankbetriebe bieten den Bauersleuten ein zusätzliches Einkommen, welches in den kleinstrukturierten Südtiroler Bauernhöfen gut gebraucht werden kann. Sie dürfen 180 Tage im Jahr öffnen, dies ist gesetzlich festgelegt. Zudem müssen sie eigenen Wein herstellen. Sollte das nicht der Fall sein, spricht man von einem „Hofschank", für den wiederum andere Regelungen gelten. Einen Buschenschank zu führen, bedeutet auch sehr viel Einsatz für die Bauern: Säfte und Liköre herstellen, Marmeladen aufkochen, Brot backen, die Weinlese, Ernte und Verarbeitung der Früchte und noch vieles mehr. Natürlich zählt auch das Kochen der Gerichte in der effektiven Törggelezeit von Oktober bis Ende November zum täglichen Arbeitspensum.

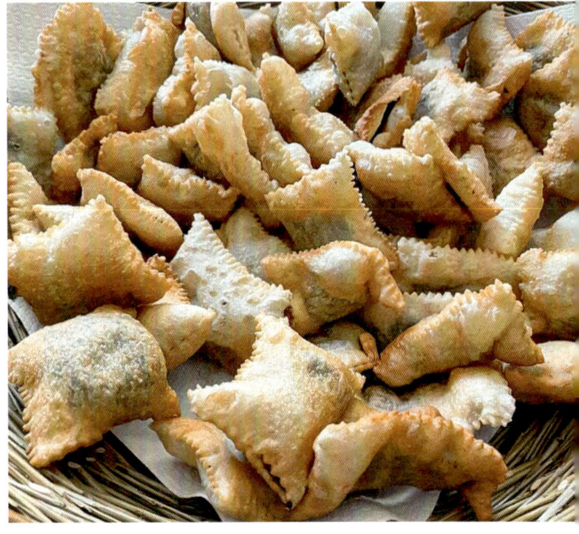

Die süßen Krapfen als Abschluss beim Törggelen

Der Brauch des Törggelens zählt nach wie vor zu den bekanntesten und beliebtesten Bräuchen in unserem Land und der Zustrom ist ungebrochen. Dies ist der Lohn der Buschenschankbetreiber, genauso wie die Fröhlichkeit und gute Laune, mit der die Besucher das Lokal verlassen.

„Der Keschtnigl stupft und sticht
wos dahinter isch, verspricht,
eppes bsunders Guetes zu sein,
schmeckt am bestn zun an Wein!"
Hans Fink

Kastanienrezepte

→ Kastanien sind aus der herbstlichen Südtiroler Küche nicht wegzudenken. Früher waren sie ein sättigendes Grundnahrungsmittel, inzwischen haben sich die Kastanien zu einer Delikatesse in allen Bereichen der Küche entwickelt. Am bekanntesten sind wohl die gebratenen Kastanien als Abschluss des Törggele-Essens. An der gewölbten Seite eingeritzt und über offenem Feuer in der Pfanne, im Backofen oder in speziell dafür entwickelten Geräten geröstet, entwickeln sie ihre besonderen Röstaromen und einen verführerischen Duft. Der leicht nussig-süßliche Geschmack entwickelt sich aber vor allem beim Garen. Deshalb sind Kastanien auch als Basis für feine, cremige Suppen beliebt und passen hervorragend zu Wildgerichten. Am häufigsten findet man sie jedoch in Süßspeisen: als Füllung von Bauernkrapfen, in verschiedenen Kuchenteigen, als Kastanienherz, als süßer Brotaufstrich, in Eiscreme oder kandiert als Marron Glacé. Als Kastanienmehl verleihen sie dem Brotteig, aber auch Nudeln oder Gnocchi eine ganz besondere Note. Und auch zum Trinken gibt es die Kastanie mittlerweile, etwa in Form von Kastanienbier oder Kastanienlikör. Kastanienhonig hingegen wird aus dem Nektar der Kastanienblüten und dem Honigtau der Kastanienblätter gewonnen. Er zeichnet sich durch eine an Bernstein erinnernde Farbe und ein kräftiges, herbes Aroma aus.

Zurück zu den Früchten: Frisch sind Kastanien nicht sehr lange haltbar. Sie sollten kühl und trocken gelagert und am besten sofort verarbeitet werden. Deshalb wurden verschiedene Konservierungsmethoden entwickelt.

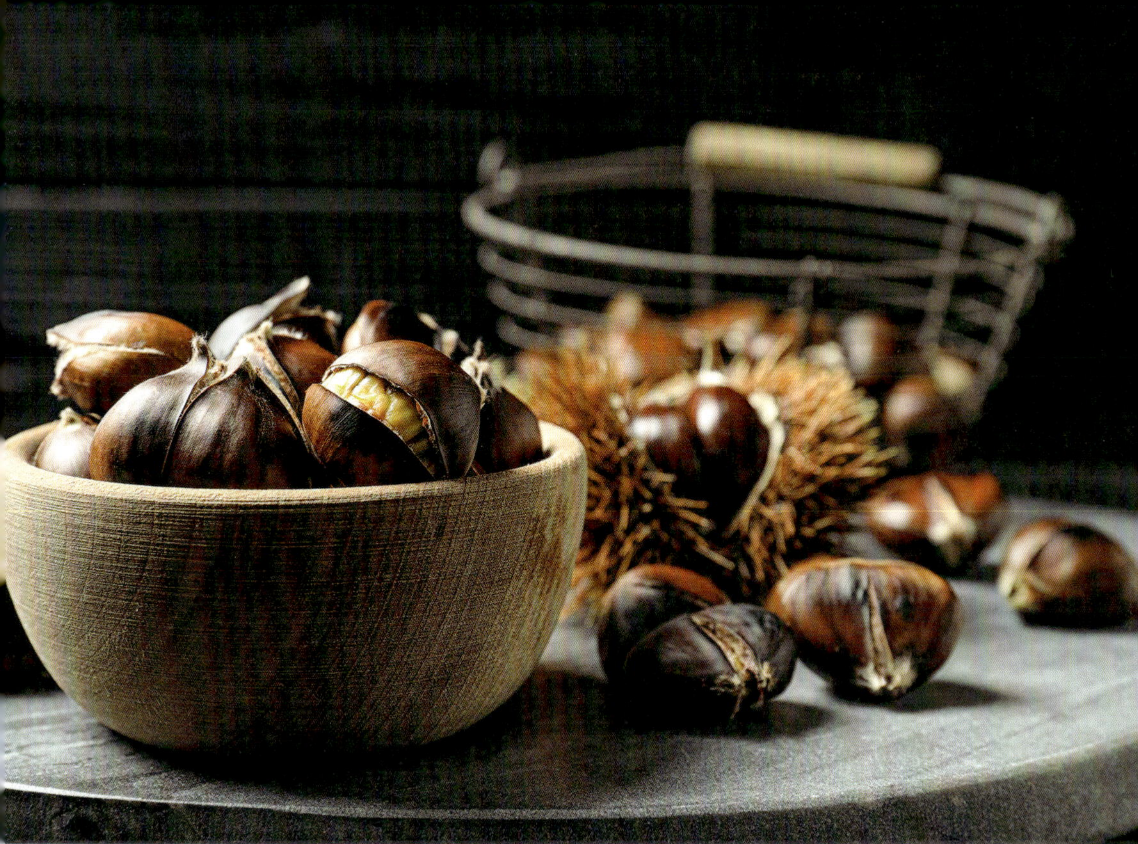

Gebratene Kastanien: ein gesunder Genuss

Geschält und tiefgefroren behalten sie am besten ihre frischen Eigenschaften, getrocknet und gemahlen ergeben sie ein cremefarbenes Kastanienmehl und auch pur oder mit etwas Zucker zu einem Püree oder Brotaufstrich erhitzt sind sie gut haltbar. So kann man heute das ganze Jahr über Kastaniengerichte genießen.

Kastanien gehören botanisch gesehen zu den Nüssen und punkten nicht nur geschmacklich, sondern auch mit ihrem Ernährungswert: Ihr hoher Anteil an komplexen Kohlenhydraten macht sie zu einem guten Sattmacher und Energiespender. Gleichzeitig liefern sie wichtige Ballaststoffe, die die Verdauung fördern. Mit nur knapp zwei Prozent Fett sind sie zudem deutlich kalorienärmer als andere Nüsse. Außerdem sind sie von Natur aus glutenfrei und punkten mit Vitaminen und Mineralstoffen wie B-Vitaminen, Vitamin C, Eisen, Kalzium und Magnesium.

Gustelier – Atelier für Geschmackserfahrung (HGV), Bozen

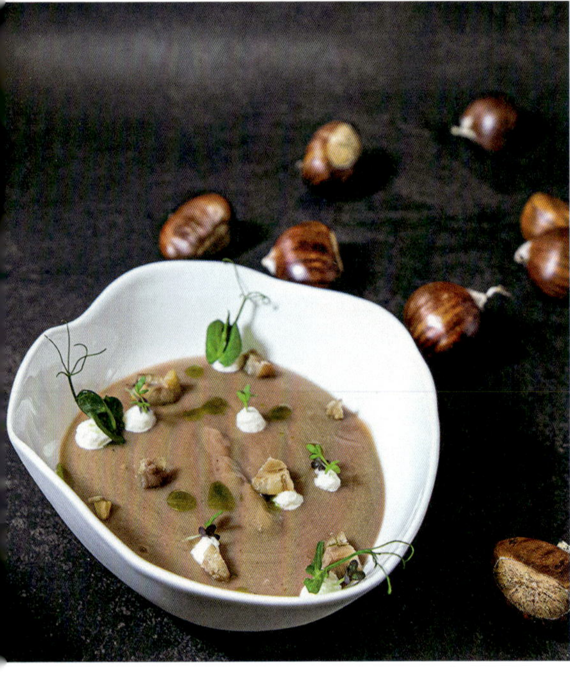

Nachfolgend einige Klassiker der Kastanienküche in Südtirol:

KASTANIENCREMESUPPE MIT HAUBE

Zutaten

- 300 g frische Kastanien (außerhalb der Saison alternativ ungesüßtes Kastanienpüree)
- 20 g Butter
- 1 Zwiebel, geschält und sehr klein gewürfelt
- 50 g Knollensellerie, geschält und klein gewürfelt
- 500 ml heiße Gemüse- oder Hühnerbrühe
- 150 ml Sahne
- Muskat, gerieben
- Salz, Pfeffer
- 50 ml geschlagene Sahne

Die Kastanien an der gewölbten Seite mit einem kleinen Messer einschneiden und in kaltem Wasser 1 Stunde quellen lassen. Den Backofen auf 200 Grad Umluft vorheizen. Die Kastanien auf ein Blech legen und 10–12 Minuten rösten, bis die Schalen aufspringen. Die Kastanien warm schälen, von Hautresten befreien und in kleine Stücke schneiden.
Die Butter in einem Topf bräunen, die Kastanienstücke sowie Zwiebel- und Selleriewürfel dazugeben und kurz darin rösten. Mit der heißen Brühe und der Sahne aufgießen, 10 Minuten köcheln lassen und danach ganz fein pürieren oder mixen. Mit Salz, Pfeffer und Muskat abschmecken.
Die Suppe in Teller oder Schüsseln gießen und jeweils 1 EL geschlagene Sahne daraufgeben.

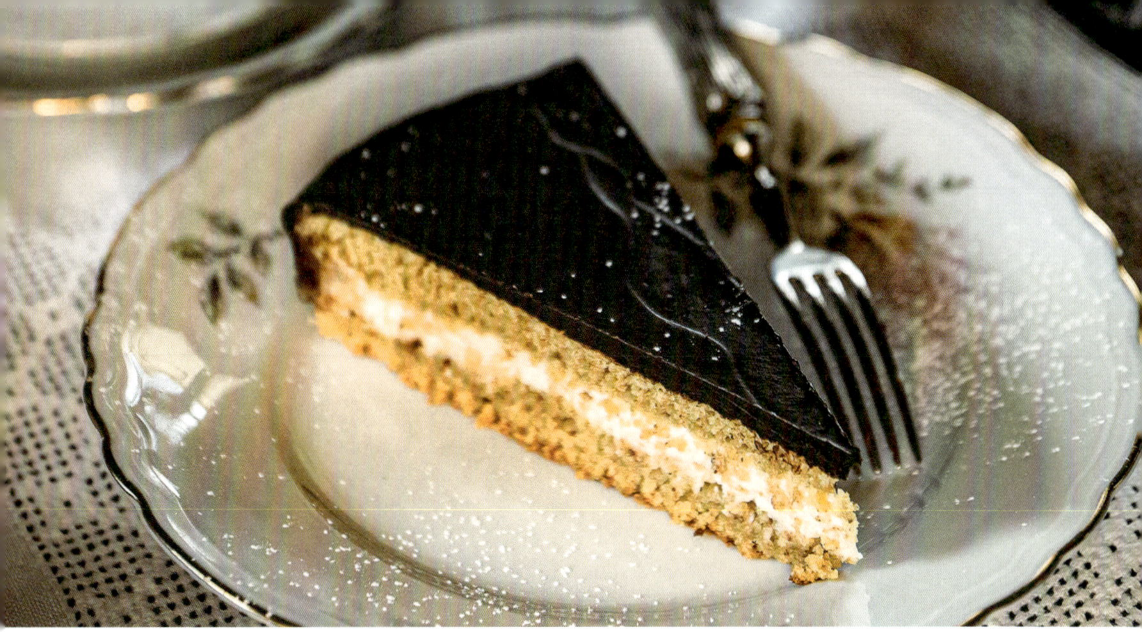

KASTANIENTORTE

Zutaten
- 170 g Kastanien
- 140 g Zucker
- 6 Eier, getrennt
- 50 g Semmelbrösel
- Butter für die Form

Fülle
- ¼ l Rahm
- 30 g Zucker
- 100 g Kastanien, passiert
- 2 EL Marillenmarmelade

Schokoladenglasur
- 200 g Blockschokolade
- etwas Kokosfett

Kastanien waschen, auf der gerundeten Seite einschneiden, auf ein nasses Blech legen und etwa 10 Minuten im Ofen leicht braten, bis sie aufspringen. Dann schälen, in kochendes Wasser geben, 20 bis 30 Minuten kochen und passieren, solange sie heiß sind. Den Zucker mit 6 Eigelb dickschaumig rühren. Die passierten Kastanien, die Brösel und schließlich den festen Eischnee unterziehen.

Diese Masse in eine gefettete Tortenform füllen, 30 Minuten im vorgeheizten Ofen bei 170–180 Grad backen. Nach dem Erkalten die Torte durchschneiden. Den Rahm mit dem Zucker sehr steif schlagen und das Kastanienpüree unterziehen. Die Torte mit dieser Creme wieder zusammensetzen.

Unter Rühren die zerbrochene Blockschokolade und das Kokosfett im Wasserbad schmelzen. Kein Wasser zugeben! Die Masse nicht zu heiß werden lassen. Die Glasur aus dem Wasserbad nehmen und rühren, bis sie dicklich ist. Die Oberfläche mit Marmelade dünn bestreichen und mit Schokoladenglasur überziehen.

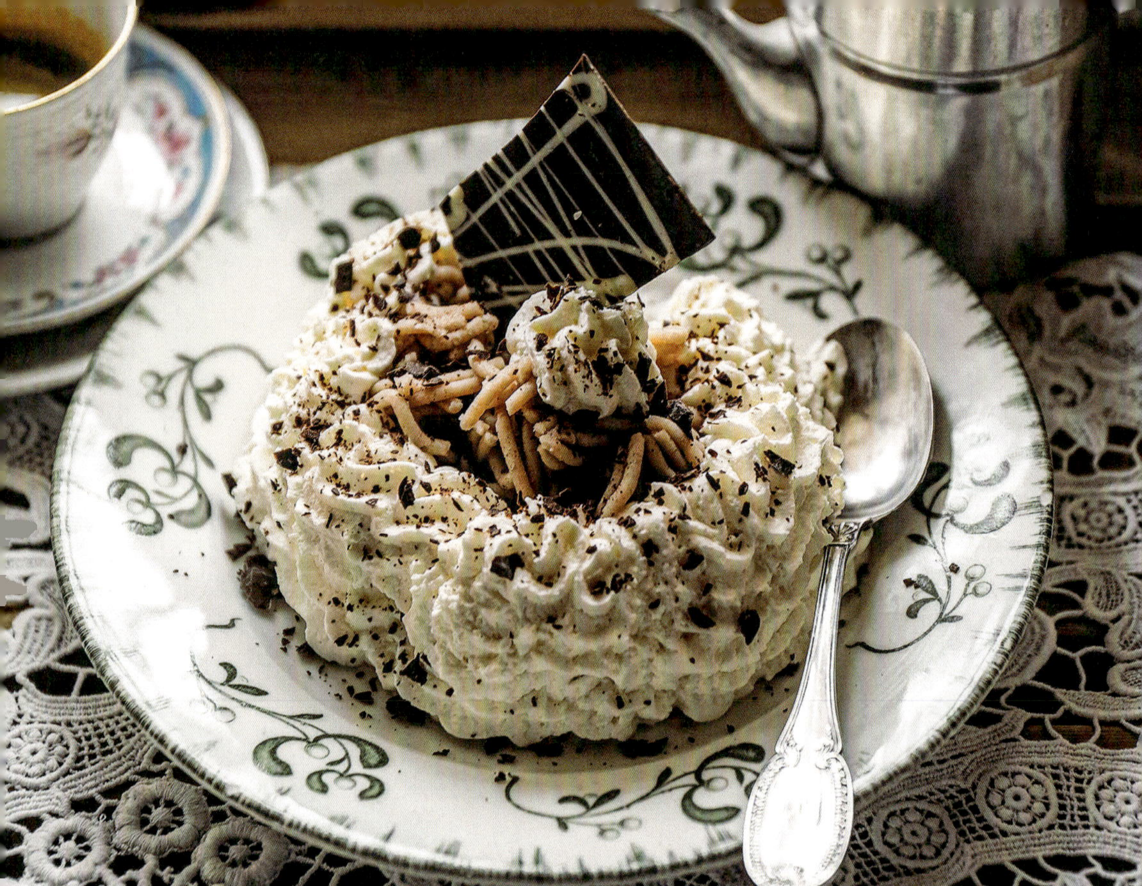

KASTANIENREIS

Zutaten

- → 1 kg ungeschälte Kastanien
- → 2 EL Rahm
- → 2 EL Rum
- → 120 g Puderzucker
- → ½ l Schlagrahm, gezuckert

Die Kastanien waschen, auf der gerundeten Seite einschneiden, auf ein nasses Blech legen und etwa 10 Minuten im Ofen leicht braten, bis sie aufspringen. Dann schälen, in kochendes Wasser geben, 20 bis 30 Minuten kochen und passieren, solange sie heiß sind.

Mit dem Rahm, Rum und Puderzucker zu einer glatten dicken Masse verrühren. Diese Masse durch ein umgekehrtes Reibeisen bergartig auf einen Glasteller drücken.

Den Kastanienreis mit gezuckertem Schlagrahm umkränzen und einige Zeit in den Kühlschrank stellen.

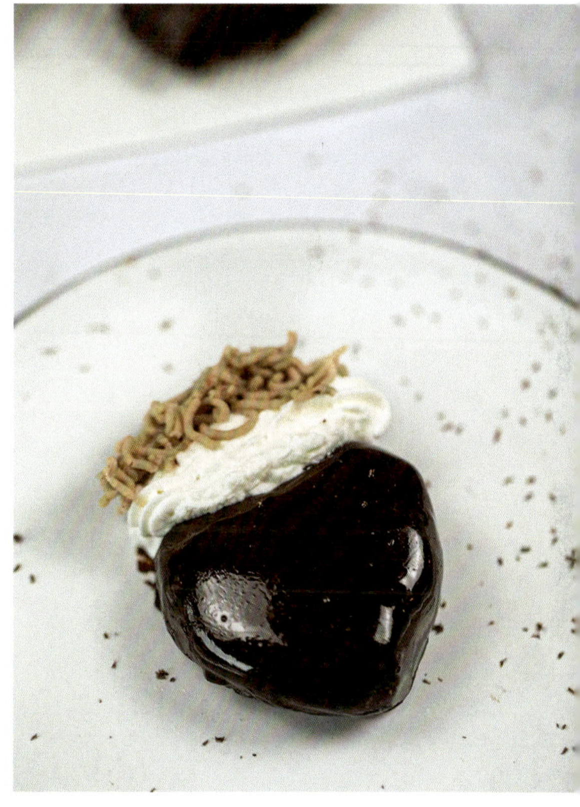

KASTANIENHERZ

Kastanien schälen, etwa 20 Minuten in Wasser weichkochen und abseihen. Die gekochten Kastanien mit Milch, Zucker, Rum und Zimt zu einer cremigen, aber nicht zu flüssigen Masse pürieren. Etwa 2 EL für die Deko beiseitestellen. Die restliche Masse mit den Händen zu Herzen formen und auskühlen lassen. Kuvertüre temperieren und die Herzen mithilfe einer Gabel in die Kuvertüre tauchen. Auf einem Pralinengitter oder Kuchenrost abtropfen lassen. Sahne steif schlagen, in einen Spritzbeutel füllen und auf die Kastanienherzen spritzen. Die beiseitegestellte Kastanienmasse durch eine Knoblauchpresse drücken und die Sahne mit den Kastanienfäden dekorieren.

TIPP: Man kann auch bereits gekochte oder gebratene Kastanien verwenden, aber auch tiefgefrorene oder aus der Dose bzw. aus dem Glas.

Zutaten für 4 Kastanienherzen

- → 200 g Kastanien
- → 60 ml Milch
- → 2 EL Zucker
- → ½ EL Rum
- → 1 Prise Zimt
- → 100 g Kuvertüre (Zartbitter oder Vollmilch)
- → 100 g Sahne

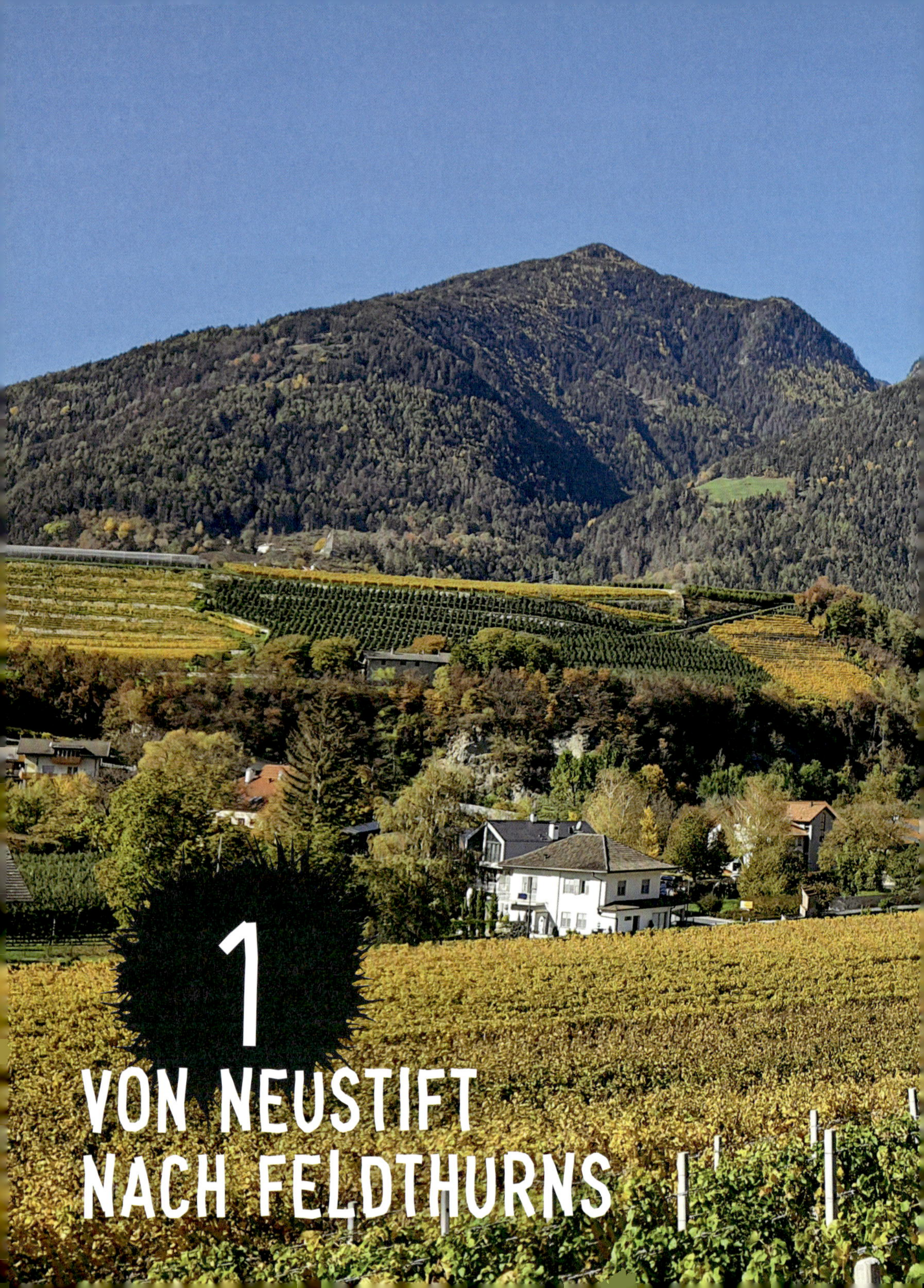

1 VON NEUSTIFT NACH FELDTHURNS

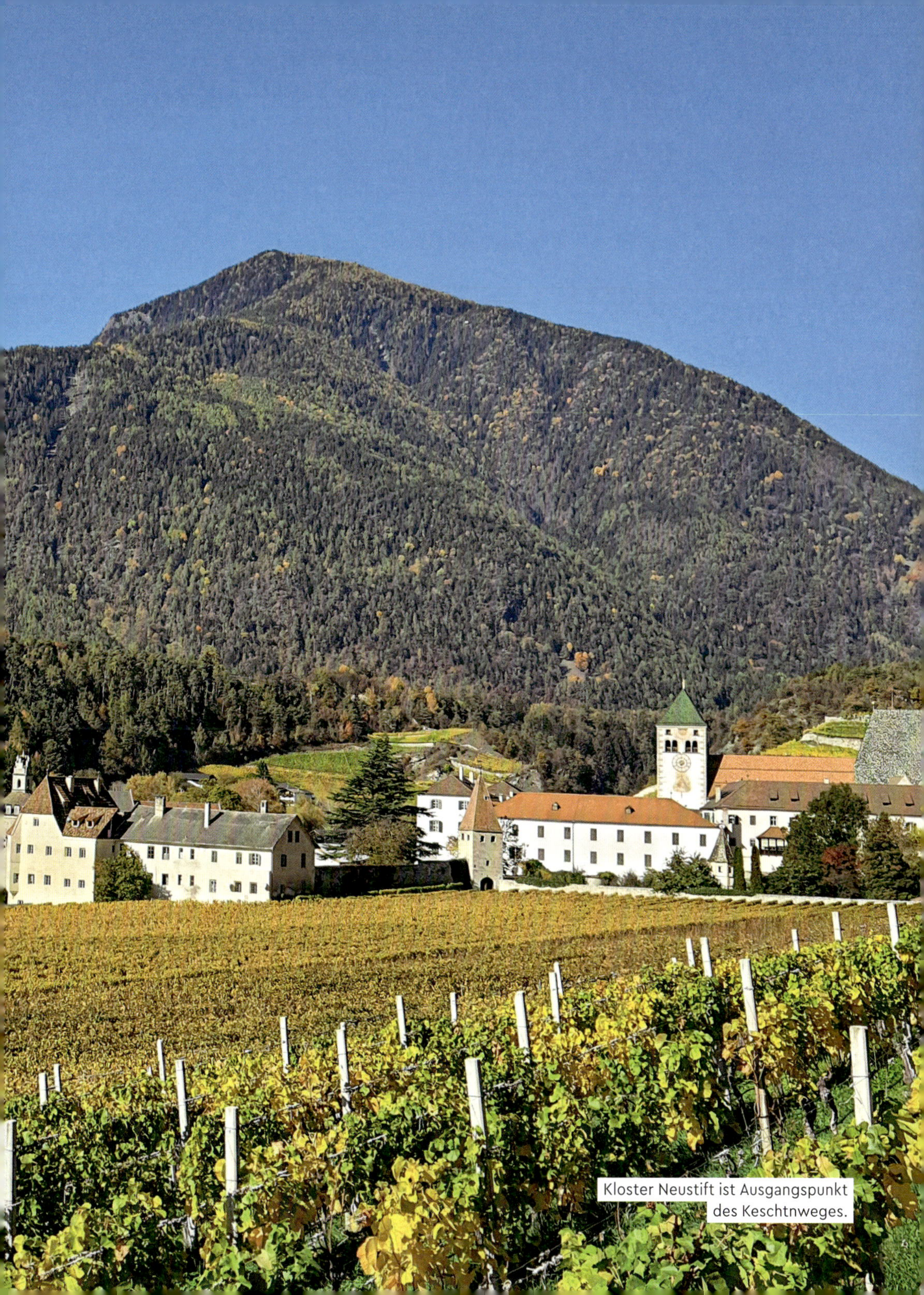

Kloster Neustift ist Ausgangspunkt des Keschtnweges.

1. ETAPPE

Von Neustift nach Feldthurns

→ Das ehrwürdige Kloster Neustift ist der Ausgangspunkt des Keschtnweges, ein kulturelles, religiöses, aber vor allem auch landwirtschaftlich geprägtes Zentrum. Es wird wie eh und je von den Augustiner Chorherren geführt und genauso haben diese schon immer Wein angebaut und gekeltert. Für die Rebpfähle verwendete man vorzugsweise Kastanienholz und Klöster haben immer schon ihren Teil zur Verbreitung der Kastanie beigetragen. Es gibt daher für den Kastanienweg wohl keinen passenderen Ausgangspunkt als Neustift.

Neustift ist Teil der Gemeinde Vahrn und diese gilt als nördliche Südtiroler Wachstumsgrenze des wärmeliebenden Kastanienbaumes und tatsächlich führt der Keschtnweg in Vahrn an einem wunderschönen Kastanienhain vorbei. Dieser wurde zum Naturdenkmal erklärt, ist also geschützt und auch gut abgeschottet. Trotzdem hat man die Möglichkeit, die Bäume zu betrachten und eine Schautafel verrät Wissenswertes darüber. Einige dieser Bäume weisen sicher ein beachtliches Alter auf. Unweit von diesem Kastanienhain trifft man auf einen weiteren geschützten Kastanienbaum!

Der Kastanienweg verläuft zum Teil auch auf dem Brixner Geschichtsparcours und Schautafeln verraten immer wieder allerhand Interessantes zur Geschichte des Ortes Vahrn. Das Dorf war zum Beispiel bei den bischöflichen Hofbeamten (Brixen war bis 1964 Bischofssitz) einst wegen der guten Lage und des angenehmen Klimas als Wohnort sehr beliebt.
Nach der Eröffnung der Eisenbahn im Jahr 1867 wurden auch Gäste aus dem Ausland auf Vahrn aufmerksam und

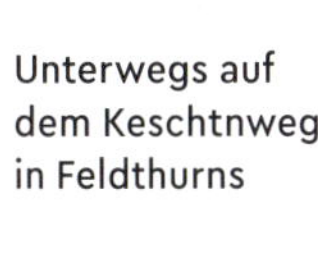

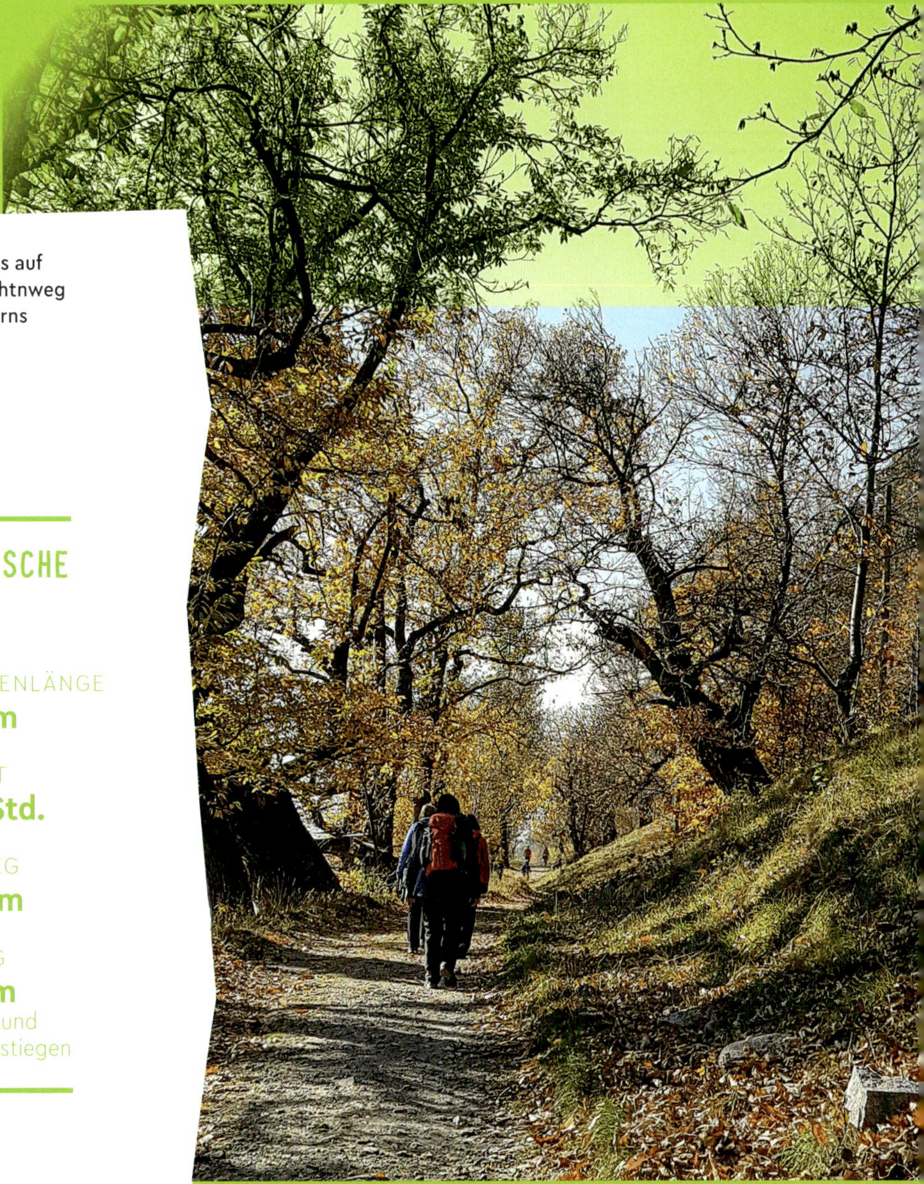

Unterwegs auf dem Keschtnweg in Feldthurns

TECHNISCHE DATEN

STRECKENLÄNGE
15,5 km

GEHZEIT
ca. 5 Std.

AUFSTIEG
600 Hm

ABSTIEG
310 Hm
inkl. Auf- und Gegenabstiegen

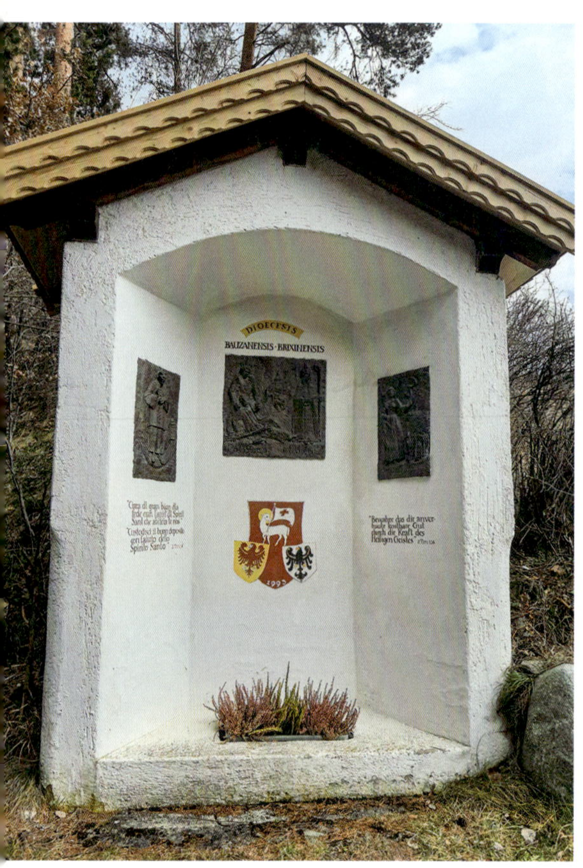

Man trifft auch auf die Stationen des Europäischen Besinnungsweges, der von Brixen zum Cyrilluskirchlein führt.

angezogen wie z. B. der Rektor der Universität Wien Carl Toldt, dem sogar ein Spazierweg gewidmet wurde. Heinrich Noè, der bekannte Reiseschriftsteller, lobte bereits 1898 die Vorzüge der nicht lange vorher in Betrieb genommenen Eisenbahn. Mit deren Benutzung konnte man laut seinen Worten den Urlaubsort Vahrn bequem und in relativ kurzer Zeit erreichen, man konnte in München frühstücken und *„... lange vor Sonnenuntergang im Vahrner Kastanienwalde spazieren gehen."*

Auch vornehme Damen schätzten die schattenspendenden Kastanienbäume, denn damals legte man noch Wert auf die vornehme Blässe der Haut.

Vahrn wurde von Reiseschriftstellern gerne auch als das „Tor zum Süden" betitelt. Nach dem kühleren Wipptal empfand man den weiten Brixner Talkessel mit seinen Weinhängen und Kastanienbäumen als südlichen Vorboten. Die zahlreichen Ansitze des Ortes Vahrn erinnern an diese Zeiten und es gäbe noch einiges zu erzählen, wie etwa über die Ruine Salern und das in der

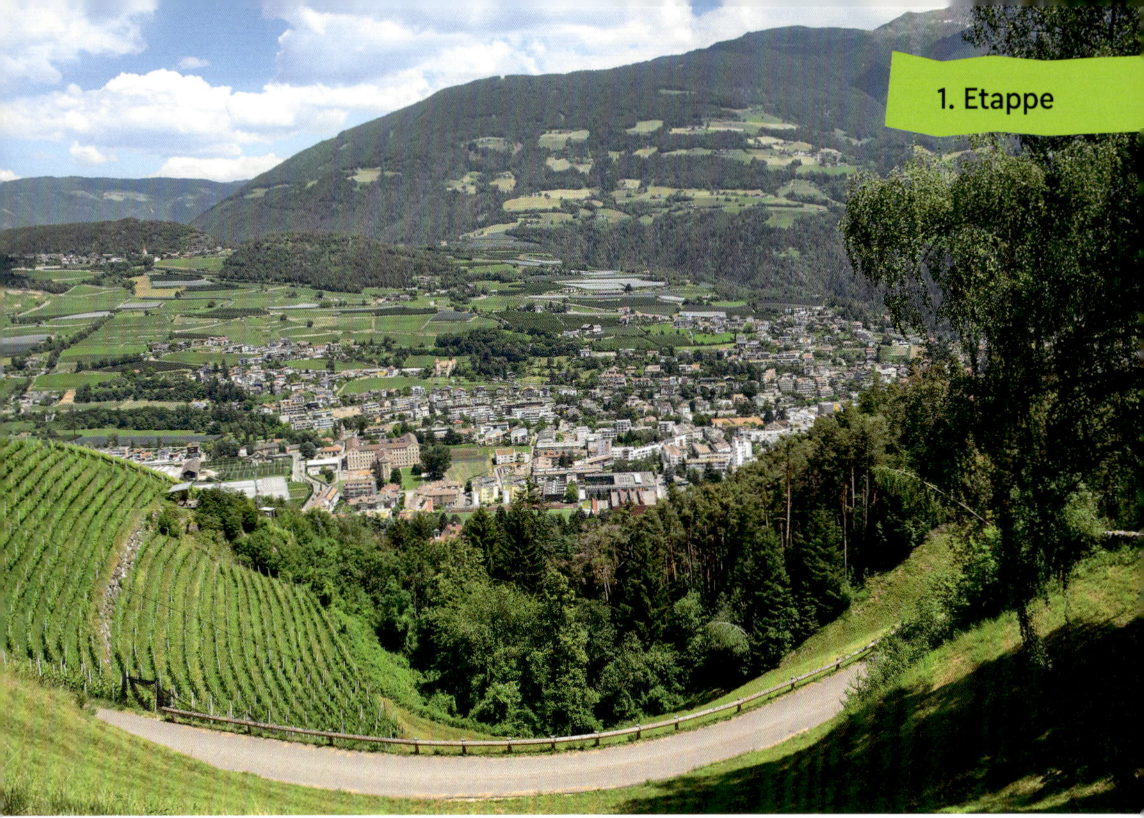

Blick auf Brixen vom Aussichtspunkt Burgerhof

Nähe befindliche gleichnamige noble und luxuriöse Höhenhotel.
Eine weitere Besonderheit: Die Kirche steht nicht mitten im Dorf Vahrn, sie steht etwas abseits. Trotzdem stellt sie einen interessanten Blickfang dar, da sie auf einer Anhöhe steht und das Dorfbild mitbestimmt. Die Wanderung aber geht weiter Richtung Brixen. Die Stadt selbst wird zwar nur am Rande gestreift, aber immer wieder öffnet sich unterwegs der Blick auf die schöne Stadt im Eisacktal wie z. B. am Aussichtspunkt Burgerhof. Der Hof kann zudem mit einer netten barocken Hauskapelle aufwarten und oberhalb des Hofes befindet sich eine Rastbank mit fantastischem Blick auf die Stadt und deren Umgebung.
Einen nächsten Höhepunkt im wahrsten Sinne des Wortes stellt eine Hügelkirche mit dem seltenen Cyrillus-Patrozinium dar. Auf dem Weg dorthin begegnet man auch dem Europäischen Besinnungsweg, dessen Beginn in Brixen und dessen Ziel diese Kirche ist. Acht Bildstöcke bzw. Besinnungspunkte begleiten den Weg, ausgeschmückt mit Heiligen der römisch-katholischen Kirche, welche sich für ein

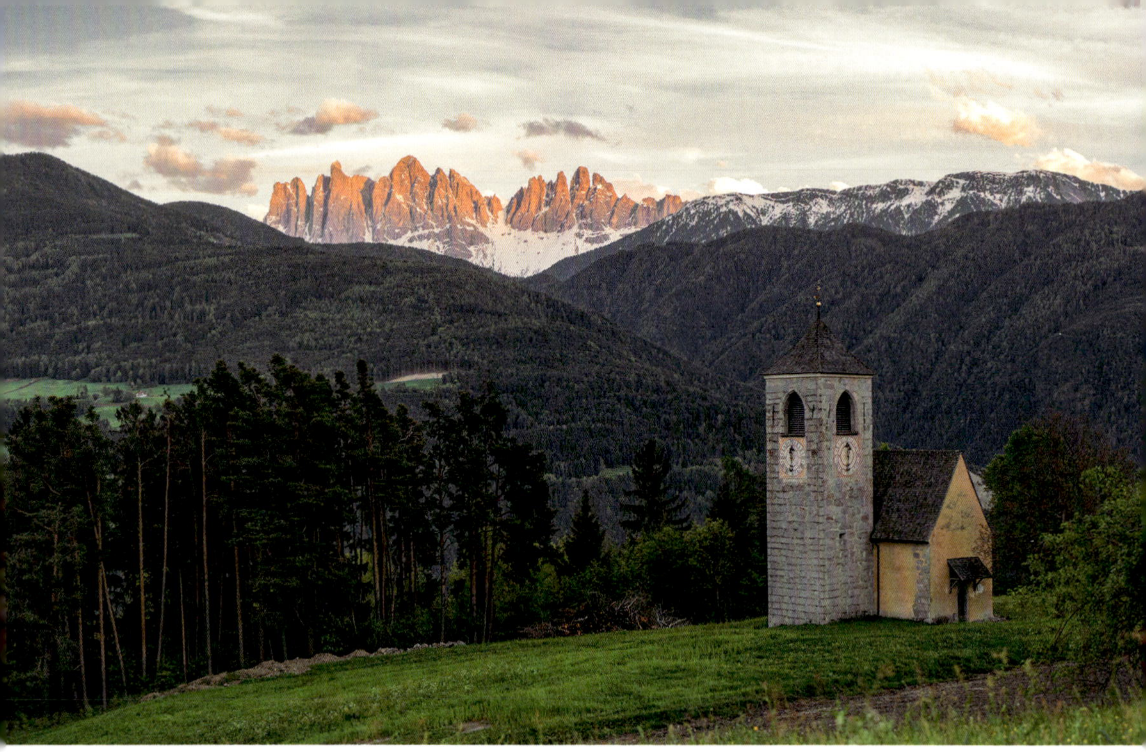

Das Nikolauskirchlein in Tötschling mit Blick auf die Geislergruppe

einheitliches und friedliches Europa einsetzten. Auf dem Weg nach Tötschling sollte man sich ein wenig Zeit nehmen, um den Blick schweifen zu lassen. Man kann die Pfunderer Berge oberhalb von Meransen betrachten oder das Hochplateau von Natz-Schabs. Völlig in den Bann gezogen wird man vom gotischen Nikolauskirchlein in Tötschling mit den Geislerspitzen im Hintergrund. Das Kirchlein liegt direkt am Keschtnweg. Damit nicht genug: Es folgt sogleich ein weiteres Kirchlein, die Johanneskirche. Eine Sage verrät, dass die Errichtung dieser zwei Kleinode auf einen Bruderzwist von zwei reichen Bauern zurückgeht.

Nach Tötschling führt der Weg in den Wald hinein zum landschaftlich interessanten und sagenhaften Wöhrgraben. Bei dessen Durchquerung möge man sich lieber ein bisschen beeilen, um nicht den armen Seelen der „Katzgreatl" und der Holzerbäuerin zu begegnen. Mehrere Sagen ranken sich um diesen Graben. Nach dem Wöhrmannhof führt der Weg schließlich durch einen besonders schönen Kastanienhain. Die Bäume sind Teil der rund 3300 Kastanienbäume von Feldthurns. Am Ansitz Ziernfeld vorbei erreicht man ein letztes besonderes Bauwerk: Schloss Velthurns im gleichnamigen Ort, das Tagesziel dieser Etappe.

WEGVERLAUF: Vom Parkplatz des Klosters (dort befindet sich auch eine Bushaltestelle) dreht man sich Richtung Eisack, überquert eine Brücke und biegt nach rechts ab. Bereits vor dem ersten Hof, dem Punter, zieht sich der Keschtnweg links hinauf und man erreicht auf einem breiten Wanderweg durch Mischwald den Punterbühel. Dort hält man sich oberhalb vom Bildstock links und gelangt auf eine Apfelwiese. Man spaziert an den Apfelbäumen vorbei bis zu einer Mauer, wo die Beschilderung nach links weist. Achtung, der Weg verläuft oberhalb der Mauer!

Bald kommt man über eine wunderschön angelegte Lesesteinmauer zum Ehrenreicherhof. Dort geht's dann hinunter Richtung Staatsstraße. Vor Erreichen derselben zweigt rechts ein Steig ab, dem man folgt. Er führt auf eine Brücke, welche Staatsstraße, Autobahn und Eisenbahn überquert. Auf der anderen Seite erreicht man bald einen Weg, der rechts in die Felder hineinführt.

Auf dem Weg zum aussichtsreichen Punterbühel bei Neustift

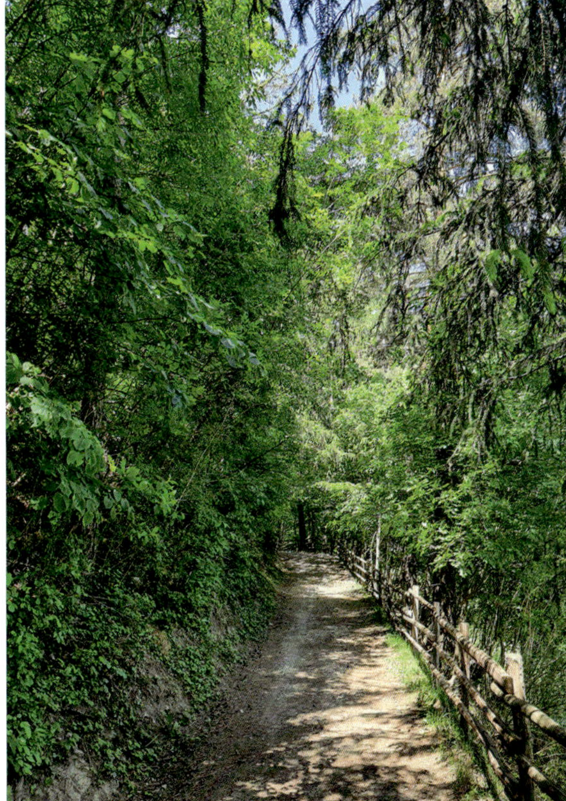

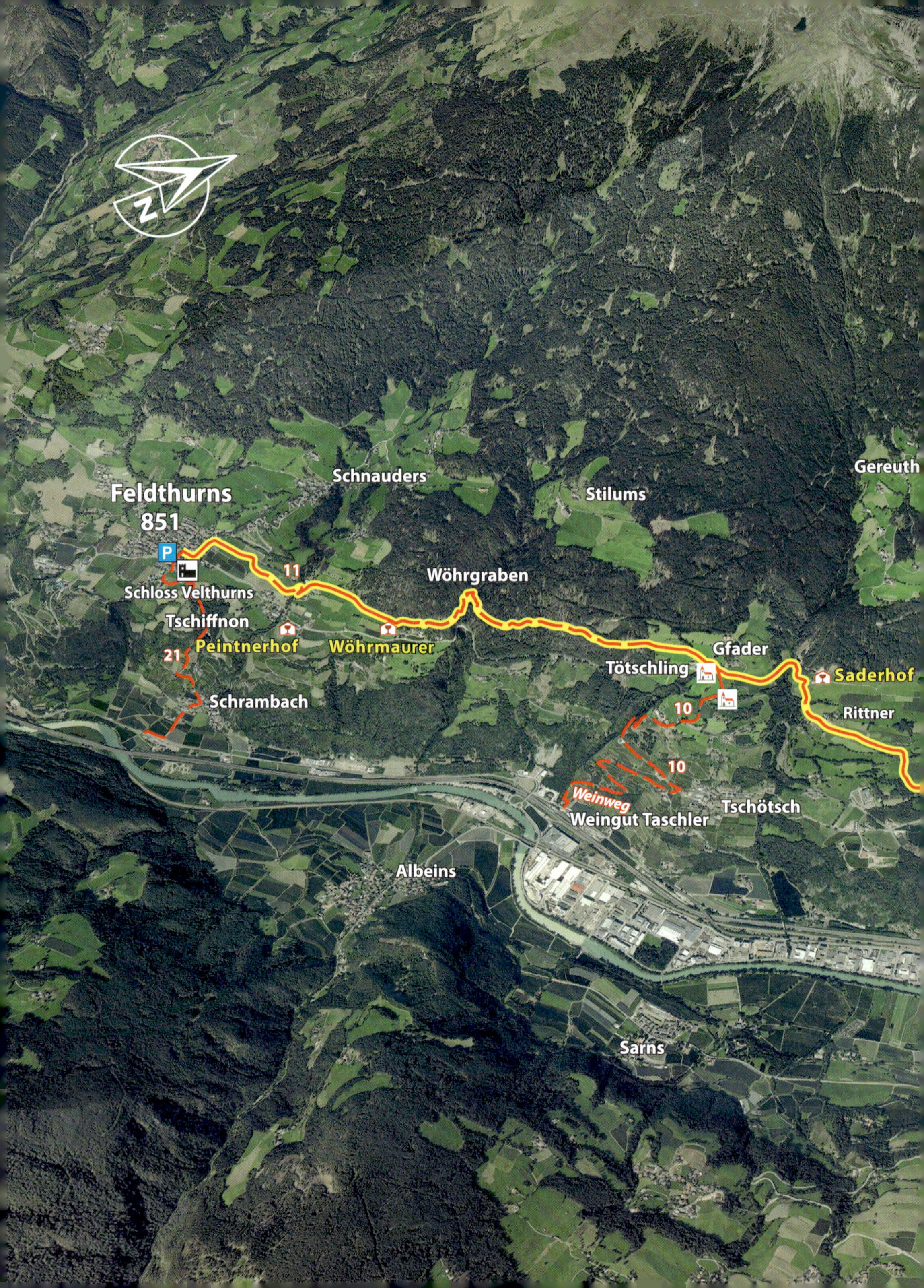

Feldthurns
851
P
Schloss Velthurns
Tschiffnon
21
Peintnerhof
Schrambach
Schnauders
11
Wöhrmaurer
Wöhrgraben
Stilums
Gereuth
Tötschling
Gfader
Saderhof
Rittner
10
10
Weinweg
Weingut Taschler
Tschötsch
Albeins
Sarns

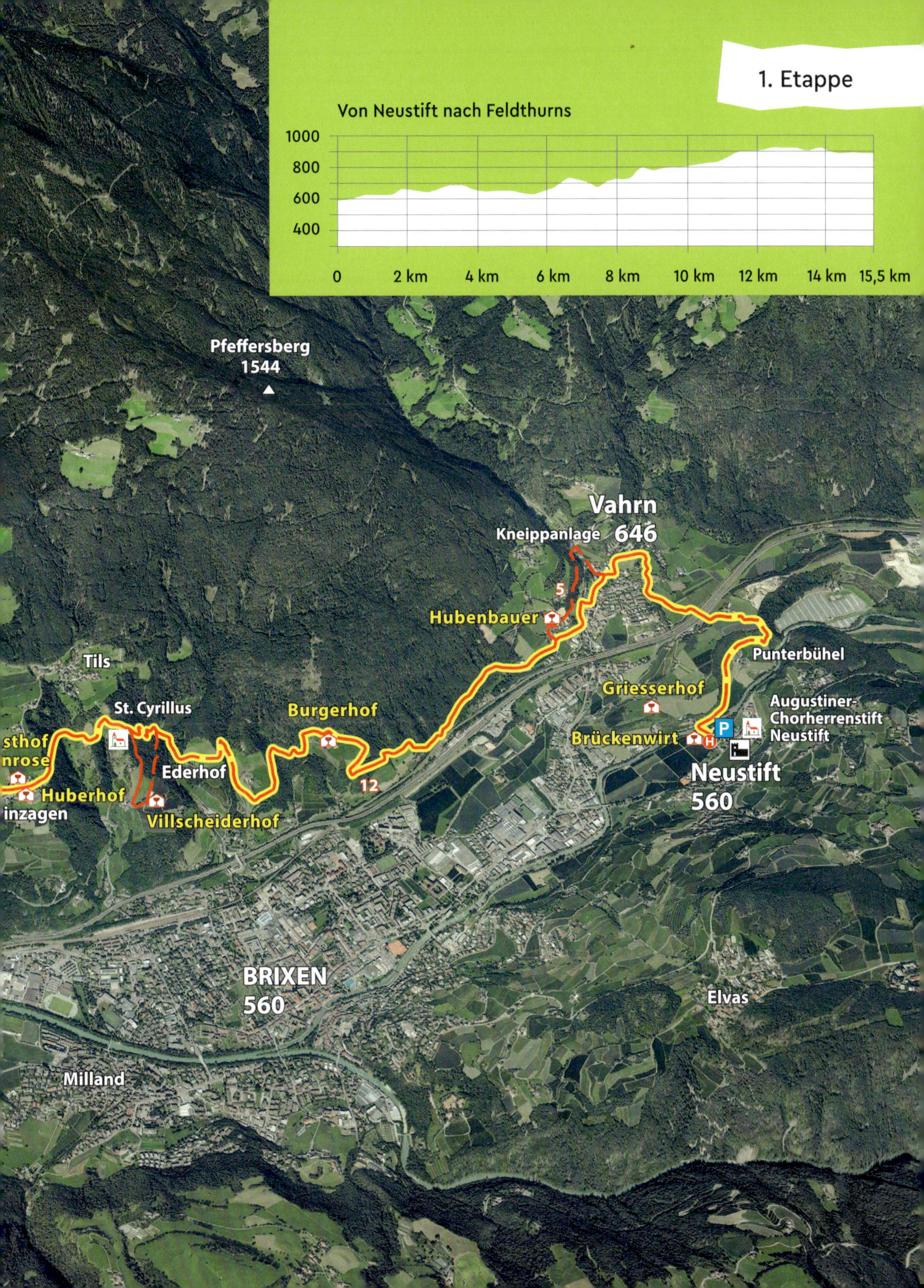

1. Etappe
Von Neustift nach Feldthurns
1000
800
600
400
0
2 km
4 km
6 km
8 km
10 km
12 km
14 km
15,5 km
Pfeffersberg
1544
Vahrn
646
Kneippanlage
5
Hubenbauer
Punterbühel
Griesserhof
Augustiner-
Chorherrenstift
Neustift
Brückenwirt
Neustift
560
Tils
St. Cyrillus
Burgerhof
sthof
nrose
Huberhof
inzagen
Ederhof
Villscheiderhof
12
BRIXEN
560
Elvas
Milland

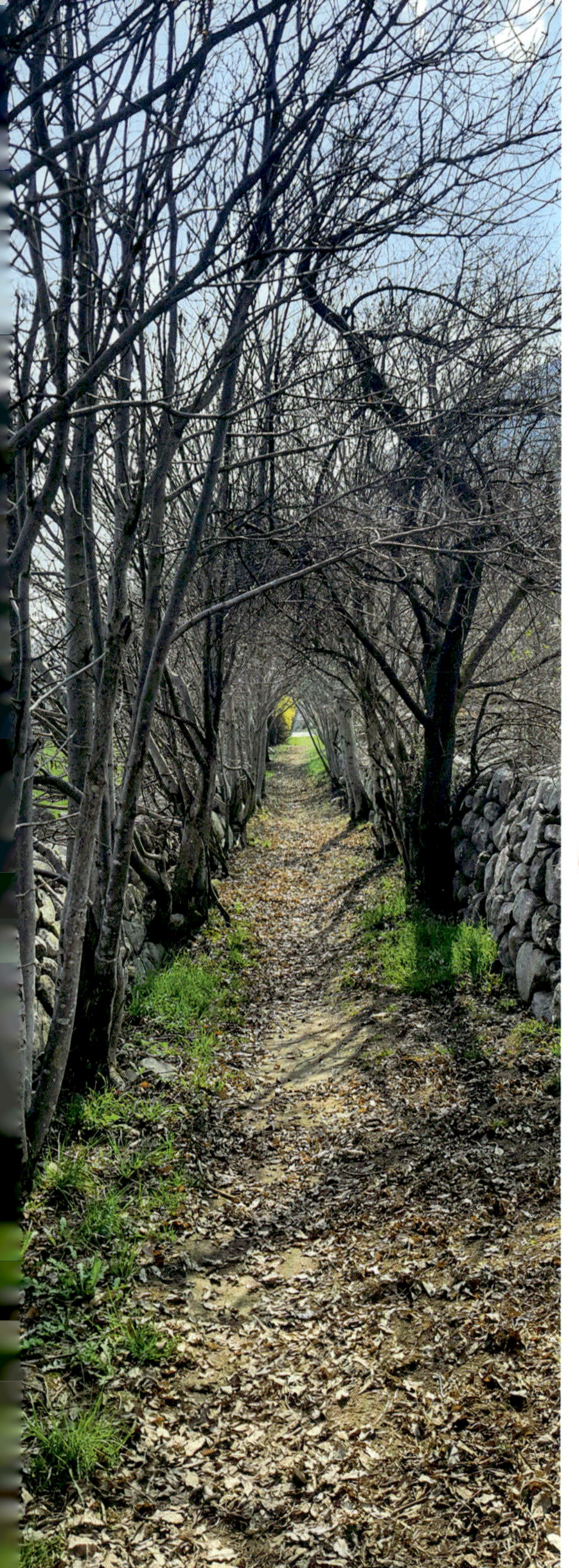

Besonderes Wegstück entlang von Lesesteinmauern in der Nähe des Ehrenreicherhofes

Auf diesem kommt man nach Vahrn, die Beschilderung leitet bald nach der Brücke rechts hinauf und nach neuerlicher Überquerung des Spilucker Baches weist sie auf den Carl-Toldt-Weg. Am Kastanienhain vorbei spaziert man nunmehr nach links und dann über die Schalderer bzw. Dorfstraße in den Ort Vahrn hinab bis zum Kreisverkehr.

TIPP **Nach der Villa Mayr zweigt der Vernaggenweg von der Dorfstraße ab. Von dort kann man am geschichtsträchtigen Gallhof vorbeigehend einen Schwenk zur gut ausgebauten Kneipp-Anlage am Schalderer Bach (auch Vernaggenbach genannt) einlegen und kühlende Erfrischung genießen. Man überquert den Bach, hält sich links und erreicht bald danach über einen rechts abgehenden Weg die schön gelegene Pfarrkirche des Ortes. Über den Friedhof kann man direkt zum Hubenbauer und von dort wieder in Kürze zum Keschtnweg gelangen.**

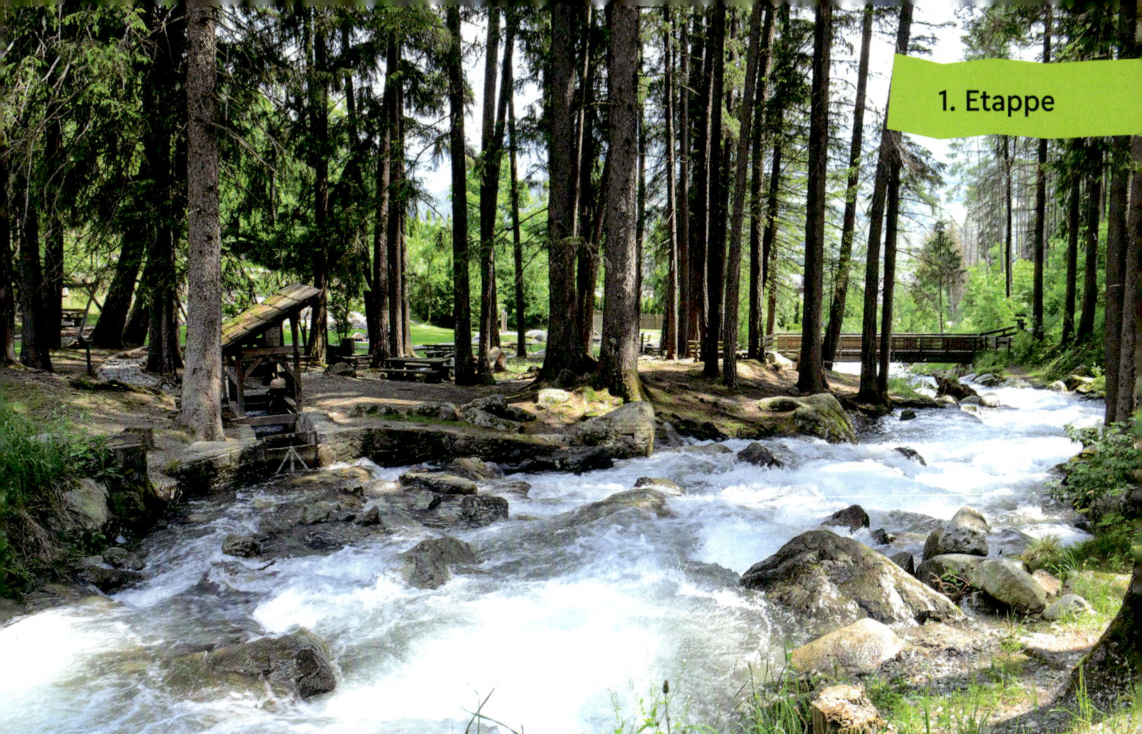

In Vahrn trifft man am Schalderer Bach auf eine sehenswerte Kneipp-Anlage.

Beim Kreisverkehr rechts abbiegen, an der Schule vorbei in südöstlicher Richtung weitergehen bis zu den letzten Häusern. Nach einem kurzen Aufstieg folgt ein breiter Forstweg durch den Wald. Nach etwa zehn Minuten Gehzeit teilt sich der Weg. Der Kastanienweg führt rechts hinauf. Schließlich erreicht man den Burgerhof mit seiner kleinen Hofkapelle. Der Keschtnweg führt durch das Gehöft durch und kurz darauf hinunter auf dessen Zufahrtsstraße. Man spaziert auf dieser Straße durch das Landschaftsschutzgebiet Pfeffersberg, bis der Weg rechts in den Wald hinaufleitet. Man erreicht schließlich wieder Wiesengelände, am Ederhof vorbei trifft man in einer Linkskurve auf die Beschilderung, welche rechts hinaufweist. Dieser Weg führt bergauf und man erreicht die Abzweigung, welche links hinauf zum Cyrilluskirchlein führt. Danach kehrt man wieder zurück auf die Straße und folgt oberhalb des naheliegenden Hauses, links am Bildstock vorbei, wieder der Beschilderung Richtung Pinzagen.

Nach Überquerung eines Baches mit einem Wasserfall erreicht man bald die ersten Häuser dieses Weilers Pinzagen. Nach dem Gasthof Alpenrose hält man sich rechts und erreicht schließlich über Feldwege den Saderhof. Nunmehr marschiert man wieder auf einer

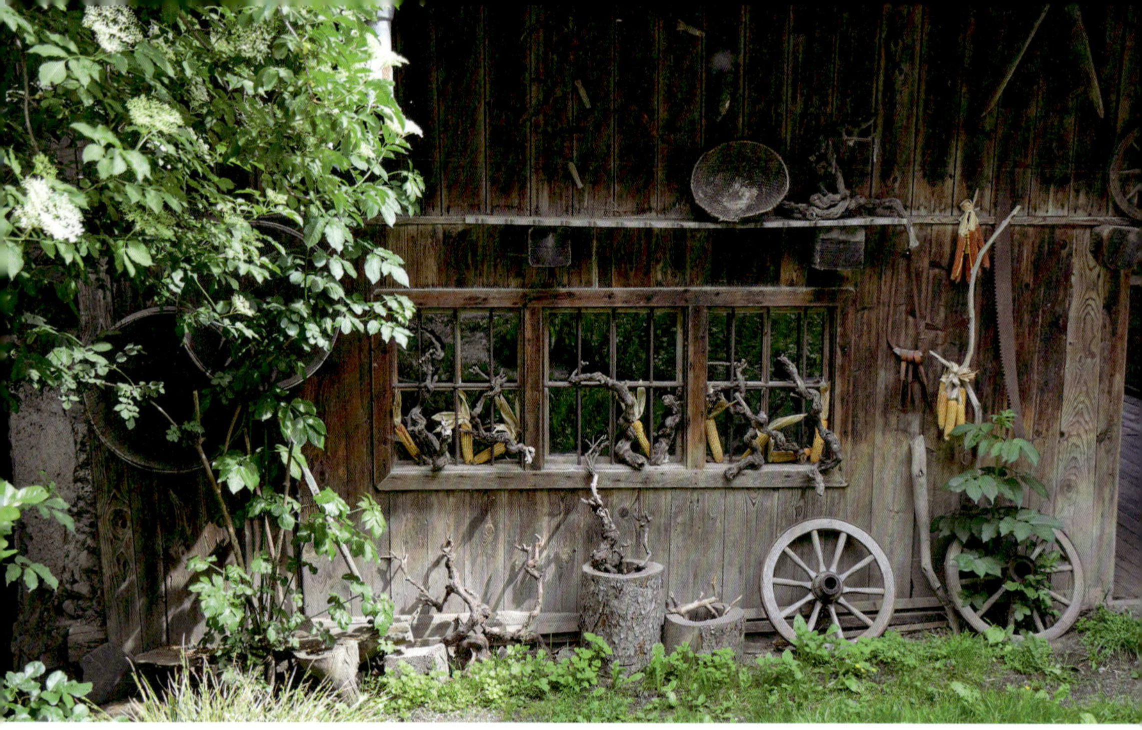

Hausschmuck beim Wöhrmannhof am Keschtnweg

Asphaltstraße weiter bis zu den zwei Kirchlein in Tötschling. Beim Gfaderhof zieht sich der Weg von der Straße weg rechts hinauf und schließlich in den Wald hinein. Auf einem netten Waldweg gelangt man zum Wöhrgraben, der mit kurzem Ab- und Gegenanstieg überwunden wird. Alsbald wandert man oberhalb vom Gasthof Wöhrmaurer durch einen Kastanienhain Richtung Feldthurns. Die ersten Häuser kommen in Sicht, nun heißt es links abzubiegen, um dann den Bach zu überqueren. Auf einem Wiesenweg erreicht man die Schnauderer Straße und marschiert auf dieser hinab ins Dorfzentrum von Feldthurns.

TIPP Eine empfehlenswerte Route mit Einbindung des Keschtnweges beginnt im Talboden südlich von Brixen (Nähe Autobahnausfahrt Brixen Süd) beim Weingut Taschler und der Pizzeria Harpf (Nähe Bushaltestelle Ziggler). Man wandert über den Weinweg hinauf nach Tschötsch, weiter nach Tötschling, auf dem Keschtnweg bis Feldthurns und auf dem Törggelesteig bis Schrambach und zur Staatsstraße. Von dort kehrt man mit der öffentlichen Buslinie zurück zum Ausgangspunkt.
Gehzeit: rund drei Stunden; Höhenmeter: etwa 400 Meter im Aufstieg

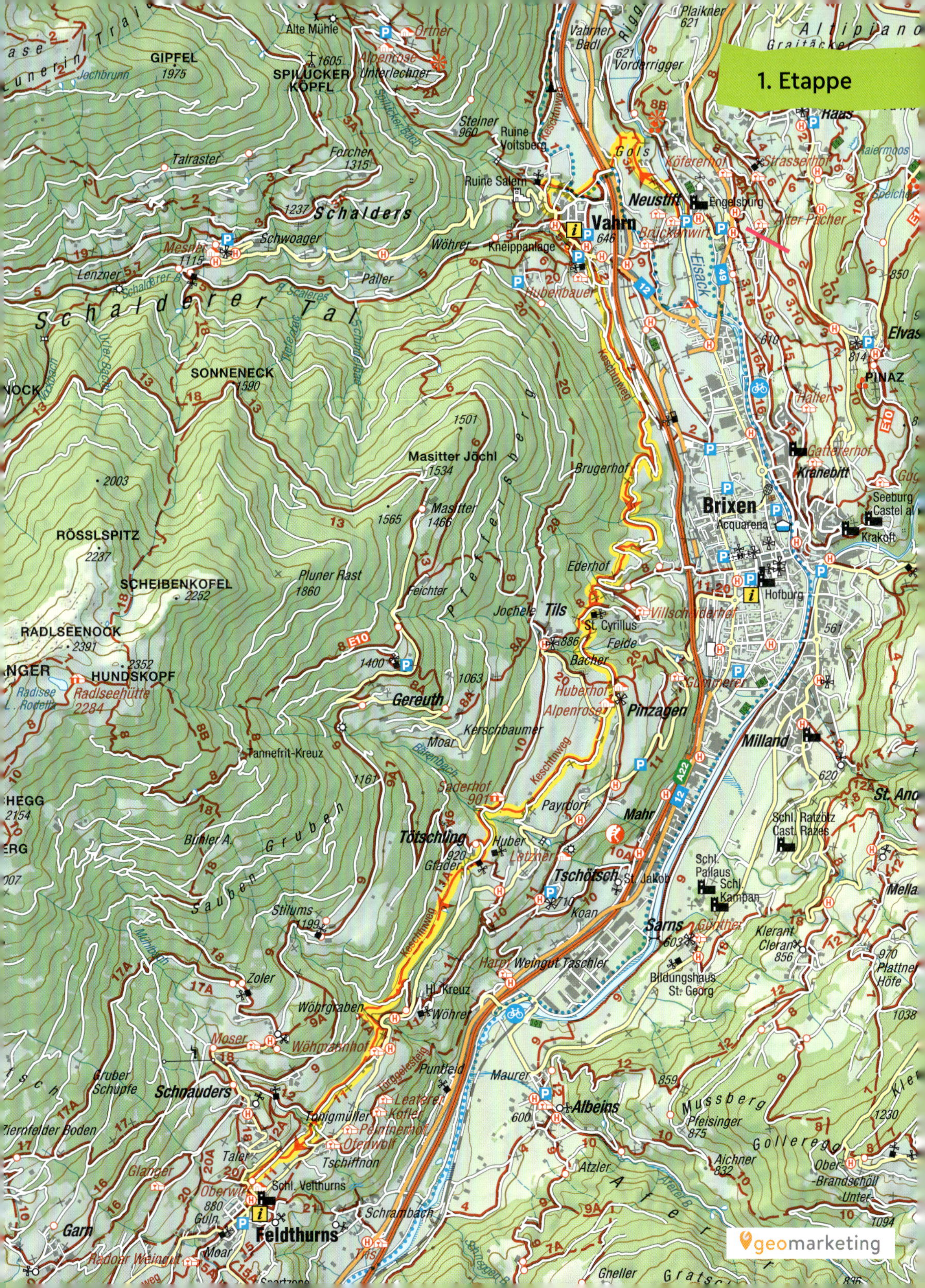

1. Etappe
Vahrn
Neustift
Brixen
Schalders
Schalderer Tal
Gereuth
Tils
Pinzagen
Milland
Tötschling
Tschötsch
Mahr
Sarns
Albeins
Feldthurns
Schnauders
Mussberg
Afer
Eisack
Hofburg
Acquarena
Engelsburg
Kranebitt
Krakoft
St. Cyrillus
Bildungshaus St. Georg
Schl. Velthurns
Masitter Jöchl
Pfeffersberg
Sonneneck
Rösslspitz
Scheibenkofel
Radlseenock
Hundskopf
Radlseehütte
Tannefrit-Kreuz
Gipfel
Spilucker Köpfl
Keschtnweg
Weingut Taschler
geomarketing

Die Pfarrkirche von Vahrn
ist mit ihrer besonderen Lage
einen Besuch wert.

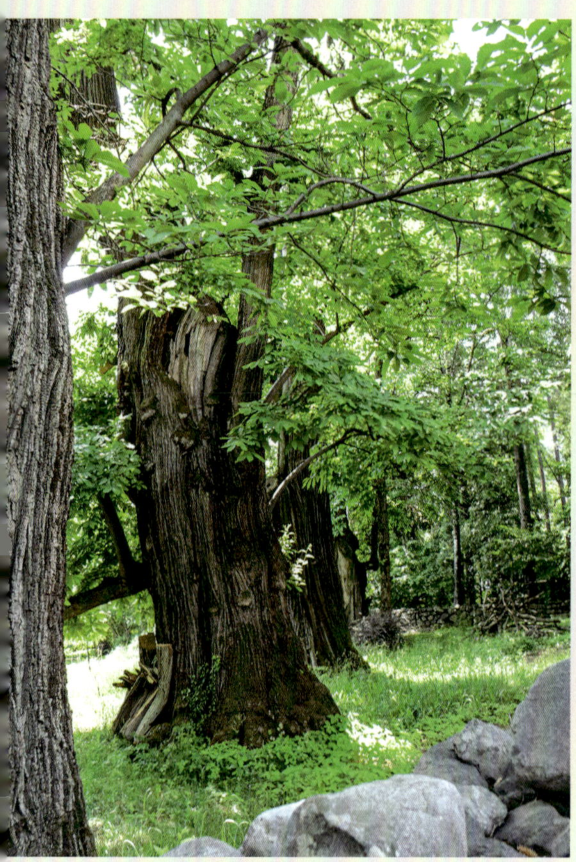

Der Kastanienhain in Vahrn
mit seinen alten Bäumen

SEHENSWERTES

→ Gemeinde Vahrn

Vahrn (650 m), nördlichste Gemeinde im Verlauf des Keschtnweges, liegt nordwestlich von Brixen. Das Gemeindegebiet hat eine Ausdehnung von gut 70 km² und zählt knapp 5000 Einwohner. Neben dem Hauptort Vahrn liegen im Westen der Gemeinde im Schalderer Tal die gleichnamige Siedlung Schalders (1150 m) und im Spilucker Tal der Ort Spiluck (1300 m). Neustift (600 m), mit dem gleichnamigen Kloster als Ausgangspunkt des Keschtnweges, liegt etwas tiefer als der Hauptort, am orografisch linken Ufer des Eisacks. Im Süden geht Vahrn nahezu nahtlos in die Nachbargemeinde Brixen über, was auch eine gewisse wirtschaftliche Rolle spielt. Eine weitere Rolle spielte in dieser Hinsicht die Lage von Vahrn an der Brennerstraße, einer wichtigen Durchzugsroute seit jeher. Der Fuhrwerksverkehr war Segen für Handwerker und Gastbetriebe. Auch Gäste hielten sich gerne in Vahrn auf, vor allem die Eröffnung der Eisenbahn

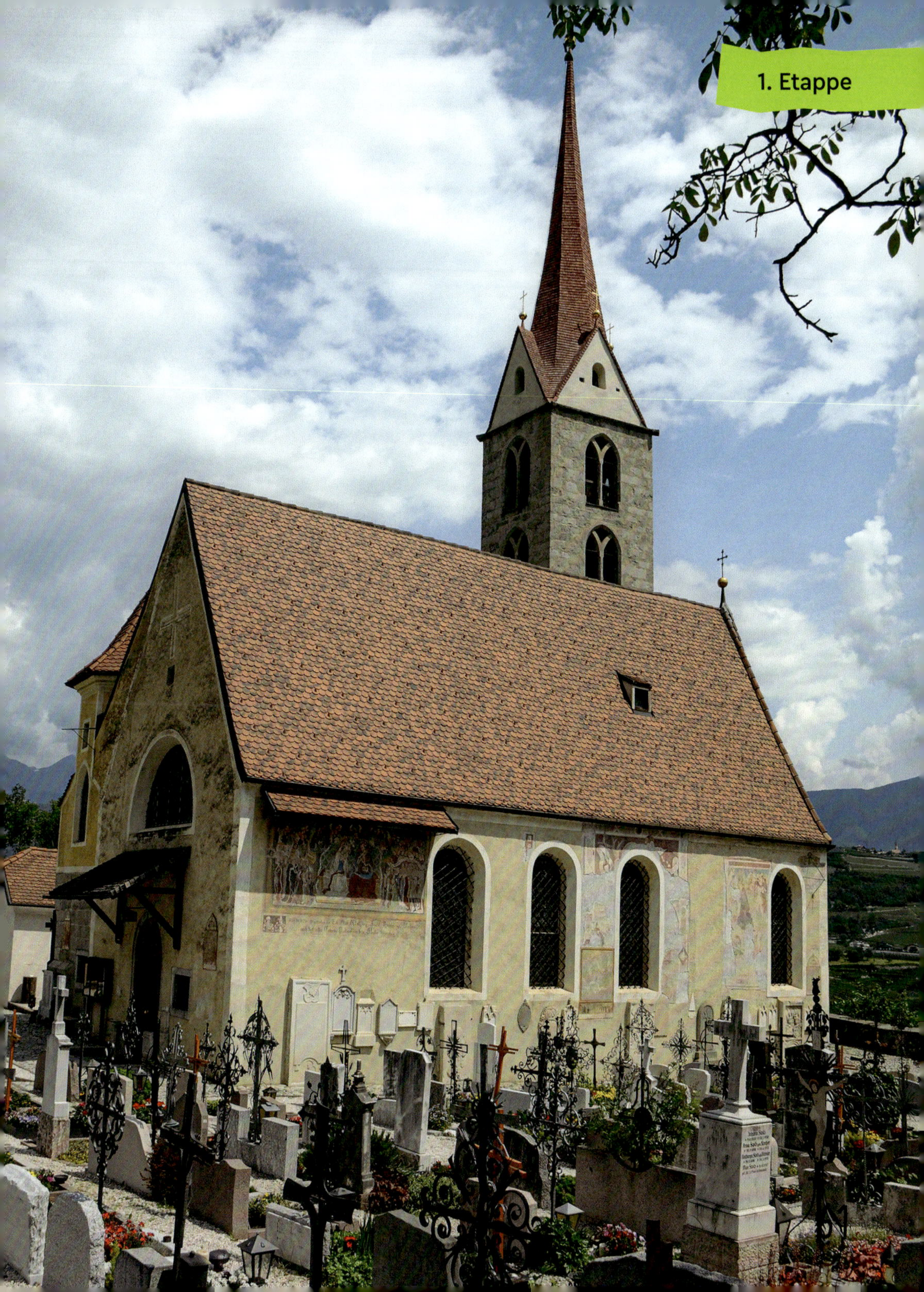

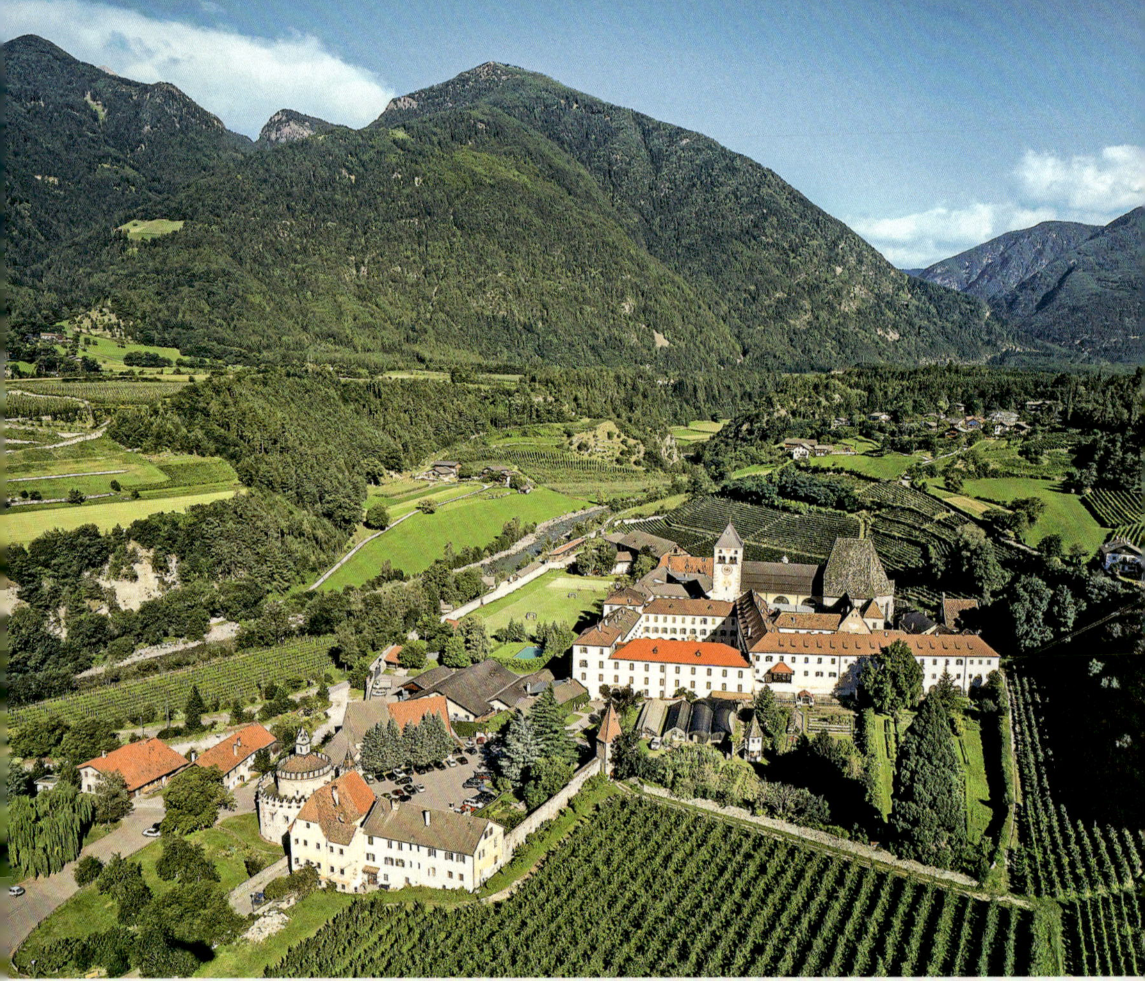

Die Anlage des Klosters Neustift inmitten von Weinbergen

förderte deren Zuzug. Genauso war der Vahrner See als Badesee sehr beliebt. Leider ist er seit einiger Zeit durch den Fund von Kriegsmaterial weitgehend abgeriegelt. Ein weiterer wirtschaftlicher Faktor der Gemeinde ist der Obst- und Weinbau im Tal, während in den Berggebieten von Schalders und Spiluck Grünlandwirtschaft und Viehhaltung vorherrschen.

→ Kloster Neustift

Das Kloster wurde 1142 vom Brixner Bischof Hartmann gegründet und wird von den Augustiner Chorherren geführt. Es war durch zahlreiche Schenkungen und Stiftungen wirtschaftlich gut abgesichert. Von der Mitte des 15. bis zum Beginn des 16. Jahrhunderts erlebte das Kloster eine Blütezeit. Von bekannten Künstlern der Zeit, wie Friedrich und

Michael Pacher, wurden gotische, künstlerisch wertvolle Altartafeln geschaffen, in der Schreibstube entstanden später noch anerkannte Handschriften und die Pflege des Choralgesanges erreichte einen beachtlichen Stand. Der Bauernaufstand unter der Führung von Michael Gaismair im Mai 1525 allerdings hinterließ durch Plünderungen und Besetzung große Schäden. Die Anzahl der Ordensleute sank von 30 auf sechs. Die wirtschaftlichen Schäden konnte das Kloster glücklicherweise verkraften und auf Schatten folgte wieder Licht. Es wurde eine akademische Hauslehranstalt gegründet, welche ein wertvolles wirtschaftliches Fundament darstellte. Von 1735 bis 1744 erfolgte daraufhin der Umbau der Klosterkirche im spätbarocken Stil. Rund 30 Jahre später entstand eine neue Bibliothek mit einem sehenswerten Rokokosaal. Kirche und Bibliothek bezaubern heute noch die Besucher des Klosters. Die Chorherrengemeinschaft stieg wieder auf über 50 Mitglieder. Um die Jahrhundertwende zum 19. Jahrhundert

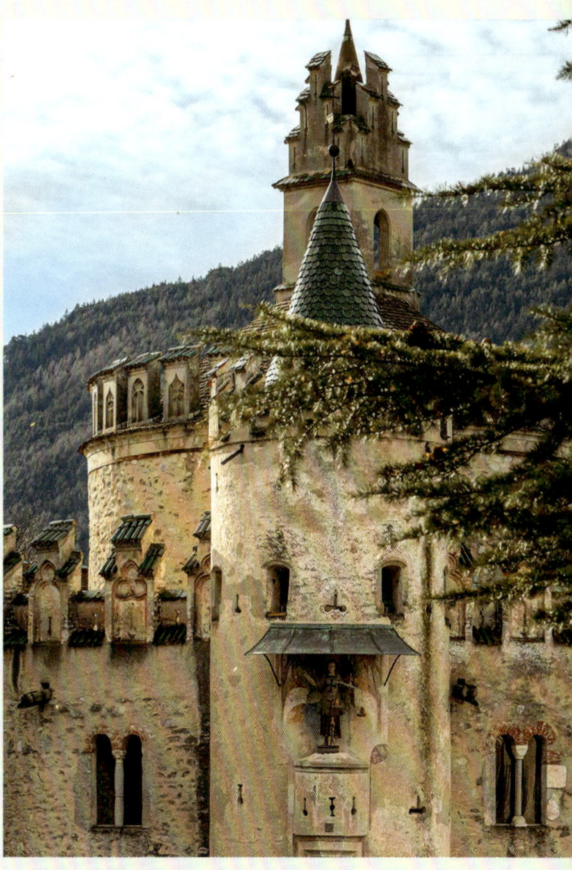

Die Engelsburg diente vermutlich einst als Pilgerhospiz.

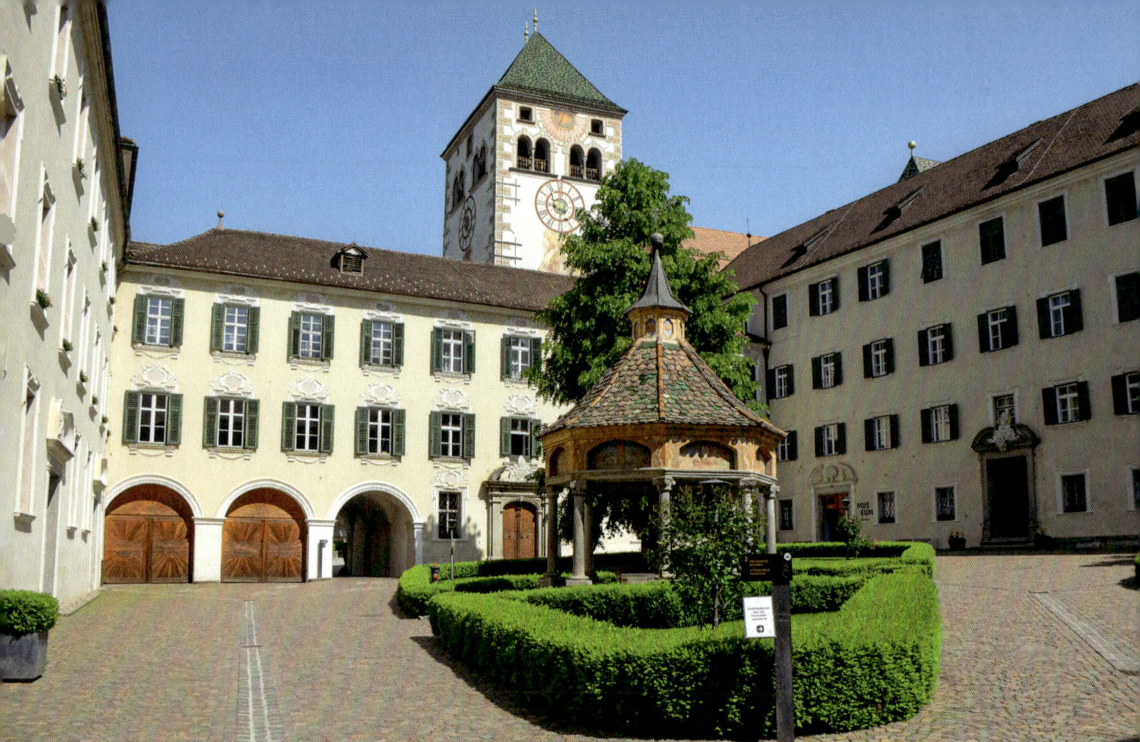

Der Innenhof des Klosters Neustift mit dem Wunderbrunnen

machten wieder Kriege gegen die Franzosen, Einquartierungen von Truppen und wirtschaftliche Abgaben dem Kloster schwer zu schaffen.
Den schwersten Schlag aber versetzte der Klostergemeinschaft im Jahr 1807 die im Sinne der Säkularisation durchgeführte Auflösung. Wertvolle Güter wurden versteigert und nur mehr zwei Ordensherren blieben schlussendlich im Hause. Knapp zehn Jahre später erfolgte dann der Wiedereinsatz des Klosters.
Es folgte eine harte Zeit des Wiederaufbaus, denn der Konvent stand nicht gut da, sowohl in wirtschaftlicher als auch in personeller Hinsicht. 18 Seelsorgestellen waren zu betreuen und Lehrkräfte für das k. u. k. Gymnasium in Brixen zu stellen. Erst 1844 konnten die Lehrstellen des Augustiner-Gymnasiums vollständig besetzt werden und dieses errang einen guten Ruf. Das Gymnasium wurde in der Faschistenzeit schließlich als private Schule im Stift weitergeführt, während des Krieges für zwei Jahre geschlossen und 1945 wiedereröffnet, nebst einem Singknabeninstitut. Auch die wirtschaftliche Lage besserte sich nach und nach bis zum Ende des 19. Jahrhunderts.
Auch die beiden großen Weltkriege gingen nicht spurlos an dem geistigen Zentrum vorbei. 1945 gab es einen Bombenabwurf der Alliierten, bei dem vor allem die Stiftskirche in Mitleiden-

schaft gezogen wurde. Die letzten Schäden wurden erst 1982 beseitigt.
Die private Stiftsschule wurde wegen Lehrermangels 1971 geschlossen und wird heute als Außenstelle einer Brixner Mittelschule geführt. Nach wie vor gibt es im Kloster ein Schülerheim. Daneben hat sich das Kloster zu einem Bildungshaus mit unterschiedlichen Angeboten zur persönlichen und beruflichen Weiterbildung entwickelt. Natürlich kommt auch die Kernaufgabe der Seelsorge nach wie vor nicht zu kurz. 25 Pfarreien in Süd- und Osttirol werden von den Chorherren betreut. Propst Eduard Fischnaller steht ihnen seit 2015 vor.
Noch ein paar Worte zur Klosteranlage selbst: Das Klostergebäude ist ein beachtlich großer Komplex und kann mit einigen Sehenswürdigkeiten aufwarten. Gleich am Klostereingang befindet sich die Engelsburg, ein romanischer Zentralbau nach dem Vorbild des gleichnamigen Bauwerkes in Rom. Betritt man den Stiftshof, erblickt man den Wunderbrunnen von 1669 mit der Abbildung der sieben Weltwunder und recht selbstbewusst wurde Kloster Neustift als achtes Wunder eingefügt. Der Stiftskirche, einem Rokoko-Juwel, sollte man auf jeden Fall einen Besuch abstatten. Auch der Kreuzgang mit seinen Fresken ist sehenswert. Zudem verfügt das Kloster über ein Museum, zu dessen Ausstattung zahlreiche Tafelbilder und Flügelaltäre von namhaften Künstlern gehören. Nicht zuletzt gibt es noch die weiter oben erwähnte Bibliothek, deren Saal und Büchersammlungen wirklich bemerkenswert sind. Auch der Klostergarten kann im Rahmen einer Führung besichtigt werden.
Das Kloster ist von Weinbergen umgeben und die klostereigene Kellerei zählt zu den ältesten aktiven ihrer Art auf der ganzen Welt. Es werden größtenteils Weißweine hergestellt. Weinbergführungen und Weinverkostungen werden ebenso geboten.

Weitere Informationen

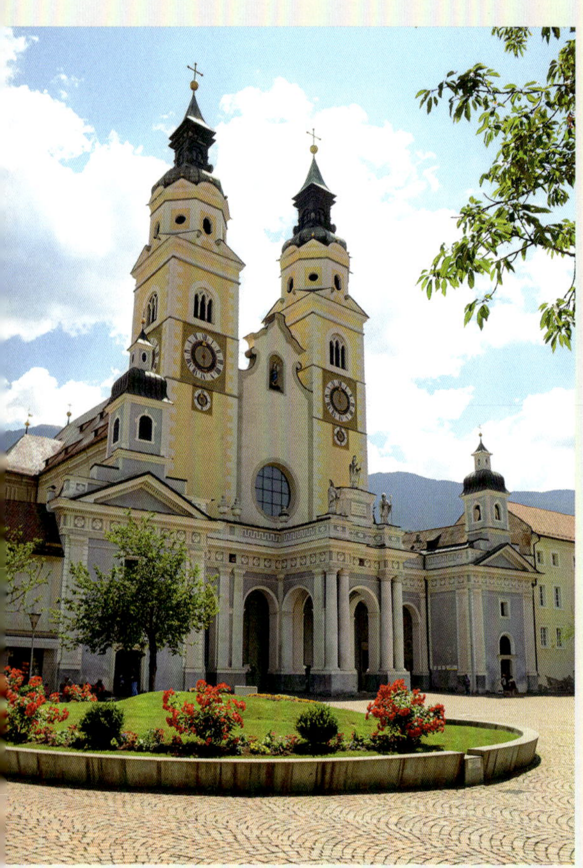

Der Dom zu Brixen inmitten der Altstadt

→ Brixen

Die Stadt Brixen wird auf dem Keschtnweg zwar nicht direkt besucht, wohl aber wandert man durch das Gemeindegebiet derselben. Zwischen Brennerpass und Bozen am Zusammenfluss von Rienz und Eisack gelegen, ist sie mit knapp 85 km² Ausdehnung und aufgrund von rund 23.000 Einwohnern die drittgrößte Stadt Südtirols. Neben dem Stadtbereich im Talboden mit seinen Vierteln umfasst das Gemeindegebiet noch weitere 20 Fraktionen. Diese erstrecken sich östlich vom Eisack über die Hänge der Plose, wie St. Andrä, Karnol, Klerant oder Afers. Auf der Westseite hingegen findet man am sogenannten Pfeffersberg zum Beispiel die Orte Pinzagen, Tschötsch oder Tötschling, durch die auch der Kastanienweg verläuft. Brixen zählt zu den ältesten Städten des einstigen Landes Tirol und war ungefähr ab dem Jahr 1000 Bischofsstadt. Die Macht und der Einfluss der Fürstbischöfe prägten nicht nur im religiösen, sondern auch im weltlichen Sinne das Stadtbild von Brixen.

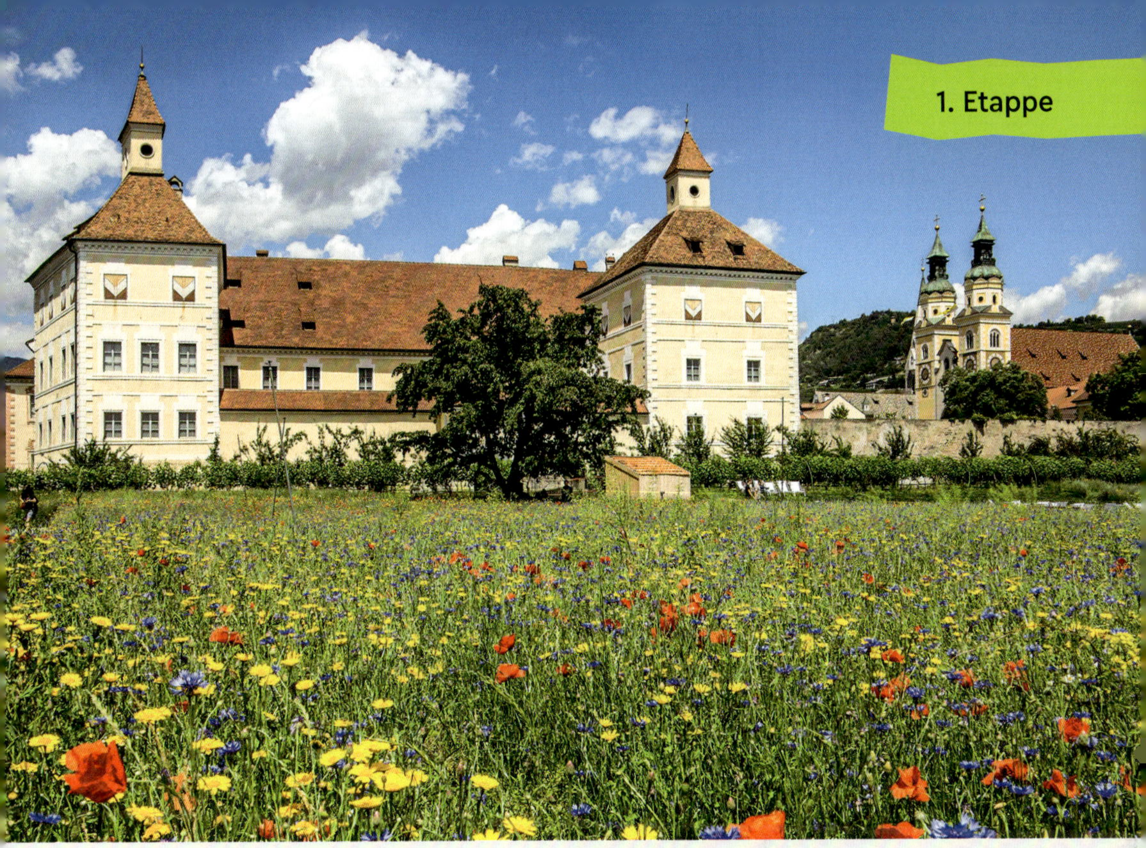

Die Hofburg in Brixen: einst Residenz der Bischöfe, heute Diözesanmuseum

Verschiedene Bauwerke, welche im Zusammenhang mit ihrer Präsenz entstanden, sind heute noch Ziel vieler kultur- und kunstinteressierter Stadtbesucher: der Dom, der Kreuzgang mit den wertvollen Fresken und die Hofburg, welche auch das Diözesan- und Krippenmuseum beherbergt. Die Stadt ist ein wichtiger Wirtschaftsstandort, der in unterschiedlichen Unternehmen und Arbeitsstätten vielen Menschen Arbeitsplätze bietet. Die Stadt Brixen ist Sitz von verschiedenen Bildungseinrichtungen, von der Grundschule bis zur Universität. Nicht zuletzt ist Brixen Standort eines öffentlichen Krankenhauses und auch im Sport- und Freizeitbereich bleiben wenig Wünsche offen. Sehr beliebt sind bei den Touristen die Lauben mit ihren Einkaufsmöglichkeiten und der Hausberg Plose mit seiner fantastischen Aussicht und den vielfältigen Freizeitangeboten wie Wandern, Skifahren, Mountainbiken u. v. m.

Weitere Informationen

Blick von St. Cyrillus
auf die Stadt Brixen

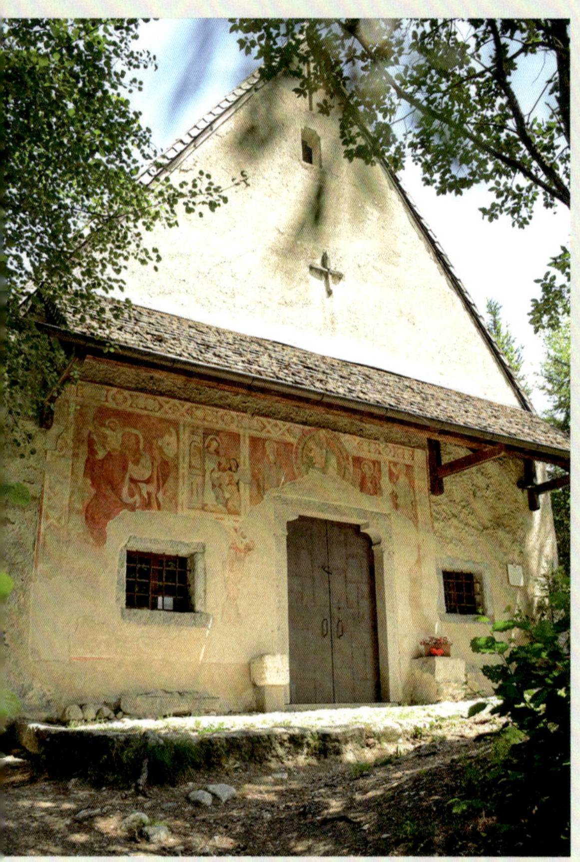

Die Kirche St. Cyrillus, ein sehenswertes Kleinod in unmittelbarer Nähe des Keschtnweges

→ Kirche St. Cyrillus

Die einsame Lage des Kirchleins – das zur Gemeinde Brixen gehört – auf einer Anhöhe mitten im Wald verleiht diesem Heiligtum etwas Geheimnisvolles. Es ist wohl auf einem heidnischen Kultplatz errichtet worden, wie dies auch an anderen Stellen von den Christen praktiziert wurde. Der spätromanische Bau stammt aus dem 13. Jahrhundert. Jünger sind die Freskomalereien an der Außenwand, sie entstanden um 1400 durch einen Künstler aus der Gegend von Bruneck.

Im Inneren der Kirche wiederum finden wir etwas ältere Fresken. Neben anderen Heiligen erkennt man auch die hl. Kümmernis, eine Frau mit Bart am Kreuz. Sie ist auch Gegenstand einer Sage aus dieser Gegend. Der frühbarocke Altar wiederum wurde leider Opfer eines Raubes und es fehlen einige ursprüngliche Statuen. Einen Blick wert ist auch die bemalte alte Holzdecke. Ikonen der sechs Schutzpatrone Europas von Franz Josef Platter weisen seit 2006 an der Südwand darauf

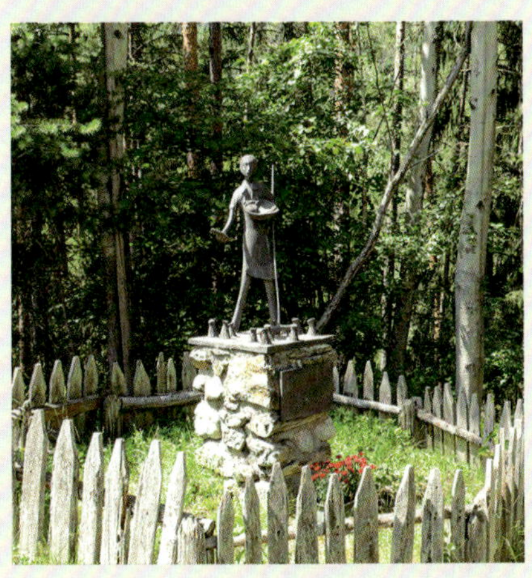

hin, dass die Kirche auch Endpunkt des Europäischen Besinnungsweges ist. Vor der Kirche entdeckt man die Skulptur eines gewissen Thomas, Knecht zu Brichsen. Er stiftete ein Almosen von Brot und Käse, so wurde es in einer Urkunde aus dem 14. Jahrhundert festgehalten. Diese Gaben werden jeweils am Ostermontag an die Emmaus-Pilger nach der Messe auf St. Cyrill verteilt.

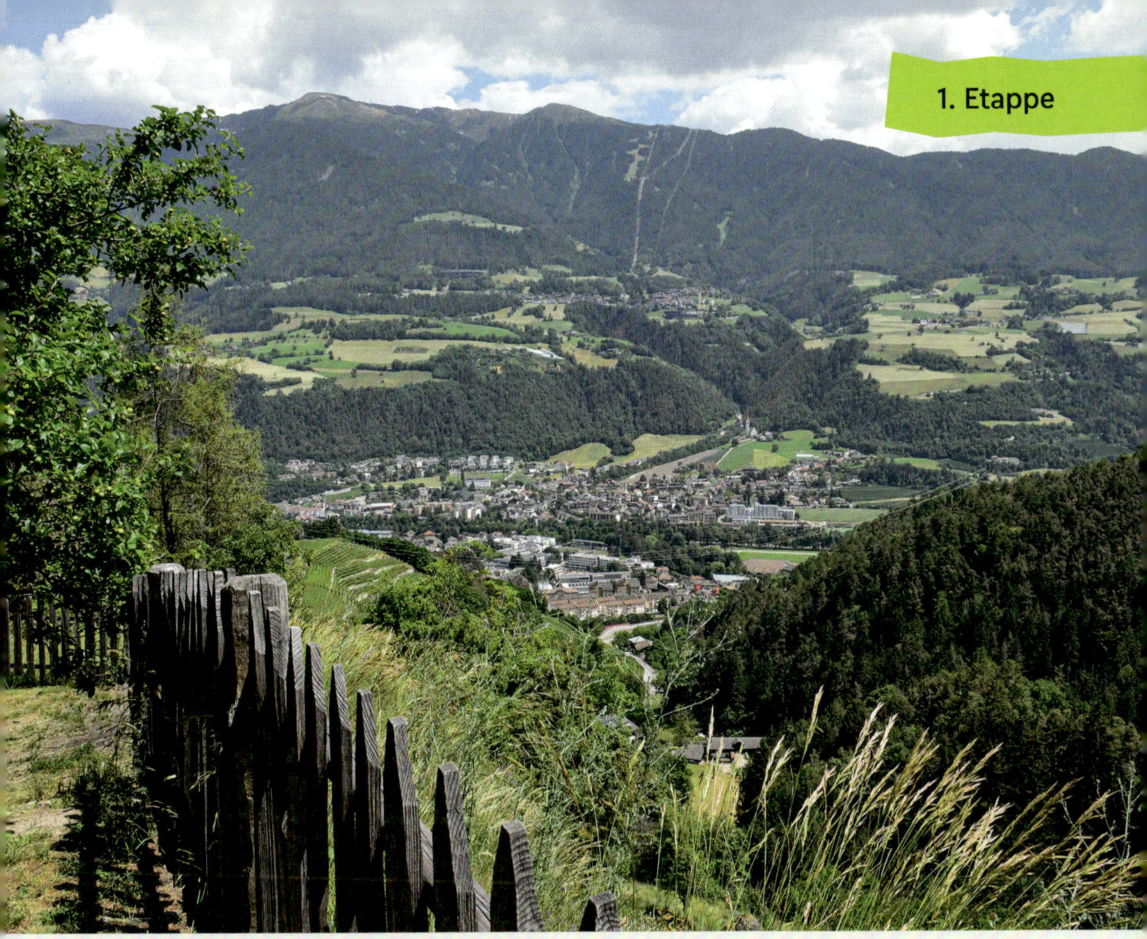

Skulptur des Thomas, Knecht zu Brichsen gegenüber dem Cyrilluskirchlein

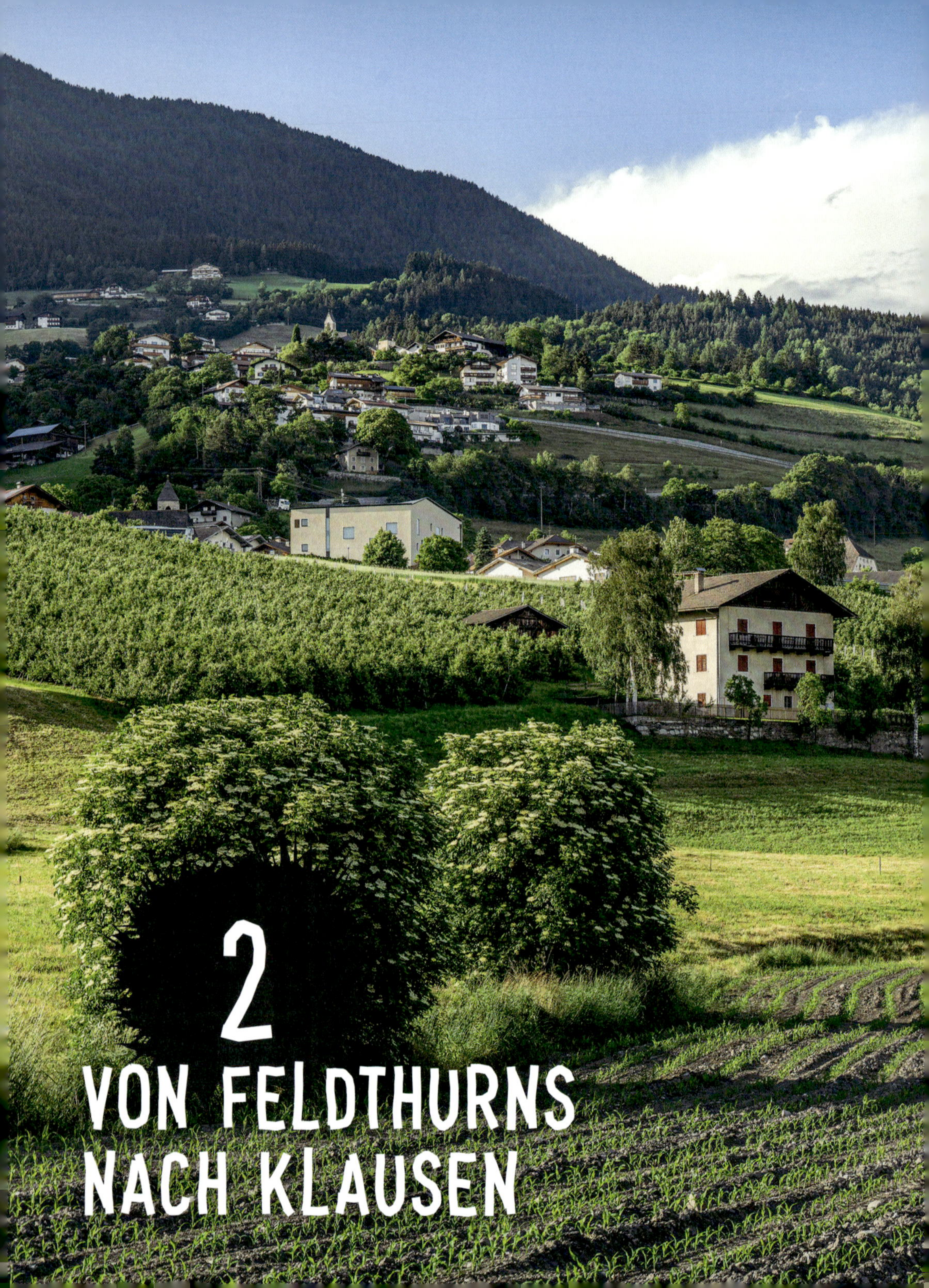

2

VON FELDTHURNS NACH KLAUSEN

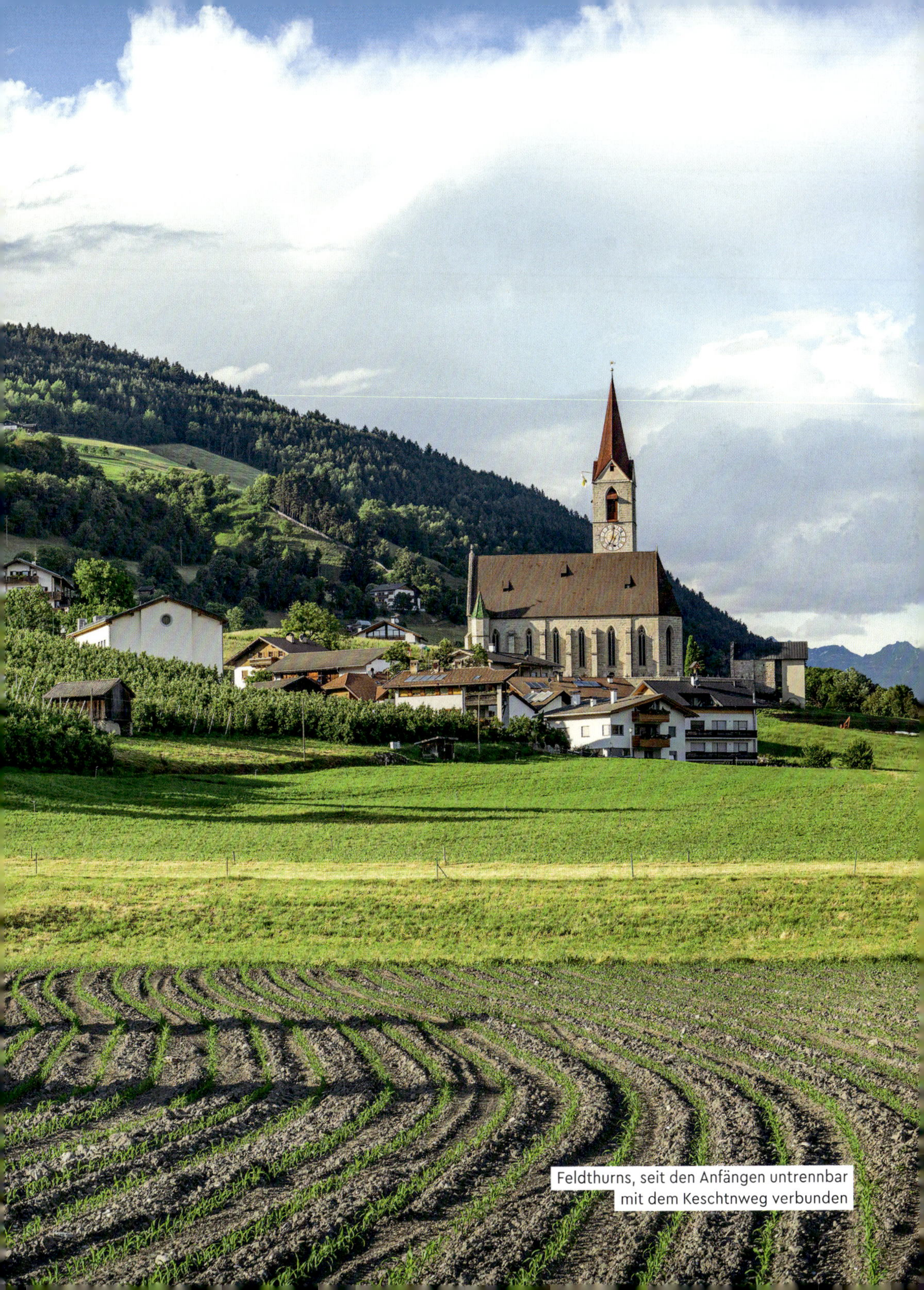

Feldthurns, seit den Anfängen untrennbar mit dem Keschtnweg verbunden

2. ETAPPE

Von Feldthurns nach Klausen

→ In Feldthurns sollte man die Besichtigung der Sommerresidenz der Brixner Fürstbischöfe, Schloss Velthurns, nicht versäumen. Für Archäologie-Interessierte ist ein Abstecher zum frei zugänglichen Archeoparc in der Tanzgasse (Nähe Laurentiuskirchlein) eine interessante Option, die es zu nutzen gilt. Neben der Laurentiuskirche kann man sich gemütlich auf einen Kastanienthron setzen, der aus einem Kastanienbaum geformt wurde.

Immer wieder entdeckt man in Feldthurns – als Wiege des Keschtnweges – am Wegesrand Skulpturen und sonstiges aus Kastanienholz. Wo findet man zum Beispiel noch Kastanienbäume mitten in einer Ortschaft? Etwa beim Antoniuskirchlein, wo zwischen zwei schönen Kastanienbäumen eine künstlerisch gestaltete Kastanie aus Holz zu finden ist. Die Erbauung des Antoniuskirchleins soll laut einer überlieferten Sage auf das Versprechen eines Gerichtsschreibers zurückgehen. Als er auf dem Pferd von Brixen nach Feldthurns ritt, scheute dieses im Wöhrgraben. In rasendem Ritt galoppierte es Richtung Feldthurns. Der Reiter versprach in seiner lebensbedrohlichen Situation, an jener Stelle eine Kirche bauen zu lassen, an der das Pferd endlich zum Stillstand kommen würde.

Auch im Keschtnloach, dem Kastanienhain in der Nähe des Radoarhofes entdeckt man Skulpturen. Diese gehen neben weiteren – auch direkt im Dorfzentrum positionierten – zurück auf Symposien, welche im Zusammenhang mit der Veranstaltung „Keschtnigl" von verschiedenen Künstlern gestaltet wurden. Der Keschtnweg erfreut sich auch bei Schülern als Ausflugsziel immer größerer Beliebtheit. So entstand in diesem Bereich auch ein netter Rastplatz

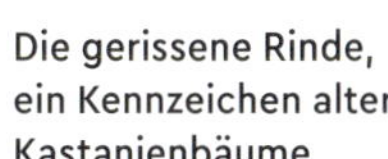

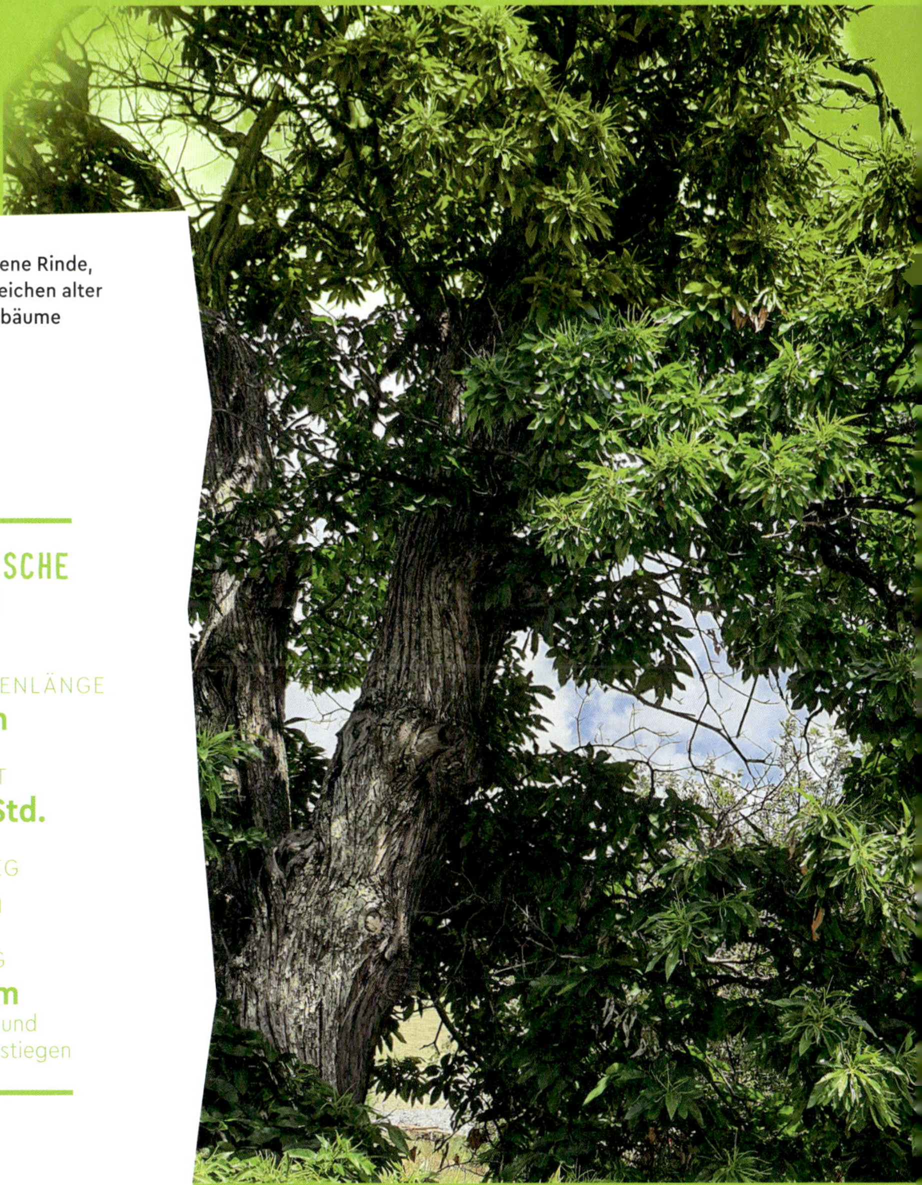

Die gerissene Rinde, ein Kennzeichen alter Kastanienbäume

TECHNISCHE DATEN

STRECKENLÄNGE
5,8 km

GEHZEIT
ca. 2 Std.

AUFSTIEG
87 Hm

ABSTIEG
427 Hm
inkl. Auf- und Gegenabstiegen

Blick vom Moar zu Viersch auf Teis und Gufidaun

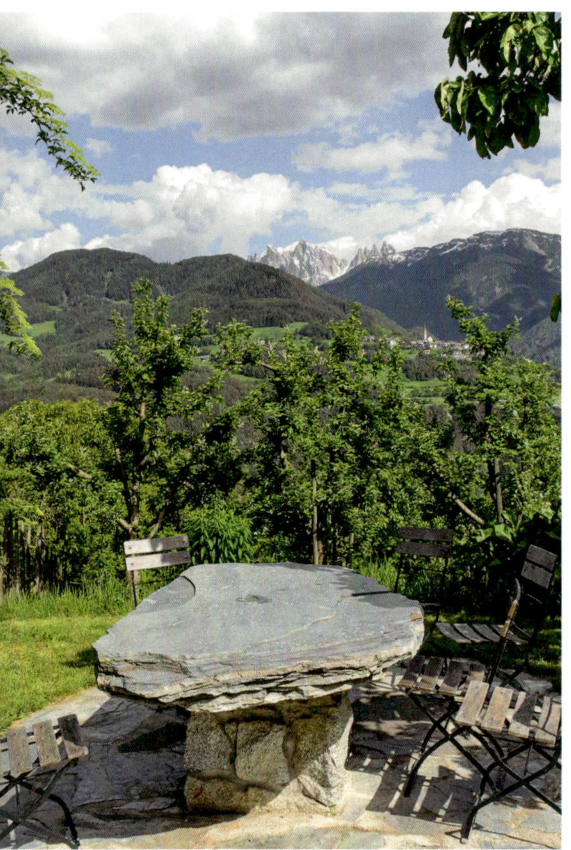

Dieser Tisch beim Radoarhof lädt zum Rasten und Genießen ein.

im Keschtnloach, das sogenannte „Klassenzimmer".

Nach einem besonderen selbstgebrannten Kastanien-Schnäpschen beim Radoar spaziert man wohlgemut weiter zum nächsten geschichtsträchtigen Punkt am Keschtnweg: dem ehrwürdigen Hof Moar zu Viersch. Bei der Wiese kurz vor dem Hof kann man übrigens kaum dem Drang widerstehen, seine Kamera zu zücken und den wunderbaren Blick auf Geislerspitzen und Umgebung festzuhalten. Auch der Hof selbst mit seiner Kapelle ist ein beliebtes Motiv. Ein besonderes Exemplar eines Kastanienbaumes findet sich bald nach dem Hof. Die Rinde weist eine außergewöhnliche Drehung auf, ansonsten aber hält sich der Baum nur mehr mit Mühe am Leben.

Im kleinen Weiler Pardell erinnern Schautafeln an tapfere Frauen von Latzfons und Verdings, welchen es mit Lärm und List gelang, im April 1797 anlässlich des „Pardeller Krieges", die französischen Truppen in die Flucht zu schlagen. Sie wurden dafür von

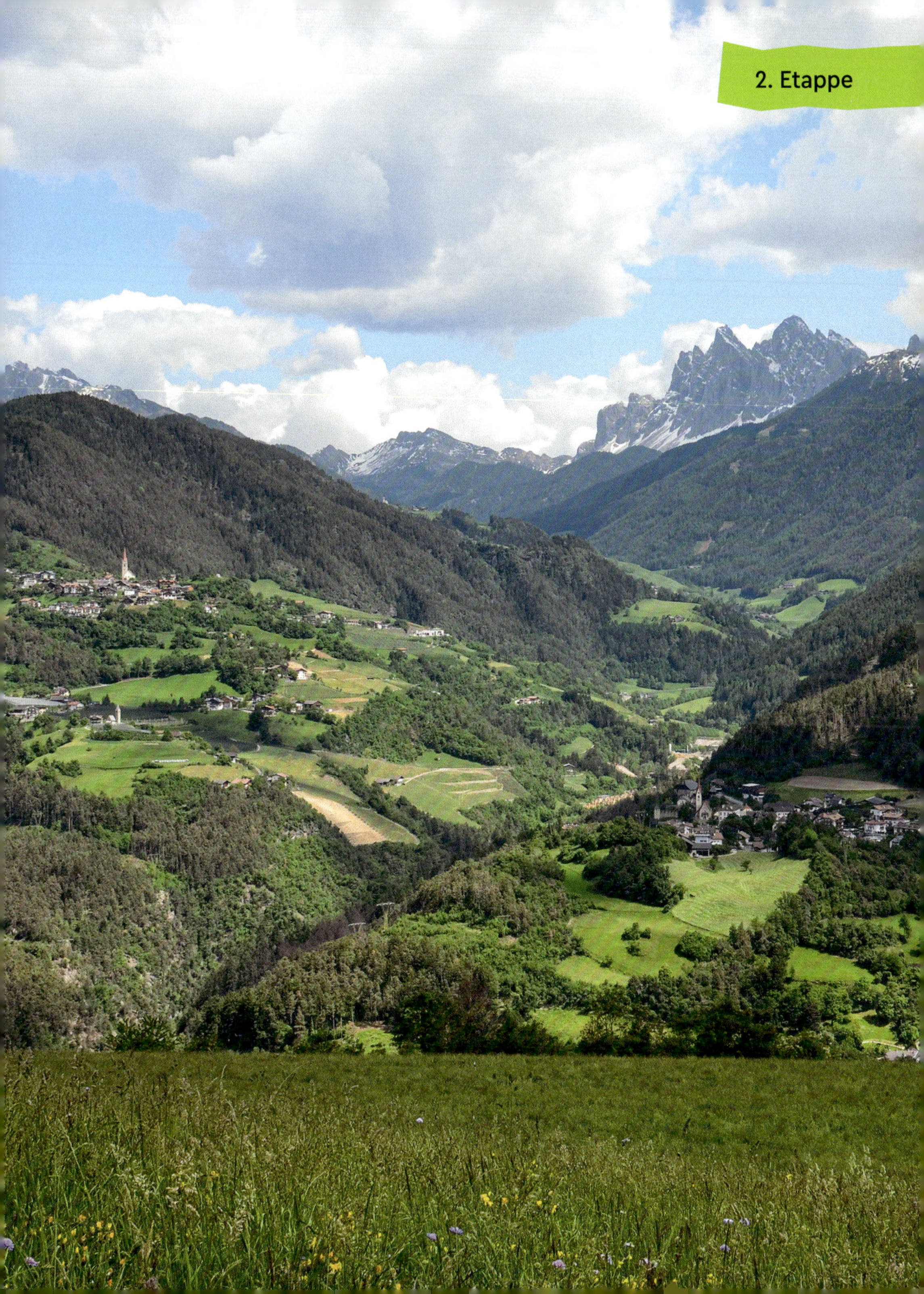

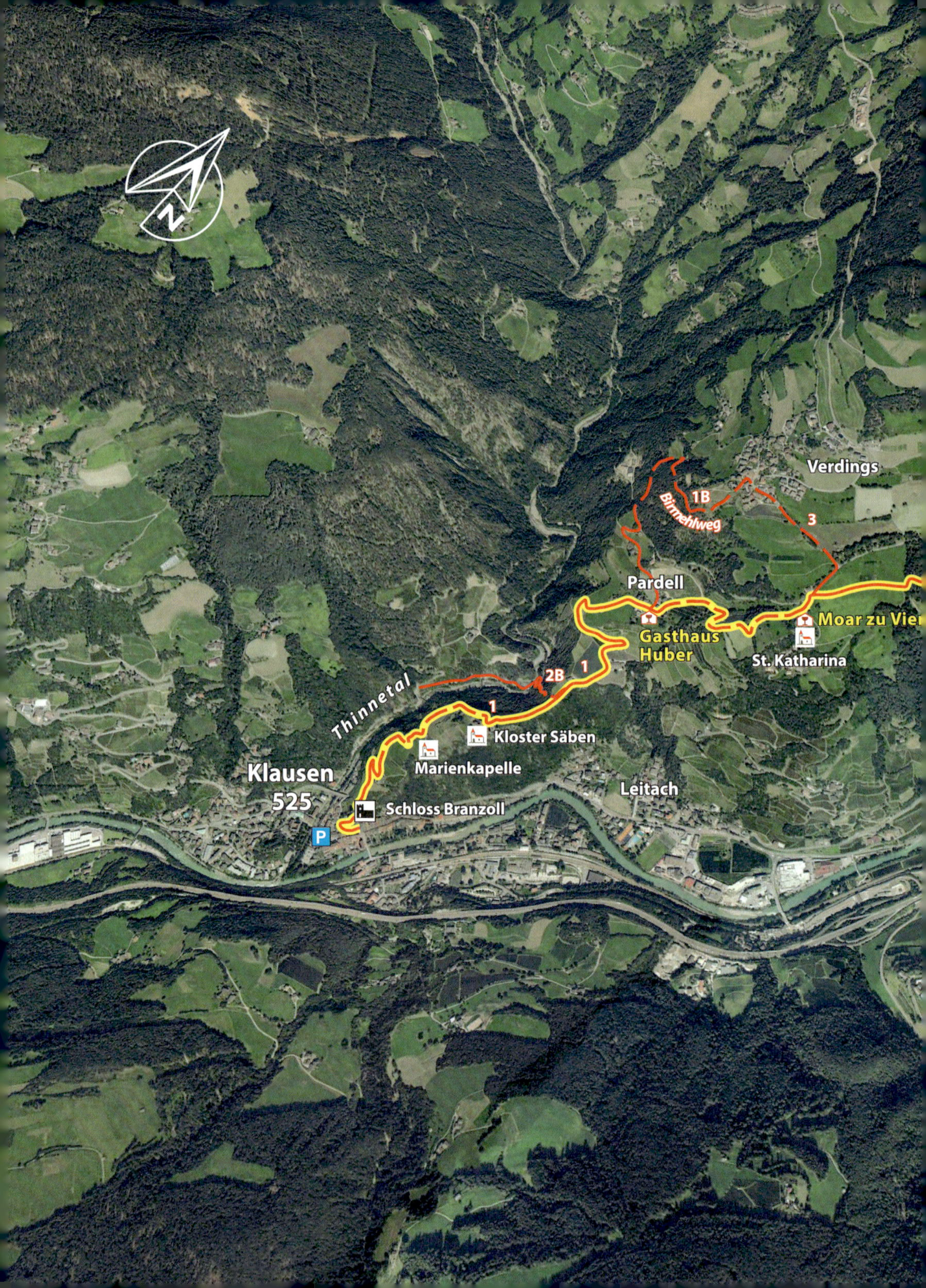

N
Verdings
1B
Birnehlweg
3
Pardell
Gasthaus
Huber
St. Katharina
2B
1
Thinnetal
Kloster Säben
Marienkapelle
Klausen
525
Schloss Branzoll
P
Leitach

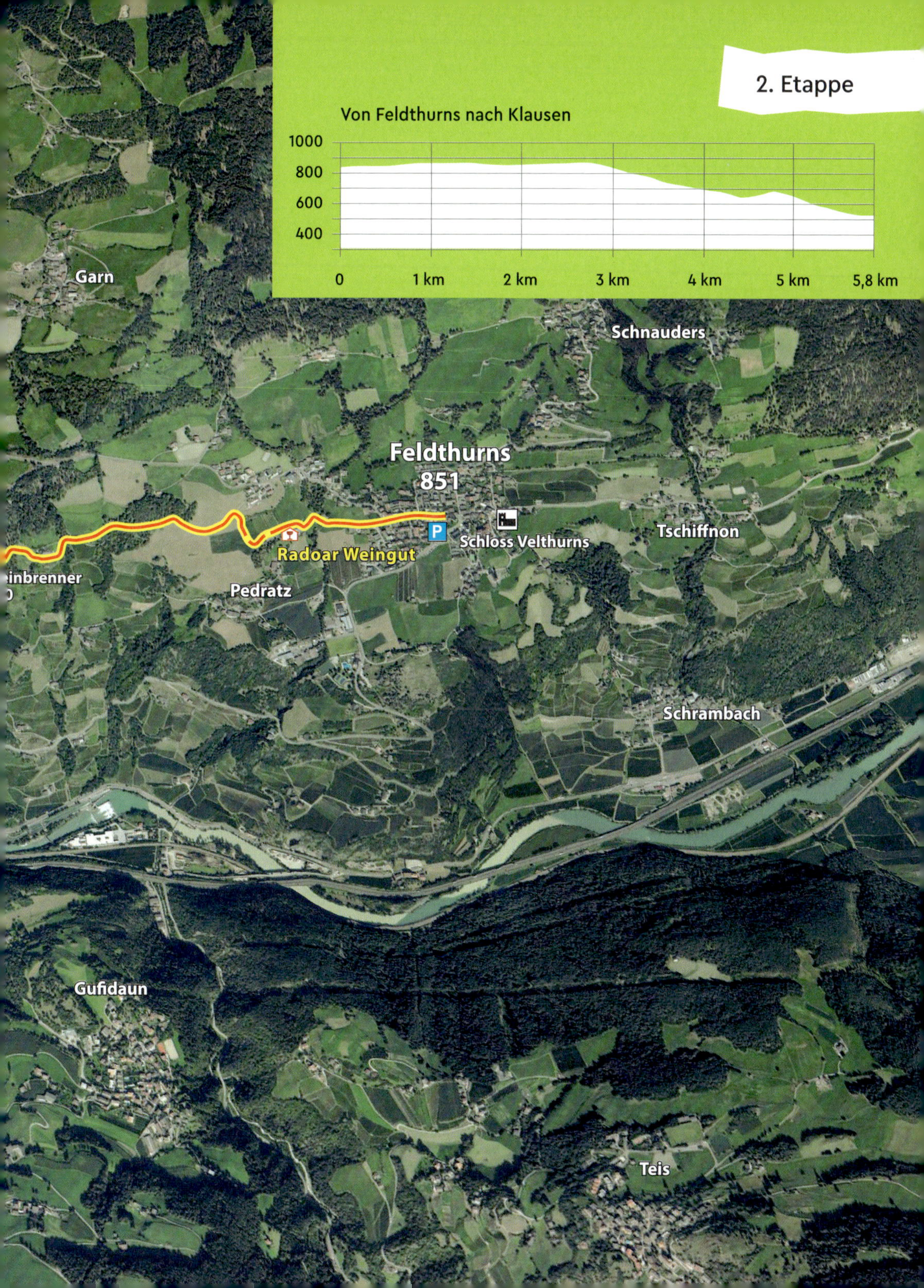
2. Etappe
Von Feldthurns nach Klausen
1000
800
600
400
0
1 km
2 km
3 km
4 km
5 km
5,8 km
Garn
Schnauders
Feldthurns
851
Tschiffnon
Schloss Velthurns
Radoar Weingut
Pedratz
Schrambach
Gufidaun
Teis

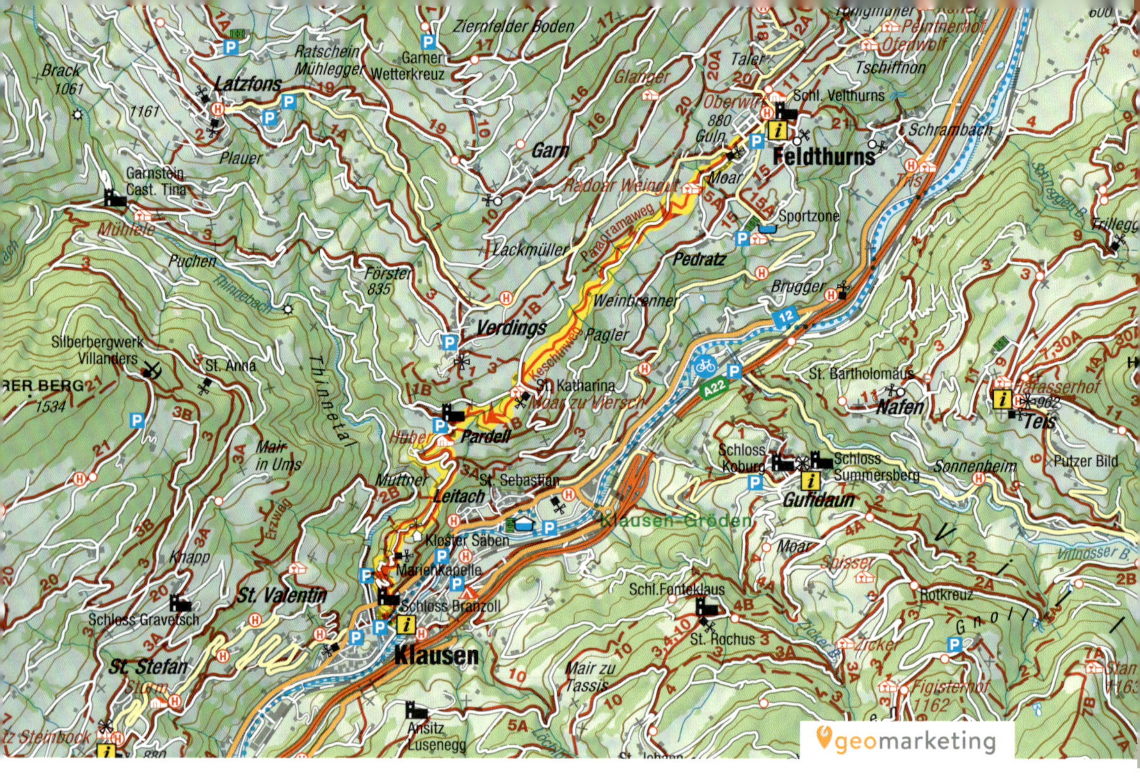

der Tiroler Landesregierung mit einer Ehrenurkunde bedacht. Auch in der nächsten Sehenswürdigkeit, dem Kloster Säben, gaben bis Ende des Jahres 2021 die Frauen den Ton an – es war ein Benediktinerinnenkloster. Damals verließen die letzten zwei verbliebenen Ordensschwestern das Kloster.

In Zukunft wird es laut derzeitigem Wissensstand einen Männerorden beheimaten. Von dieser als „Heiliger Berg Tirols" bezeichneten Stätte ist es nicht mehr weit bis ins Künstlerstädtchen Klausen, wo man bei der Ankunft in einer der stimmungsvollsten Ecken der Stadt sogleich ein selbstgebrautes Kastanienbier genießen kann.

WEGVERLAUF: Vom Schloss Velthurns spaziert man auf der Dorfstraße, vorbei am Laurentius- und weiter zum nächsten, dem Antoniuskirchlein. Dort geht man von der Dorfstraße ab und wandert geradeaus, links am Kirchlein vorbei. Man erreicht den Radoarhof und bald danach leitet der Keschtnweg rechts kurz aufwärts. Oben angekommen führt er wieder nach links zu einem schönen Kastanienhain und anschließend zu einer Weggabelung. Hier folgt man der entsprechenden Keschtnweg-Beschilderung und kommt zum Weinbrennerhof.

Es geht nun auf und ab, man überquert einen Graben im Wald, bald öffnet sich dieser wieder und man gelangt auf einem Wiesenweg zum Moar zu Viersch. Durch das Gehöft hindurch kommt man an einem restaurierten Ziehbrunnen vorbei und hält sich dann rechts. Man marschiert nun weiter an einer Trockenmauer entlang Richtung Pardell.

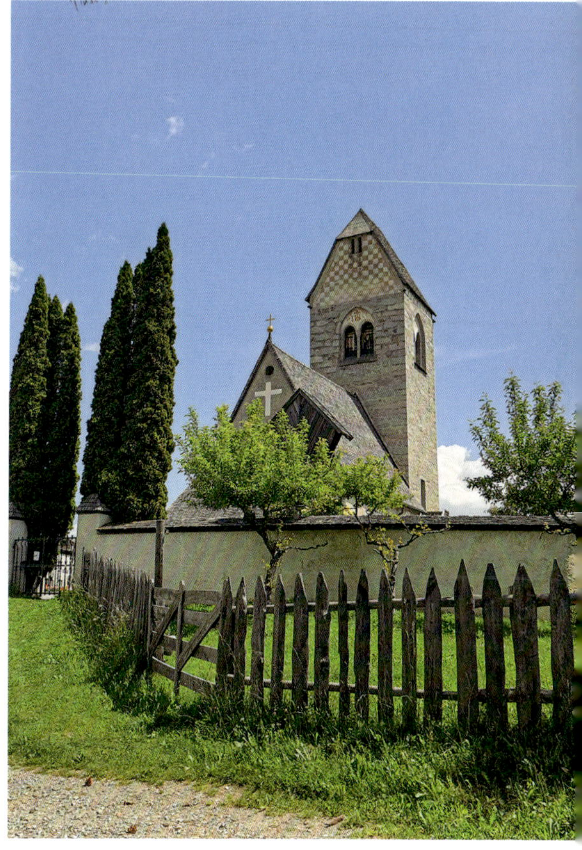

Der sehenswerte Kirchhügel von Verdings

TIPP **Man kann vom Moar zu Viersch auch einen kleinen Schwenk nach Verdings einbauen. Dazu hält man sich, sobald man vor dem Hof den Zaun passiert hat, rechts hinauf und folgt der Beschilderung „Birmehlweg". Der Weg leitet in den Weiler Verdings mit seiner schönen Hügelkirche hinauf und unterhalb der Kirche auf einem anderen Teil des Birmehlweges wieder hinab auf den Keschtnweg im Zentrum von Pardell.**
Gehzeit: 40 Minuten, Höhenunterschied: 85 Meter

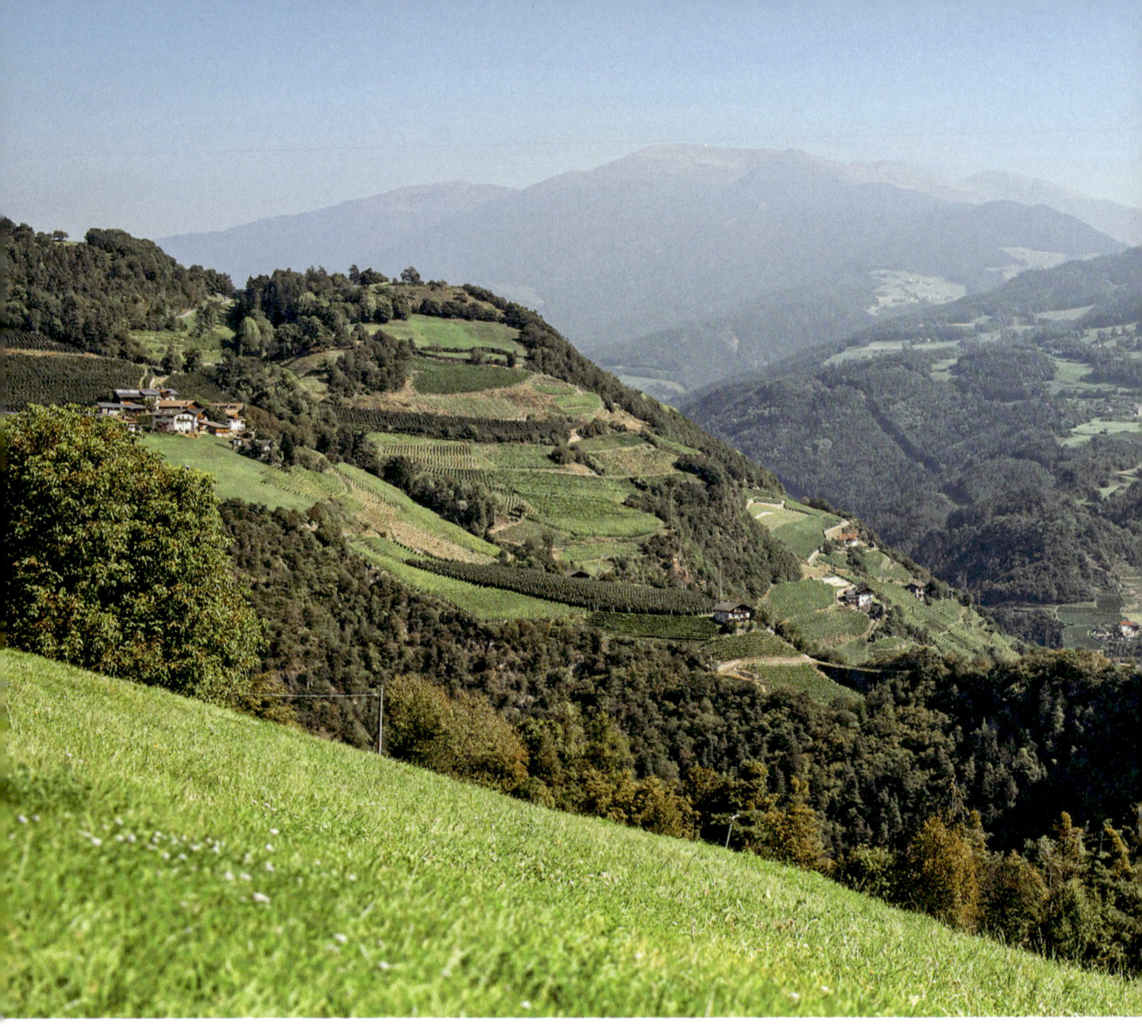

Prachtvoll ruht Kloster Säben auf dem Heiligen Hügel.

An einer Apfelplantage vorbei gelangt man schließlich in diesen Klausner Weiler. Ab Pardell verläuft der Keschtnweg ein Stück auf der Straße; sobald man die Obstwiesen erreicht, kann man rechts über einen abkürzenden Wanderweg durch die Apfelbäume zum nächsten Hof gehen. Dort rechts halten und Richtung Säben weitermarschieren. Dort gilt es erstmals einen kurzen, knackigen Aufstieg zu bewältigen. Durch einen kurzen Tunnel erreicht man den Klosterbereich; rechts geht ein weiterer Tunnel ab, der auf den gepflasterten Kreuzweg leitet. Auf diesem gelangt man zum Eingang von Schloss Branzoll; an diesem vorbei erreicht man den Wanderweg, der

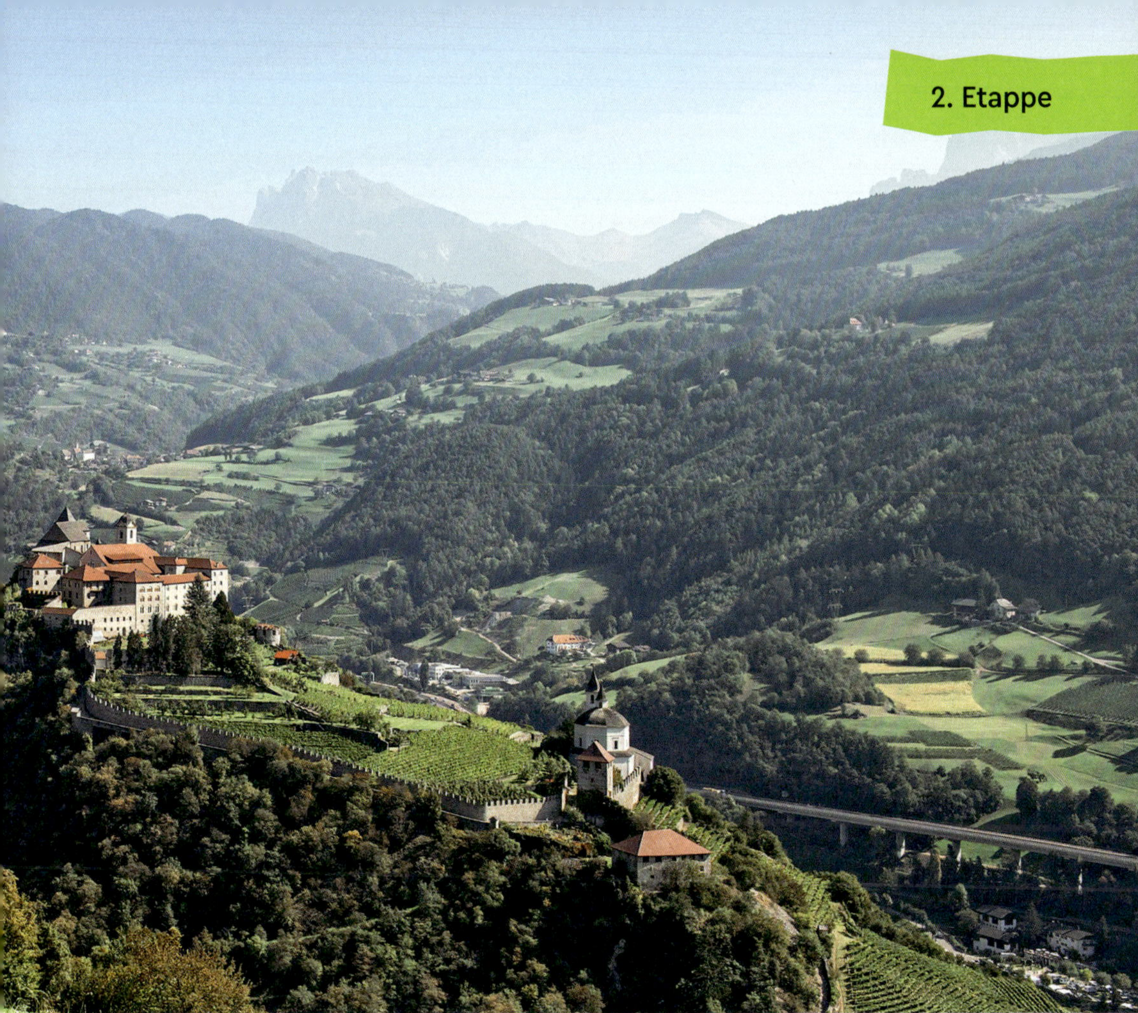

rechts – teils als Treppe ausgebaut – direkt in das Städtchen Klausen hinabführt.

TIPP Wanderer, die an diese relativ kurze Etappe gleich die nächste anhängen möchten, können den Abstieg in die Stadt Klausen umgehen. Vor dem Sattel, von dem es dann aufwärts zum Kloster geht, führt rechter Hand ein Weg hinab in das Thinnetal. Man gelangt auf die Talstraße und wandert kurz auf dieser Richtung Klausen, bis der Keschtnweg rechts hinauf zum Muttnerhof leitet.

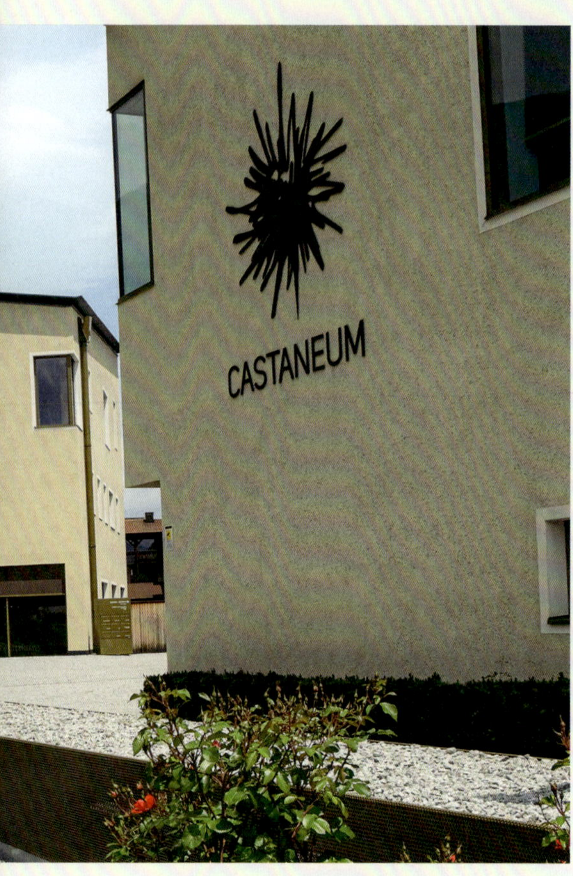

Die Kastanie als Namensgeber des Kulturhauses in Feldthurns

SEHENSWERTES

→ Feldthurns

Der Ort Feldthurns kann als Keimzelle des Keschtnweges betrachtet werden. Die am orografisch rechten Eisackhang zwischen den Städten Brixen und Klausen befindliche und knapp 25 km² große Gemeinde zählt gut 3000 Einwohner. Der Hauptort liegt auf 850 Metern und ist umgeben von weiteren kleinen Ortschaften bzw. Fraktionen: Garn, Guln, Pedratz, Schnauders, Schrambach, Tschiffnon, Untrum. Der Ort ist ein uraltes Siedlungsgebiet. „Ötzi", der berühmte Mann aus dem Eis, soll sich hier auch bereits aufgehalten haben. Dokumentiert wird diese ferne Vergangenheit von Feldthurns auch durch Ausgrabungen und den Archeopark in der Tanzgasse im Dorfzentrum. Dieses Areal wurde ab der Jungsteinzeit kontinuierlich von Menschen genutzt.

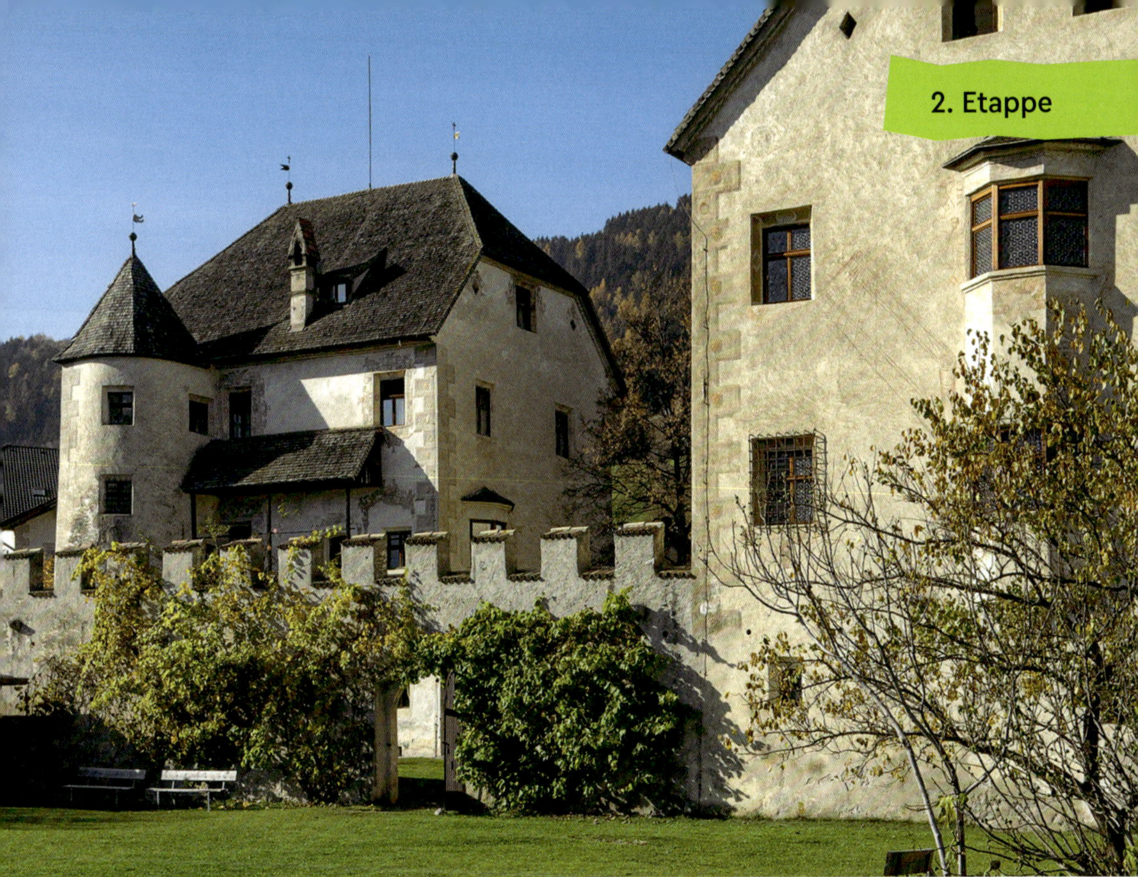

Schloss Velthurns, einst Sommerresidenz der Brixner Bischöfe

Das Landschaftsbild ist in den tieferen Lagen von Rebhängen geprägt, denn das Gemeindegebiet zieht sich bis zum Eisack hinab. Sowohl freie Weinbauern als auch Mitglieder der Klausner Kellereigenossenschaft produzieren hier vor allem Weißweine.
Etwas höher ist die traditionelle Landwirtschaft mit Milchviehhaltung angesiedelt. Neben gut funktionierenden Handwerksbetrieben ist auch hier der Tourismus eine tragende wirtschaftliche Säule.

→ Schloss Velthurns

1578 wurde mit dem Bau dieser Sommerresidenz der Brixner Bischöfe nach den Plänen des Brixner Baumeisters Matthias Parlati begonnen. Er war auch für die Bauarbeiten verantwortlich, den Auftrag erteilte ihm Fürstbischof Christoph von Madruzzo (1512–1578). Namhafte Handwerker wie Zimmermeister, der Maler Pietro Maria Bagnatore und seine Mitarbeiter, Bildhauer, Steinmetze und der angesehene Kunsttischler Hans Spineider aus Meran

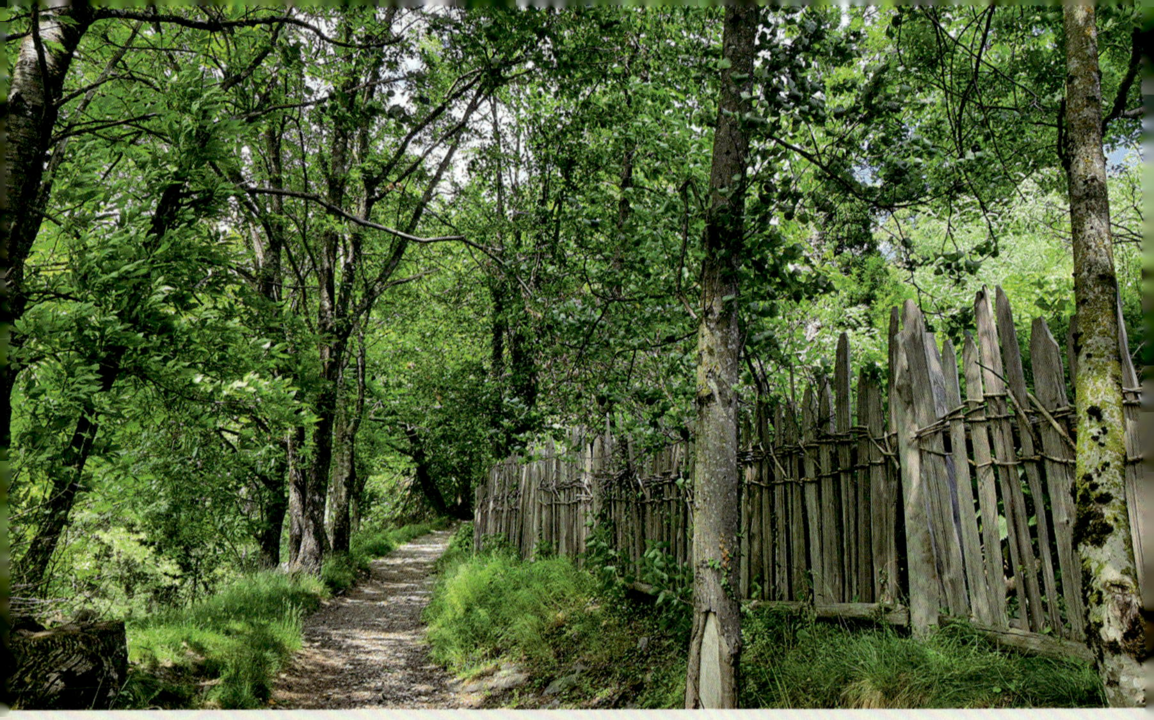

Am Keschtnweg zwischen Feldthurns und Klausen

waren am Bau beteiligt. Bis zur Säkularisation im Jahr 1803 blieb das Schloss Eigentum der Fürstbischöfe von Brixen, danach wechselte das Bauwerk mehrmals den Besitzer. 1904 schenkte es Fürst Johann von Lichtenstein der Stadt Bozen. Es wurde in den folgenden Jahren für mehrere Zwecke genutzt, unter anderem auch als Schule und Kindergarten. Dieser Umstand war freilich für den Zustand der Struktur nicht immer zuträglich. 1979 kam es schließlich in die Hände des Landes Südtirol, wurde in der Folge sorgfältig restauriert und für Besucher geöffnet. Das Renaissance-Juwel steht heute als gut erhaltenes Bauwerk da und wird als Museum geführt. Die Räume wie Fürsten-, Kaplan-, Schlafzimmer im ersten und zweiten Stock begeistern vor allem durch ihre meisterhaft ausgeführten Holzvertäfelungen und Intarsien-Arbeiten. Des Weiteren kann man verschiedene Malereien biblischer Szenen oder der Weltwunder sowie wertvolle Kachelöfen bewundern. Im Erdgeschoss befinden sich zudem noch eine der hl. Katharina geweihte Kapelle und eine Ausstellung von Werken Südtiroler Künstler. Außerdem werden in einem weiteren Raum auch archäologische Funde aus Feldthurns und dem Eisacktal gezeigt.

Weitere Informationen

Rechts: Besonderer Kastanienbaum in der Nähe vom Moar zu Viersch

Unten: Das Katharinenkirchlein beim Moar zu Viersch

→ Moar zu Viersch

Dieser Hof war ein sogenannter Küchenmeierhof. Das bedeutet, dass der Hof die Nahrungsmittel für die bischöfliche Tafel des Hochstiftes Brixen bereitstellen musste. Dessen Bischöfe waren ab 990 – also ab dem Zeitpunkt der Verlegung ihres Sitzes von Säben nach Brixen – die Besitzer dieses stattlichen Gehöftes. Allerdings reicht die Siedlungsgeschichte dieses Platzes viel weiter zurück. Bereits in vorgeschichtlicher Zeit soll sich hier eine Wallburg befunden haben. Ab der Mitte des 17. Jahrhunderts war der Hof für gut 200 Jahre in Besitz der Herren von Troyer. Sie ließen 1720 das Katharinenkirchlein errichten, das ebenso zu diesem Ensemble gehört.

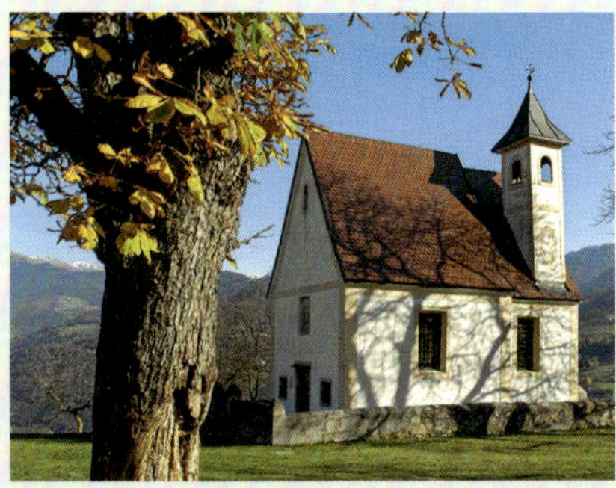

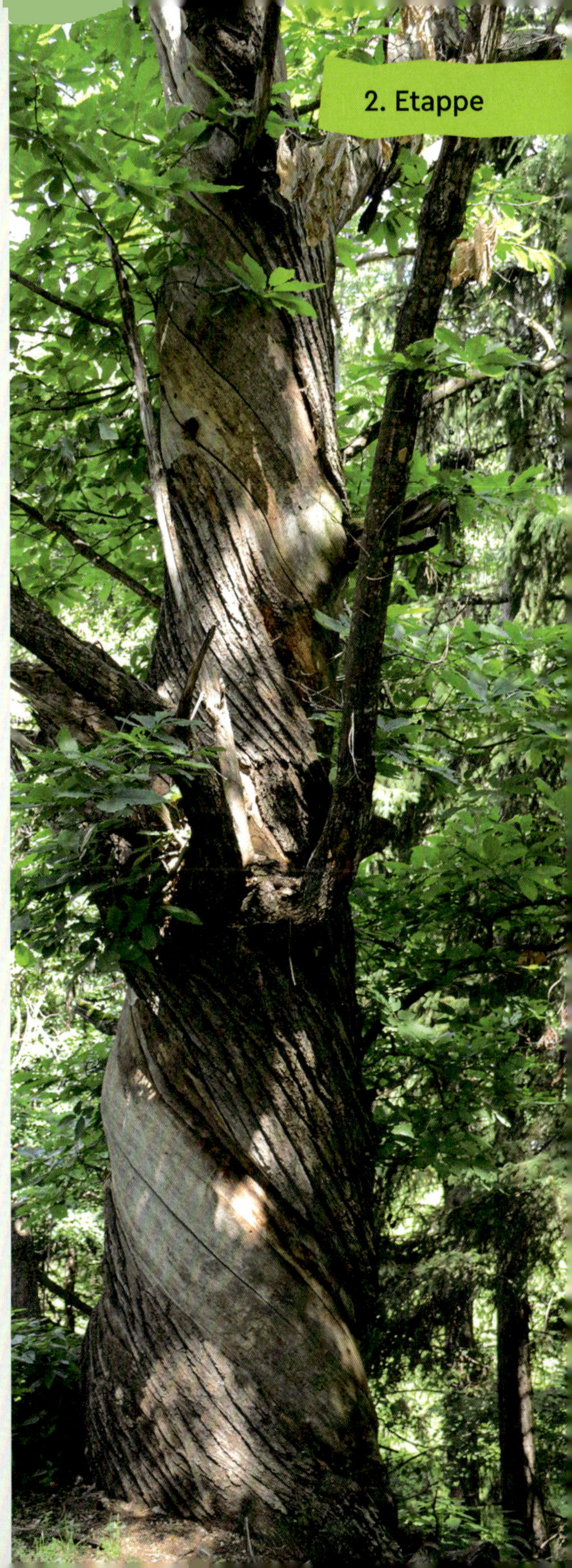

Stimmungsvoller Aufgang zum Kloster Säben

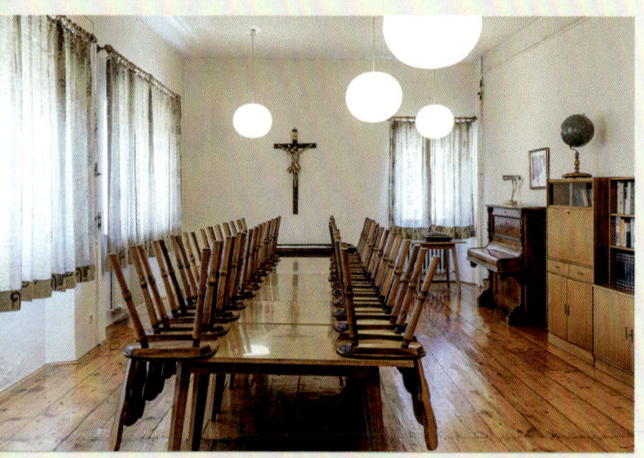

Im ehemaligen Benediktinerinnenkloster Säben bleiben die Stühle hochgestellt, es ist 2021 aufgelassen worden.

→ Kloster Säben

Das Kloster kann als Wiege des Christentums gesehen werden, dessen Wirkung und Einfluss weit über Klausen hinausstrahlte. Die Siedlungsspuren gehen zurück in die Jungsteinzeit und ziehen sich kontinuierlich weiter bis in die Römerzeit, aus der im Rahmen von Ausgrabungen Häusergruppen aus der Zeit um 350 n. Chr. nachgewiesen werden konnten. 50 Jahre später spricht man bereits von der Kirche im Weinberg und ab dem 6. Jahrhundert war Säben dann Bischofssitz. Laut neuesten Erkenntnissen könnte Säben sogar bereits im 5. Jahrhundert Bischofssitz gewesen sein. Um 990 n. Chr. wurde dieser nach Brixen verlegt. Ausgedehnte Ausgrabungen, welche zwischen 1978 und 1982 durchgeführt wurden, brachten unter anderem in der Umgebung der Marienkirchen gut 1200 Gräber von Romanen und Germanen samt wertvollen Grabbeigaben zum Vorschein. Die langwierige Auswertung der Funde erbrachte durch das Vorhandensein von Hochofenschlacken die äußerst interessante Erkenntnis, dass man bereits Gusseisen herstellte.

Nach der Verlegung des Bischofssitzes wurde Säben von Burggrafen bewohnt, deren Aufgabe die Verwaltung der bischöflichen Besitzungen war, 1533 wurde die Anlage durch einen Brand zerstört.

Erst in der zweiten Hälfte des 17. Jahrhunderts kehrte auf dem Säbener Berg wieder Leben ein. Der Klausner Dekan Matthias Jenner entstammte einer wohlhabenden Klausner Familie, welche als

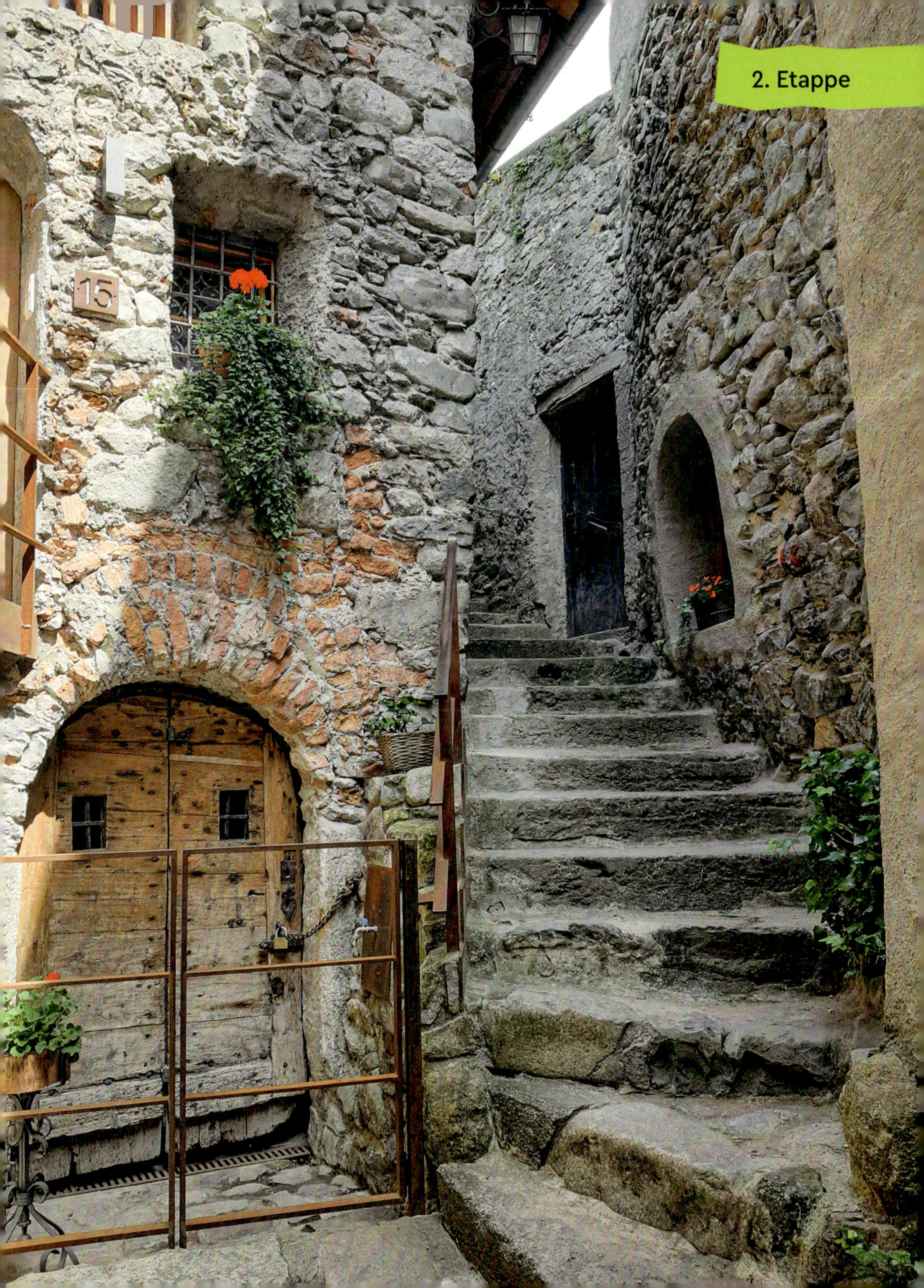
15

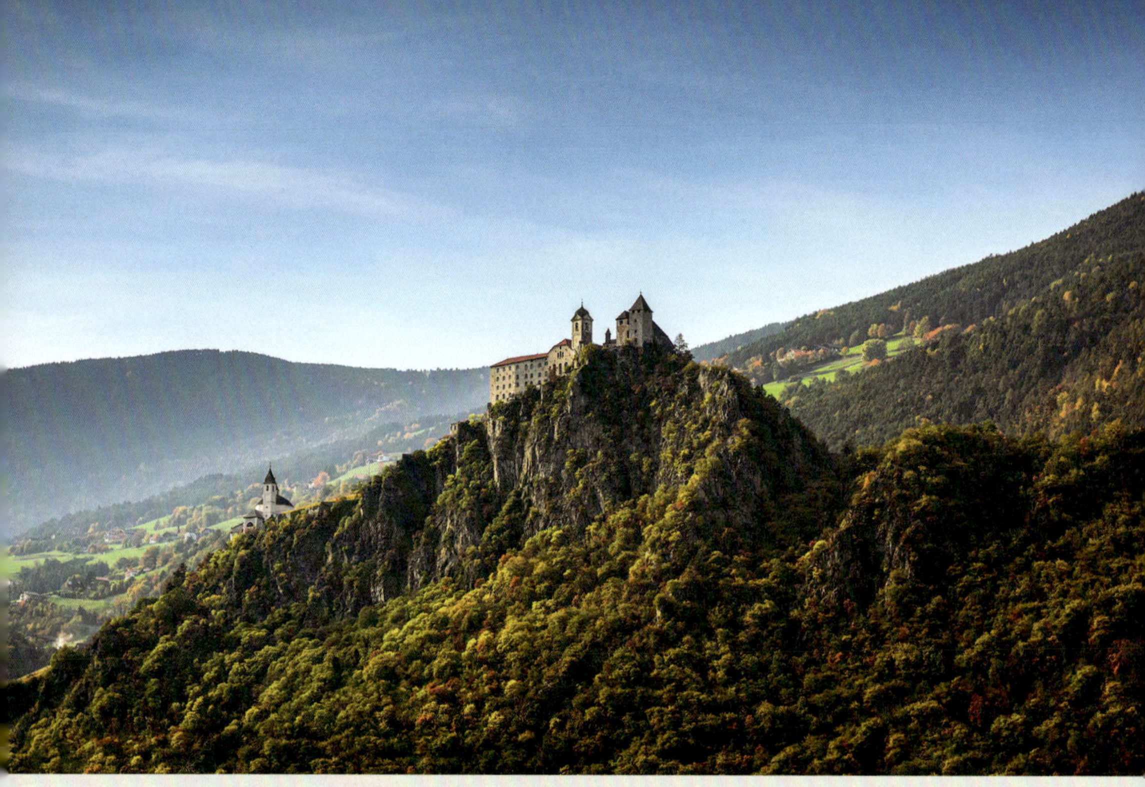

Stolz thront Kloster Säben auf dem Heiligen Berg über Klausen.

Gewerken des Villanderer Bergwerkes ihr Vermögen noch steigerte. Somit war der finanzielle Hintergrund gegeben. Matthias Jenner war der Gründer des Benediktinerinnenklosters; die ersten Nonnen vom Nonnberg in Salzburg bezogen 1685 das Kloster, 1686 wurde es offiziell eröffnet und 13 Jahre später zur Abtei erhoben. Das Wirken der Nonnen dauerte bis auf zwei kurze Unterbrechungen bis zur Auflösung des Klosters im Jahr 2021. Auch das Äußere der Klosteranlage hat in dieser Zeit keine nennenswerten Änderungen erfahren.

→ Heilig-Kreuz-Kirche

Wenn man von Pardell kommend den kurzen, aber steilen Aufstieg zum Klosterbereich von Säben geschafft hat, wird einem die gut abgesicherte Lage auf dem Felsenhügel körperlich bewusst. Dieser heilige Berg gewährt nur von der Stadt aus einen etwas bequemeren Zugang. Es folgt ein weiterer Aufstieg über steile Treppen bis auf die Spitze des Berges, wo sich die Heilig-Kreuz-Kirche befindet. Der düstere Eingangsbereich lässt kaum auf die farbenfrohen Malereien im Inneren schließen.

Von der frühchristlichen Bischofskirche gibt es keine Spuren mehr, nur die Dokumentationen im Inneren erzählen davon, dass diese einstige Kathedrale auf eine lange Geschichte zurückblicken kann. Der heutige Bau entstand kurz vor der Klostergründung durch Matthias Jenner im Jahr 1679. Die Malereien weihen den Betrachter in die Geschehnisse rund um das Ostergeheimnis ein und stammen aus der Hand von Johann Baptist Hueber. Ein älteres Juwel ziert den Hauptaltar, ein künstlerisch sehr wertvolles Kreuz aus dem 15. Jahrhundert, das dem Brixner Meister Leonhard zugeschrieben wird. Am Boden ist neben dem Eingang ein Marmorstein zu sehen, dessen Inschrift darauf hinweist, dass hier vermutlich Bischof Ingenuin bestattet ist, der die Anfänge des Bischofssitzes mitgestaltete.

Man kann auch eine Runde um die Kirche machen und die Aussicht auf die Stadt Klausen und deren Umgebung genießen. Man sieht nach Teis hinüber, der Heimat des erblindeten Bauern,

Die farbenfrohen Malereien im Innenbereich der Heilig-Kreuz-Kirche

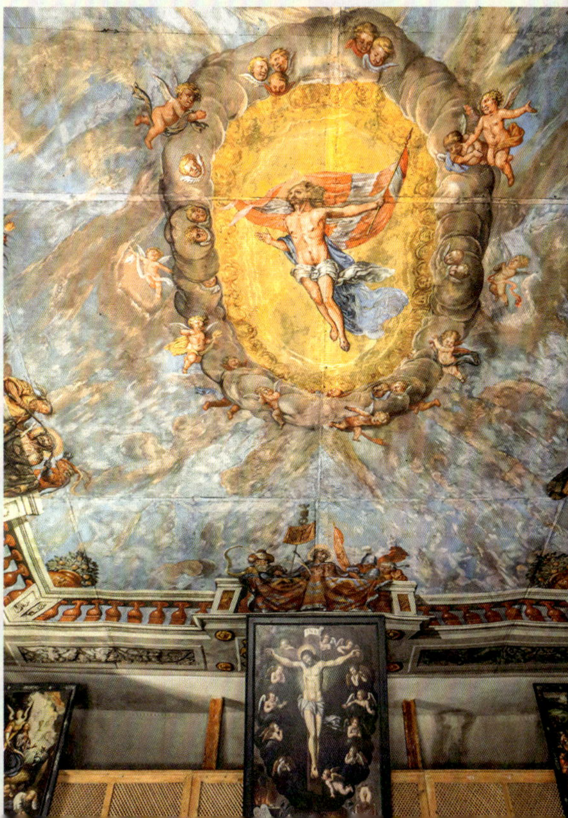

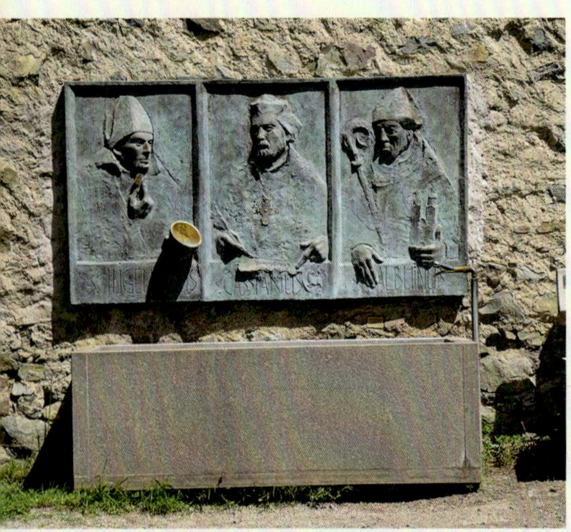

Brunnen auf dem Platz vor den Marienkirchen mit den Büsten der Patrone des Bistums Brixen

der laut einer Legende aus Dankbarkeit das große Kreuz auf den Turm der Heilig-Kreuz-Kirche malen ließ. Er hatte wie durch ein Wunder das Augenlicht wiedererlangt und konnte das Kreuz von der anderen Talseite nun jederzeit bewundern. Man spaziert am Kassiansturm vorbei, ein einstiger Wehrturm mit einer Kapelle im Erdgeschoss.
Der schlichte Bau der Klosterkirche wurde von Giovanni Battisti Delai errichtet und 1687 geweiht. Momentan (2023) kann sie nicht besichtigt werden. Ein interessanter Blickfang ist dafür der in der Nähe des Eingangs befindliche Jubiläumsbrunnen aus Bronze. Er wurde 1986 vom Künstler Martin Rainer geschaffen und veranschaulicht die Entwicklung des Klosters. Zum eigentlichen Klostergebäude hat man keinen Zugang. Man verlässt den Klosterbereich und folgt den Kreuzwegstationen Richtung Stadt. Bald erreicht man zwei weitere Kirchen, die sich neben dem Herrenturm auf dem Areal der frühchristlichen Kirche befinden. Da ist zum einen die achteckige Liebfrauenkirche. Mit dem Bau dieser frühbarocken Kirche zwischen 1652 und 1658 drückten die Bürger von Klausen laut Sepp Krismer (Säben – Geschichts- und Kunstführer) ihren Dank dafür aus, dass sie von der Pest verschont geblieben waren. Den Auftrag erhielten die Baumeister Jakob und Andreas Delai. Die Kuppel wurde von Stephan Kessler mit Szenen aus dem Leben Mariens bemalt. Die Stuckaturen stammen aus den Händen von Francesco Carlone und Simon Delai. Die beiden Seitenaltäre spen-

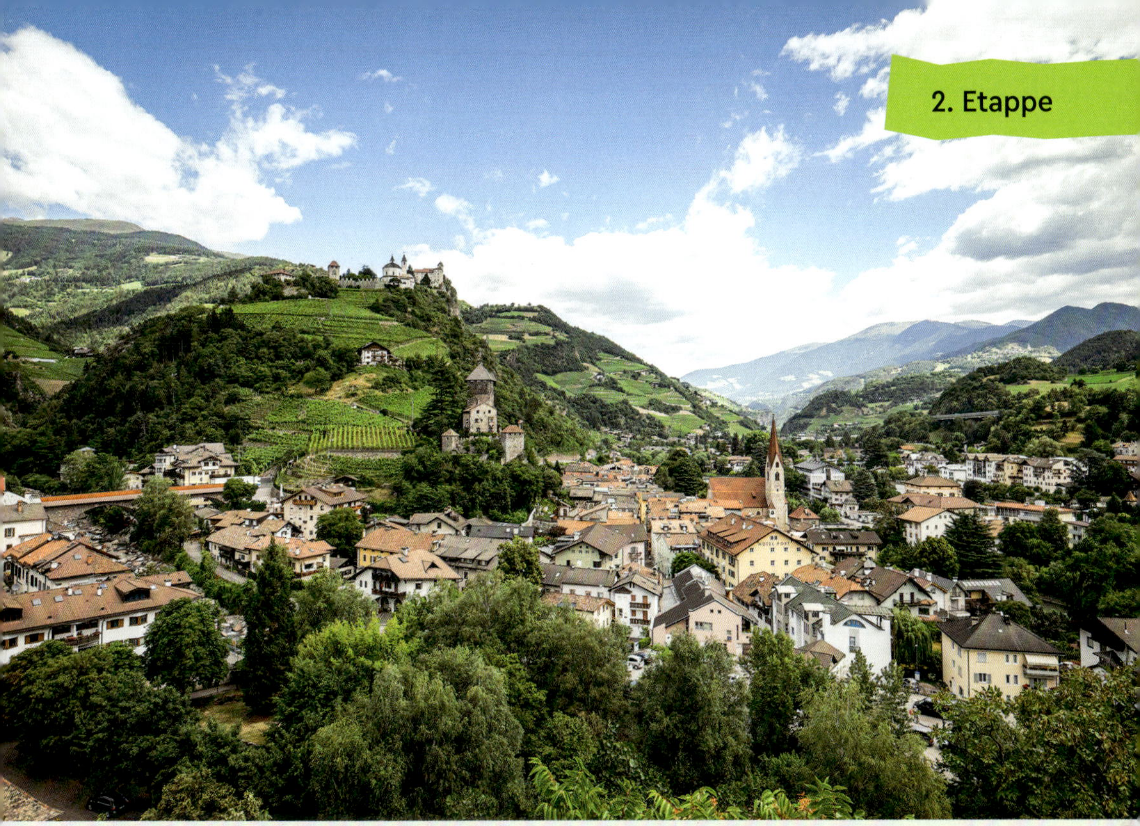

Das kleine Städtchen Klausen, bewacht von der Klosteranlage von Säben

deten Matthias Jenner und seine Brüder. Außerdem wird man durch umfangreiche Dokumentationen über die Ausgrabungen informiert. Von der Liebfrauenkirche erreicht man auch den Raum mit einem frühchristlichen Taufbecken aus dem 4. Jahrhundert. Während die Liebfrauenkirche nur zu bestimmten Zeiten zugänglich ist, kann die angebaute Gnadenkapelle täglich besucht werden. Der neugotische Altar enthält neben anderen Skulpturen eine Kopie der besonders verehrten Säbener Gnadenmuttergottes. Die Kapelle wurde einmal ausgeraubt, darum wird das Original an einem sicheren Ort aufbewahrt.

→ Klausen

Der Kern des Städtchens beschränkt sich auf den engen Raum zwischen Eisack, Thinnebach und Säbener Berg, also eine natürliche Talenge, eine Klause, was den Namen der Stadt erklärt. Das Gemeindegebiet aber erstreckt sich neben weiteren Stadtteilen im Talboden auch über die Hänge beider Talseiten. Die Ortsteile Verdings, Latzfons, der Weiler Pardell bis hinauf zu mehreren Bergspitzen befinden sich

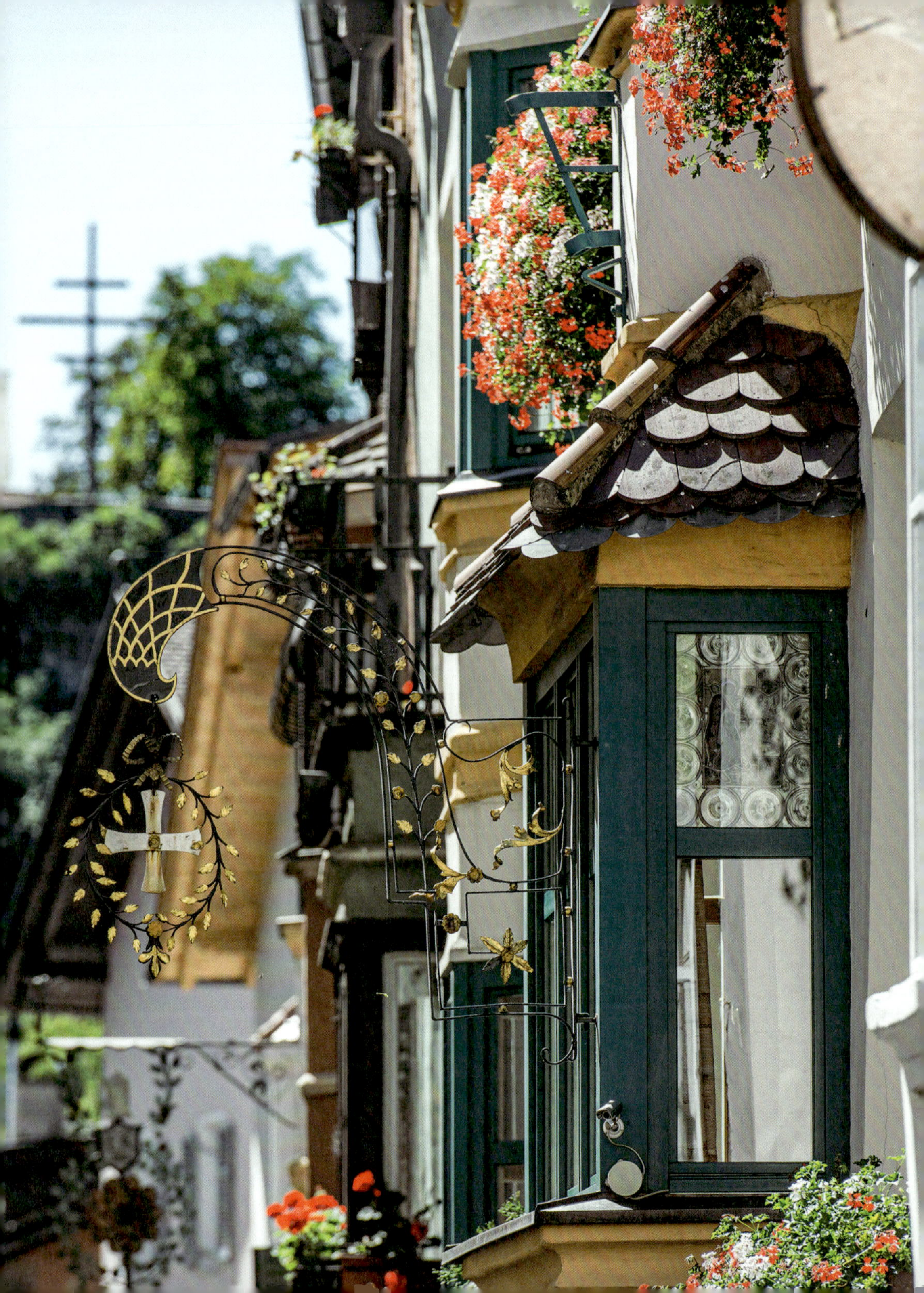

Ein altes, typisches schmiedeeisernes Wirtshausschild, wie es viele in Klausen gibt

auf dem rechten orografischen Talhang, während links noch der Ortsteil Gufidaun dazugehörig ist. Die gesamte Fläche wird mit 51,4 km^2 beziffert, die Einwohnerzahl liegt bei gut 5200 Einwohnern.

Als Siedlungsraum kann der durch seine Lage gut abgesicherte Säbener Berg eine längere Geschichte als die Stadt aufweisen, die bis in die Jungsteinzeit zurückführt. Für die Entwicklung der Stadt war vor allem ihre Lage im Eisacktal – das bereits früh als Durchzugsroute fungierte – von Bedeutung. Die Bischöfe von Brixen waren ebenso weltliche Herren, denen auch das Klausner Gebiet gehörte. Sie nutzten die strategische Lage des Platzes, um 1027 eine Zollstätte zu eröffnen. Auf diese Idee waren einst auch schon die Römer gekommen, als sich unser Land in deren Händen befand. Diese bischöfliche Zollstation blieb aufrecht bis 1803 und war von großer wirtschaftlicher Bedeutung.

Im 15. Jahrhundert wurde Klausen als Sitz des Berggerichtes auserwählt. Nicht weit von der Stadt befand sich das Bergwerk am Pfunderer Berg (Villanders). Der Bergbau bescherte der Stadt auch noch ein Berg- und Hüttenamt für das Eisack-, Etsch- und Pustertal.

Weitere Bekanntheit und den Übernamen „Künstlerstädtchen" brachte der Stadt Klausen der Zustrom vieler Literaten, Maler und Sänger in der zweiten Hälfte des 19. Jahrhunderts. Als man schließlich auch noch entdeckte, dass Dürer bei seiner Italienreise Ende des 15. Jahrhunderts Klausen in einem Bild festgehalten hatte, sorgte das für eine weitere Bekanntheitssteigerung. Heute ist Klausen ein gern besuchtes, gepflegtes Städtchen und gehört zum italienischen Club „I Borghi più belli d'Italia" (Die schönsten Kleinstädte Italiens).

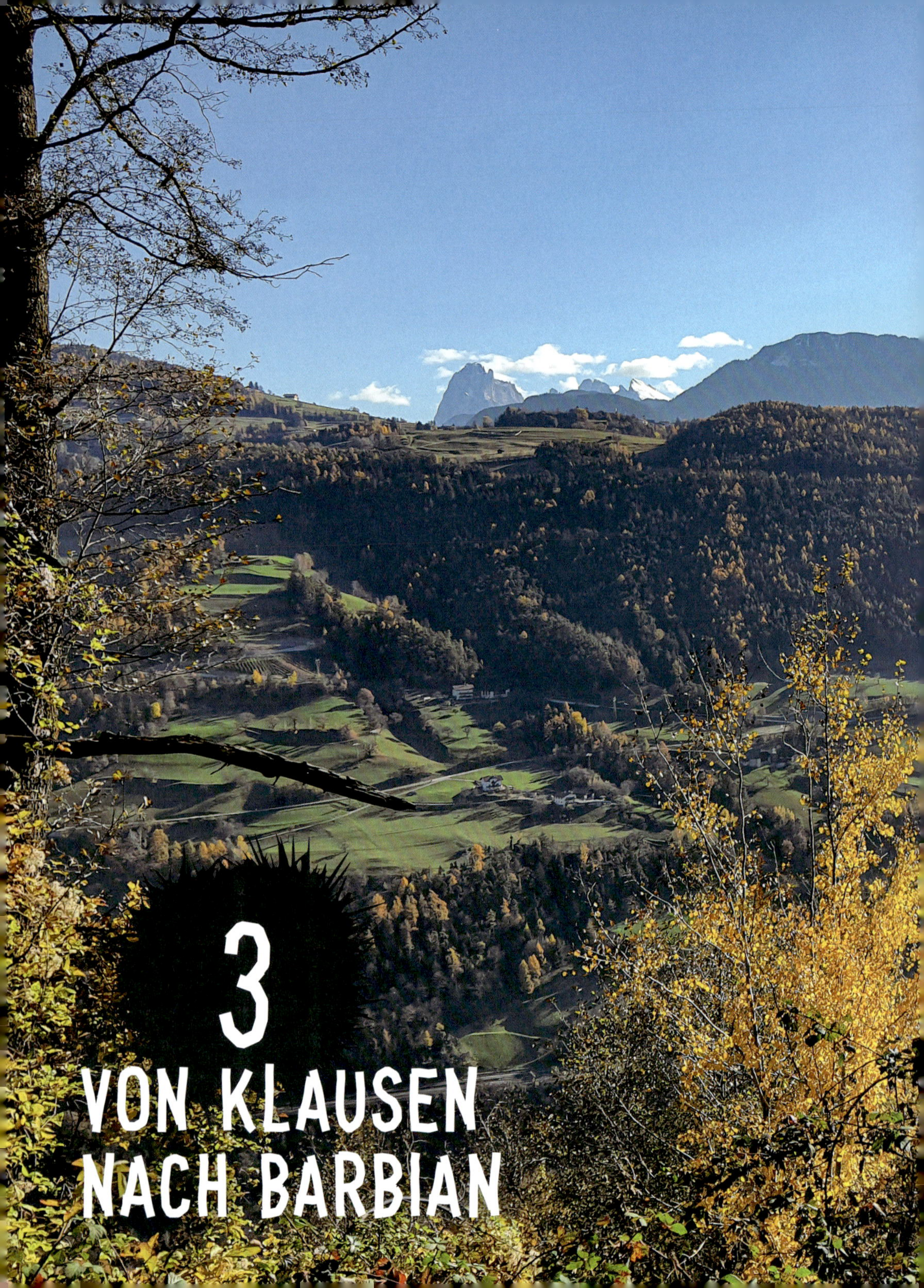

3
VON KLAUSEN NACH BARBIAN

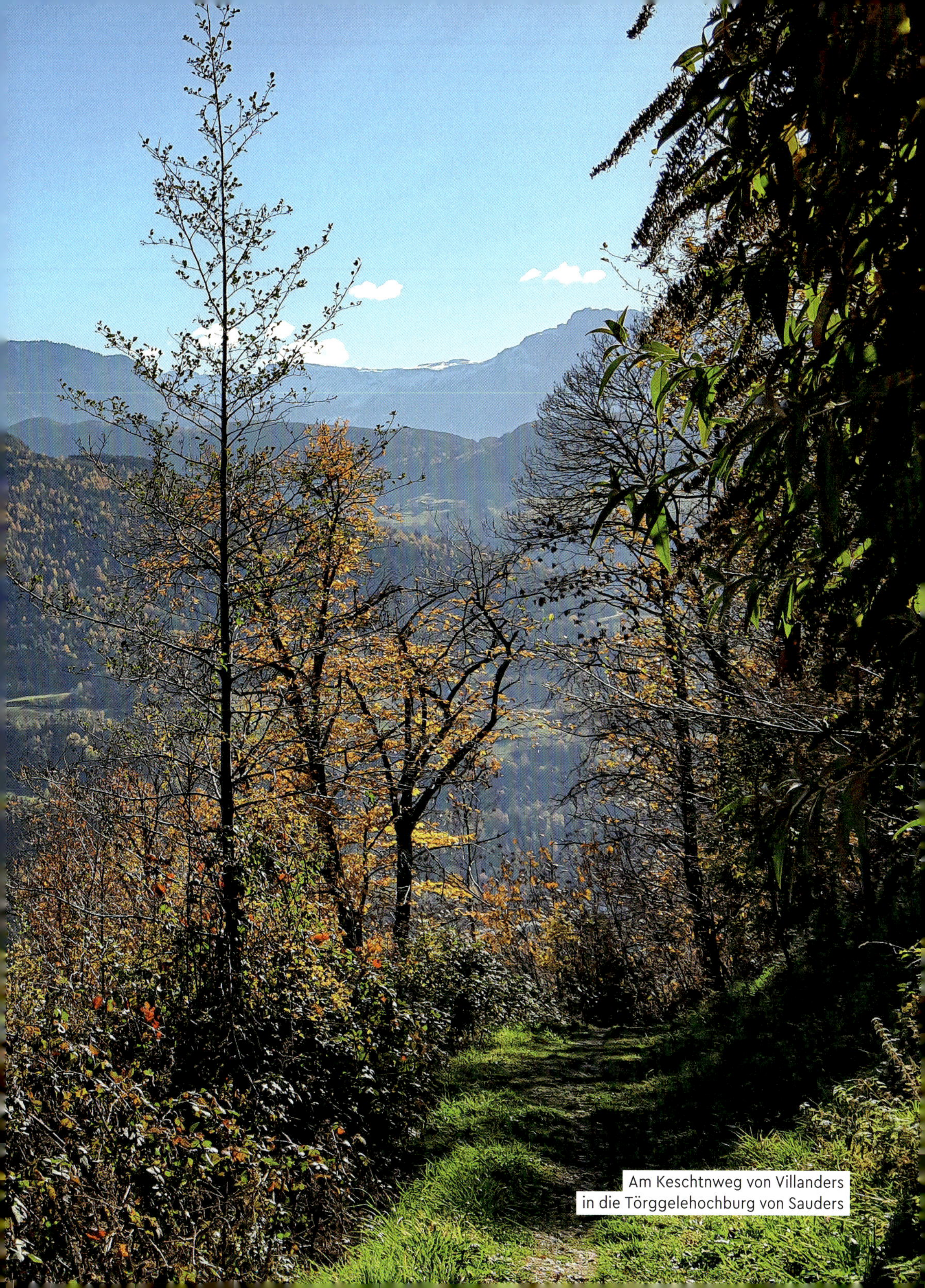

Am Keschtnweg von Villanders
in die Törggelehochburg von Sauders

3. ETAPPE

Von Klausen nach Barbian

→ Ein letzter Abschied vom Städtchen Klausen und schon gilt es aufzubrechen zu Etappe 3. Die bald erreichte Thinnebrücke bietet einen schönen Blick auf Kloster Säben und Schloss Branzoll.
Der Bach hatte schon seit jeher eine wichtige Funktion als Grenzlinie zwischen dem Erzbistum Trient und dem Hochstift Brixen. Andererseits trat er auch öfters über die Ufer und brachte großes Unheil über die Stadt Klausen. Die letzte große Überschwemmung, welche auch Todesopfer forderte, gab es im August 1921. Hundert Jahre später gedachte man dieser Katastrophe mit verschiedenen Initiativen. Erwähnenswert ist auch, dass die Stadt gerade in diesem Zeitraum knapp an einer neuerlichen Überflutung durch den Eisack vorbeischrammte. Nach Überquerung der Brücke mit dem Wappen, das an das 700-jährige Stadtjubiläum erinnert, biegt man gegenüber vom ehemaligen Kapuzinerkloster rechts ab auf die alte Latzfonser Straße und spaziert am Thinnebach entlang taleinwärts.
Geologisch gesehen bewegt man sich in diesem südlichen Teil des Thinnebaches in einer ganz besonderen Zone. Das magmatische Diorit-Gestein, das sich in dieser Gegend zeigt, wird sogar als Klausenit bezeichnet. Zu dieser Gegend gibt es auch einige Sagen, eine davon erzählt, dass sich im Säbener Berg eine Goldader befindet.

Das Tal wird zusehends enger und schluchtiger, aber der Keschtnweg zieht sich bald nach links hinauf zum Muttnerhof, der von Weinreben und Apfelplantagen umgeben ist. Wenn man aufgrund des steilen Aufstiegs ab und zu innehält, fällt der Blick zurück auf das Kloster Säben, das sich im Verlauf dieser Etappe immer wieder

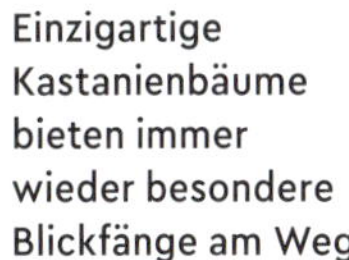

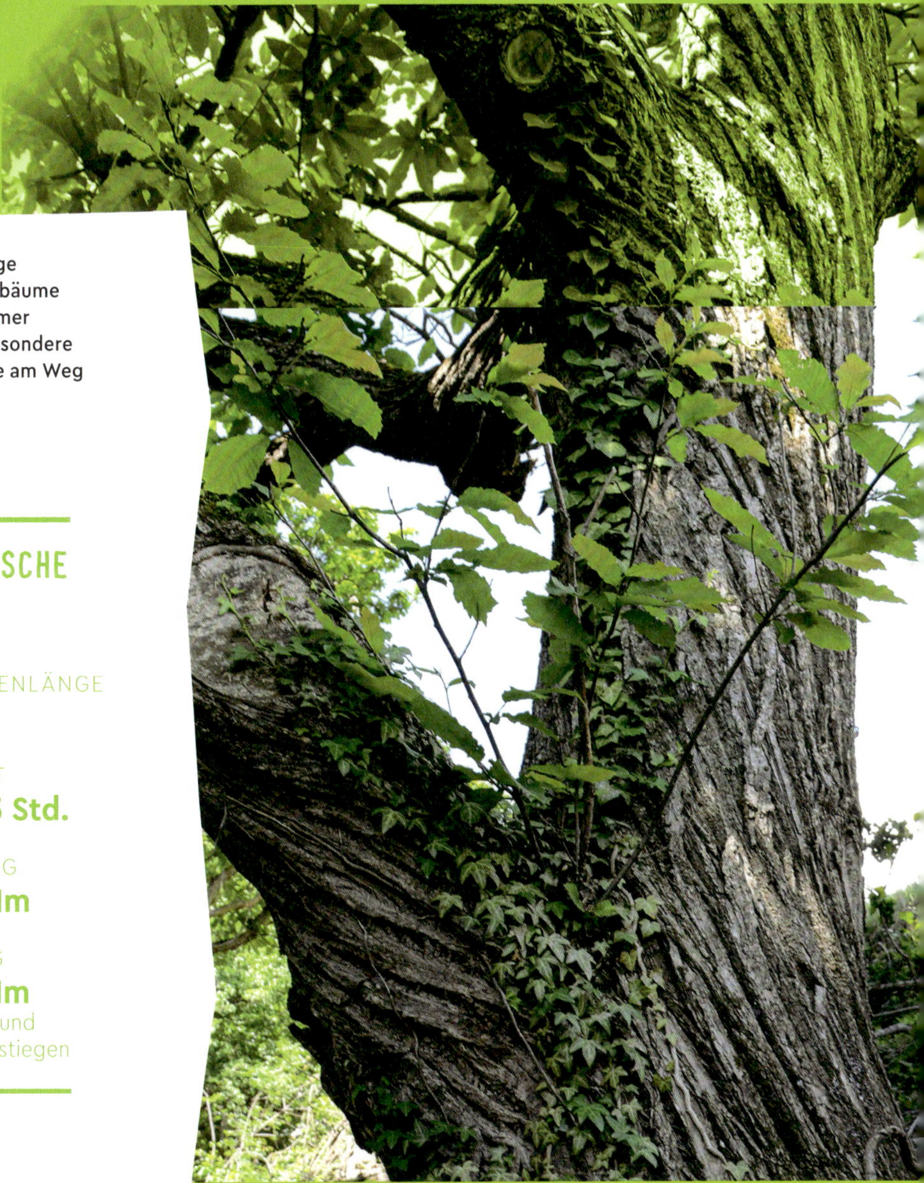

Einzigartige Kastanienbäume bieten immer wieder besondere Blickfänge am Weg

TECHNISCHE DATEN

STRECKENLÄNGE
10 km

GEHZEIT
ca. 3,5 Std.

AUFSTIEG
900 Hm

ABSTIEG
270 Hm
inkl. Auf- und Gegenabstiegen

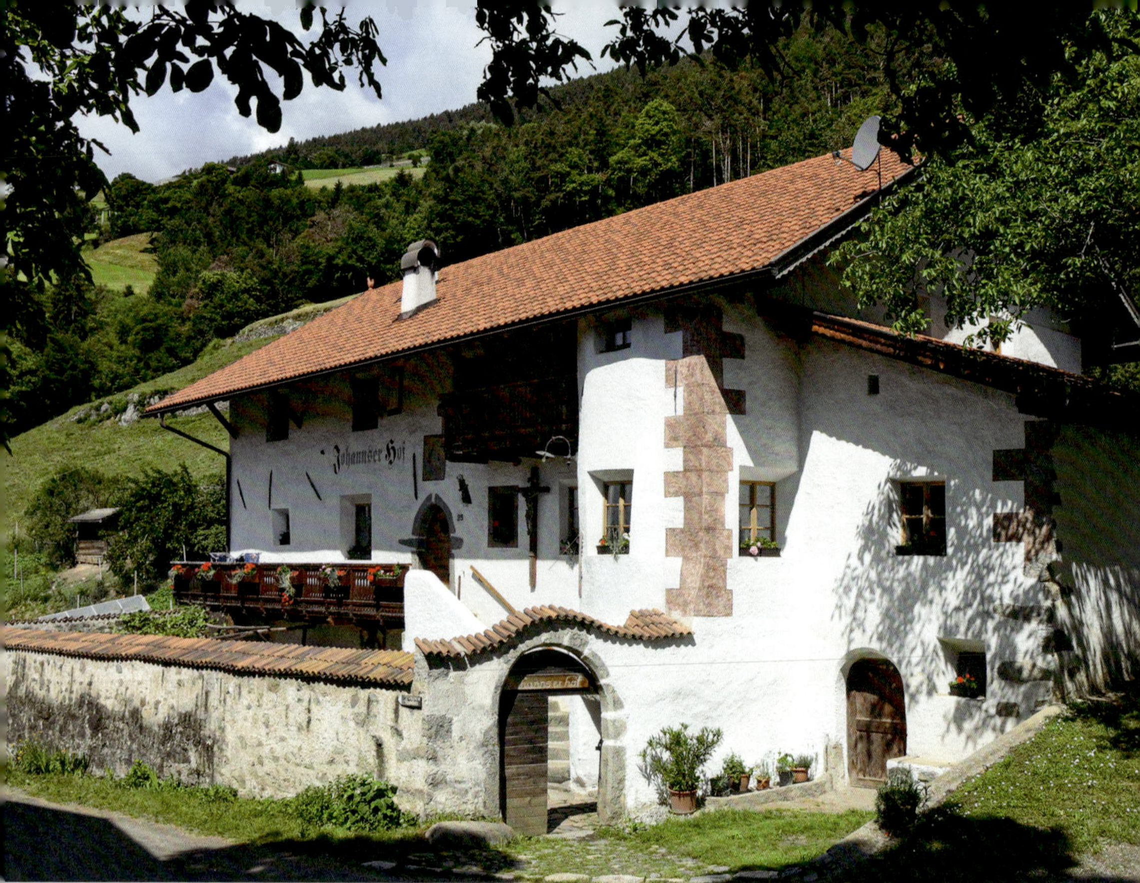

Der stattliche Johannserhof gehörte einst den Herren von Villanders.

zeigt. Besonders in der Gegend des Johannserhofes präsentiert es sich von seiner besten Seite. Der obgenannte stattliche Hof kann in einem kurzen Schwenk erreicht werden. Er bietet als Buschenschank kulinarische Genüsse, die Bäuerin hat sogar einen Gedichteband herausgegeben und kann somit auch poetische Schmankerl auftischen. Der ansitzartige Hof erinnert neben den Ansitzen Gravetsch, Pardell und Steinbock an die Herren von Villanders, welche dem Landadel angehörten. Engelmar von Villanders brachte es sogar bis zum Landeshauptmann. 1547 erlosch dieses Geschlecht nach rund 400 Jahren wieder.

Der Weg bis ins Dorfzentrum wird begleitet von interessanten Kastanienbaumexemplaren und herrlicher Aussicht auf die gegenüberliegende Talseite. Man gelangt zur spätgotischen Stephans- und Michaelskirche. Letztere dient als Totenkapelle. Besonders bekannt ist der Friedhof von Villanders.

Die Grabkreuze bestehen einheitlich aus Schmiedeeisen. Die Inschrift auf den Kreuzen befindet sich auf der Rückseite und man steht somit nicht zu den Füßen, sondern zum Haupt des Toten. Es geht durch die Dorfgasse weiter in den hübschen Ortskern von Villanders. Diese Dorfgasse diente als Vorlage für das Bild „Das letzte Aufgebot" von Franz von Defregger. Die Idee dazu wird wohl anlässlich einer Prozession entstanden sein.

Wenn man die Häuser von Villanders hinter sich gelassen hat, geht es bergab nach St. Moritz, bei den Einheimischen besser als Sauders bekannt. Vor allem bei Törggelefreunden ist dieser Ortsteil ein beliebtes Ziel. Gibt es doch hier gleich mehrere Buschenschänke, in denen eingekehrt, der Wein der Gegend getrunken und das typische Törggelemahl genossen werden kann. Einige liegen direkt am Keschtnweg, während man bei anderen einen Umweg in Kauf nehmen muss. Aber die Wanderung muss irgendwann

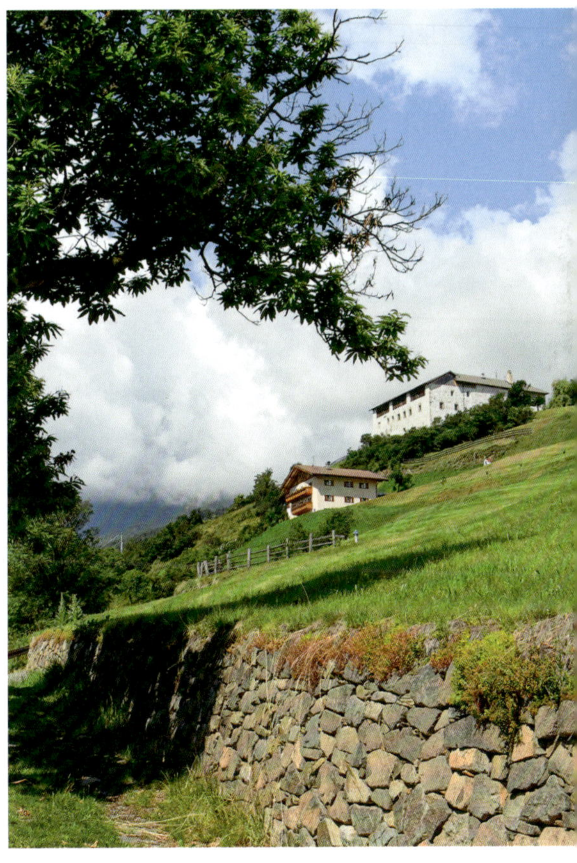

Blick auf Schloss Gravetsch

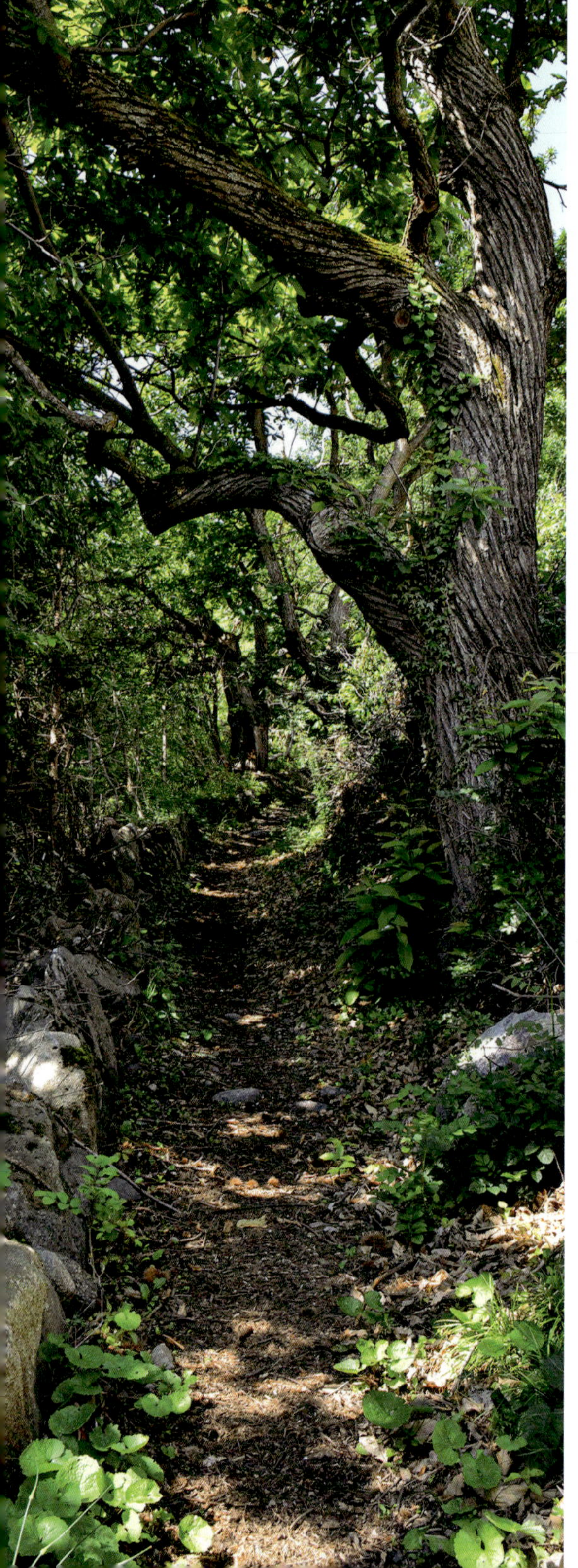

Links: am Keschtnweg Richtung Villanders

Rechts: Besonders schöner Blick vom Keschtnweg zwischen Johannserhof und Tschotthof

fortgesetzt werden und es gilt in den Graben des Zargenbaches abzusteigen und den Gegenanstieg zu bewältigen. In der Nähe vom Kreuzer-Eggele gelangt man auf die Verbindungsstraße Barbian–Villanders. Bald wird man von wohlriechenden Düften überrascht, man hat den Kräuterhof „Kreitla" erreicht. Es dauert nicht mehr lange und man kann das Dorfzentrum von Barbian erkennen, geprägt von seinem schiefen Kirchturm. Das Etappenziel ist erreicht.

WEGVERLAUF: Vom Thinneplatz inmitten von Klausen ausgehend wandert man Richtung Süden, überquert sobald den gleichnamigen Bach und spaziert dann an diesem entlang rechts hinauf. Man folgt dieser wenig befahrenen Asphaltstraße für rund 700 Meter und biegt dann – der Keschtnweg-Beschilderung folgend – nach links ab. Es geht in einigen Serpentinen hinauf zum Muttnerhof, durch das Gehöft und durch eine Apfelplantage bergauf.

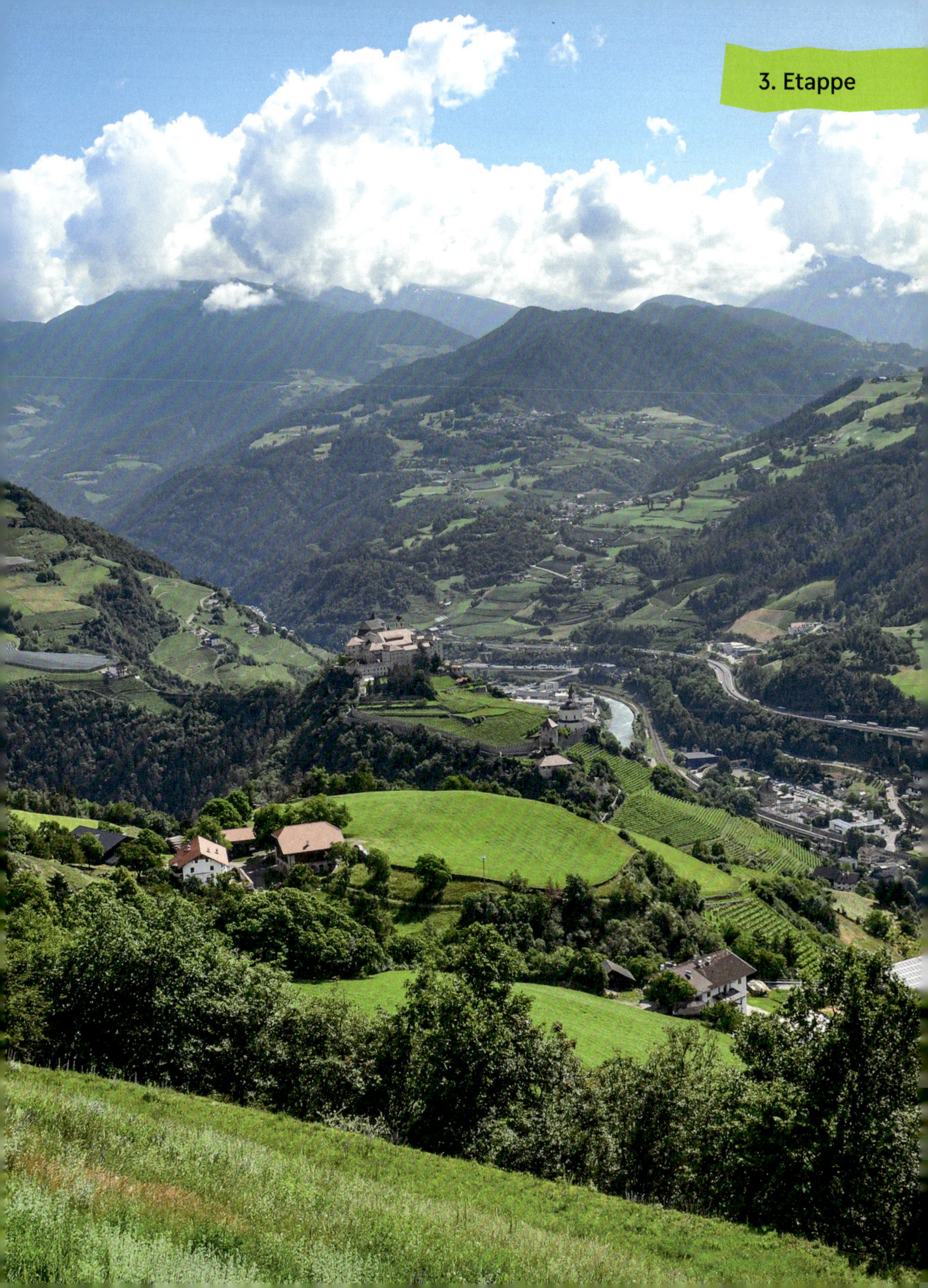

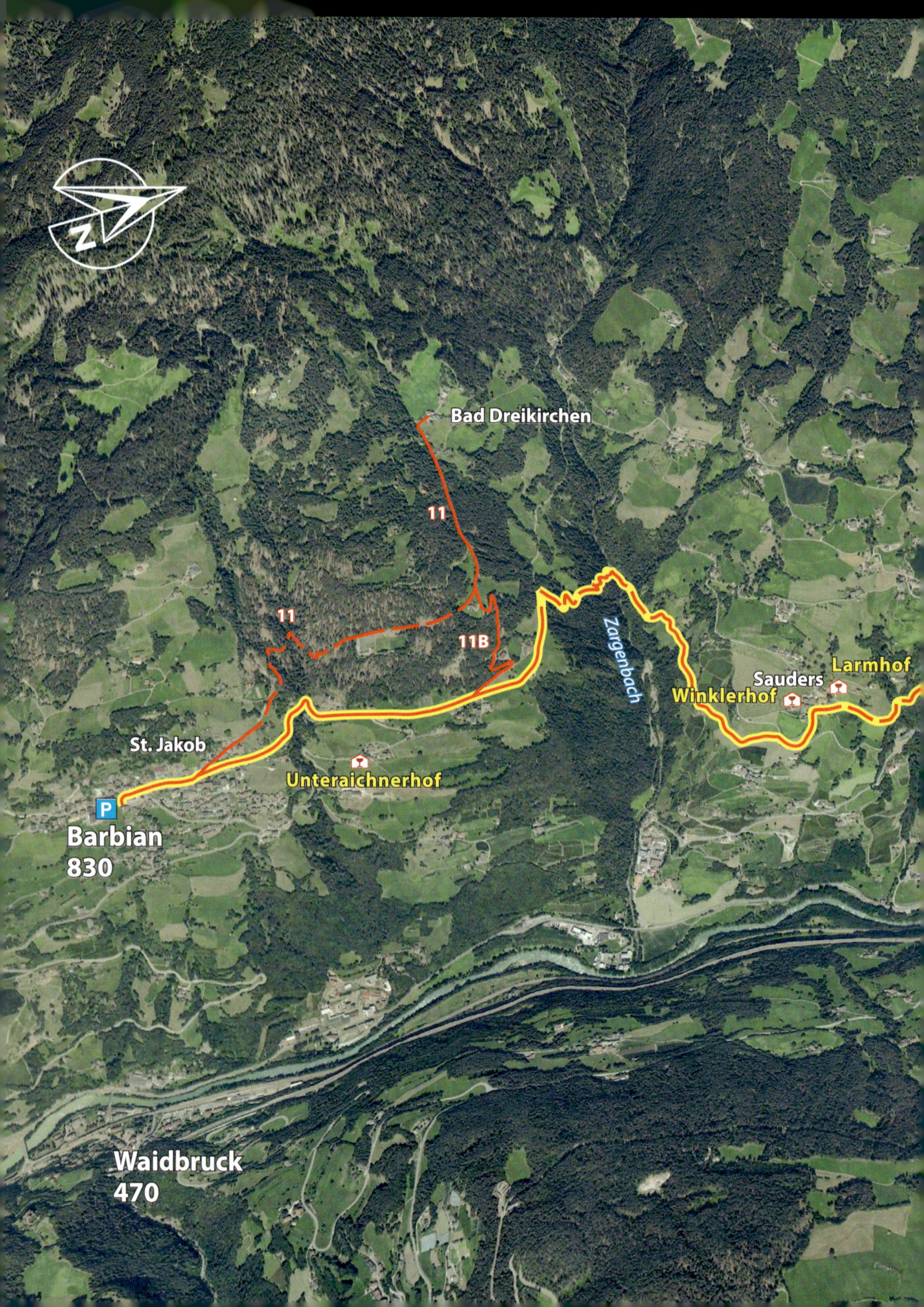
Bad Dreikirchen
11
11
11B
Zargenbach
Sauders
Larmhof
Winklerhof
St. Jakob
Unteraichnerhof
P
Barbian
830
Waidbruck
470

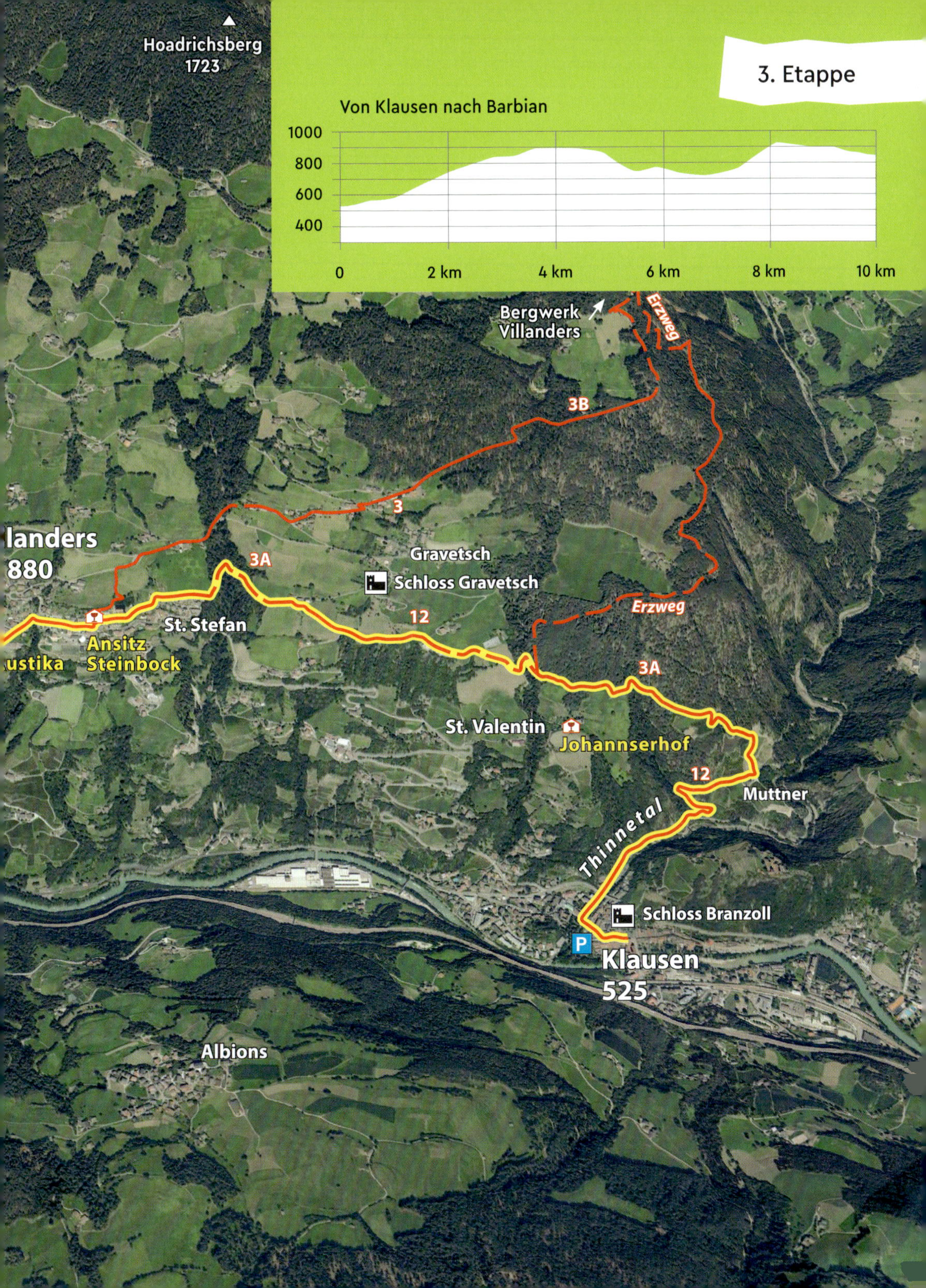

3. Etappe
Von Klausen nach Barbian
1000
800
600
400
0
2 km
4 km
6 km
8 km
10 km
Hoadrichsberg
1723
Bergwerk
Villanders
Erzweg
3B
3
landers
880
3A
Gravetsch
Schloss Gravetsch
Erzweg
Ansitz
Steinbock
ustika
St. Stefan
12
3A
St. Valentin
Johannserhof
12
Muttner
Thinnetal
Schloss Branzoll
P
Klausen
525
Albions

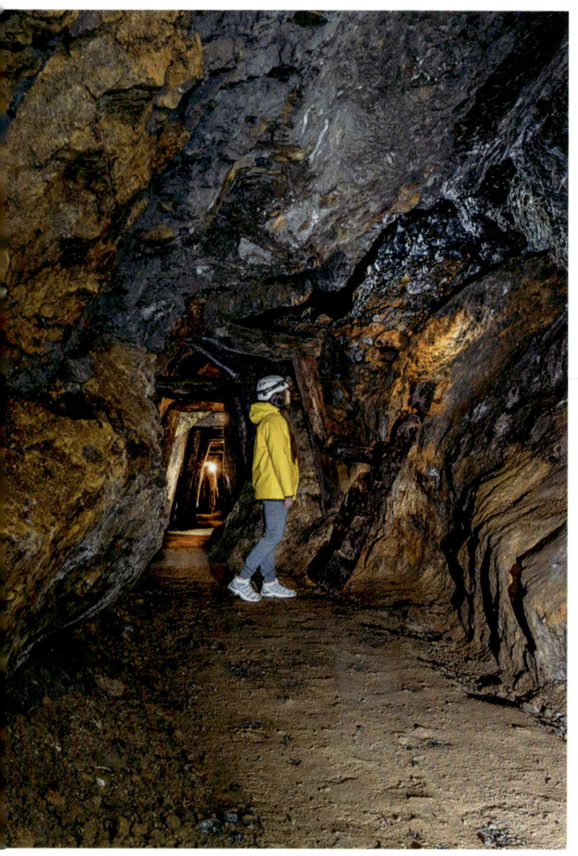

Das einstige Bergwerk von Villanders kann heute besucht und bestaunt werden.

Der Weg zieht sich knackig steil nach links bis zu einem Weinberg, führt in einen Wald hinein und kommt in der Nähe des Johannserhofes wieder hervor. Man marschiert nunmehr auf einem breiten Weg rechts hinauf.

TIPP **Oberhalb des Johannserhofes zweigt rechts der Erzweg vom Keschtnweg ab. Auf diesem gelangt man vorbei an der Knappenkirche St. Anna zum ehemaligen Bergwerk von Villanders – www.bergwerk.it. Nach steilem Aufstieg kann man diesem ganz nach Wunsch auch einen geführten Besuch abstatten. Danach wandert man kurz Richtung Besucher-Parkplatz und kehrt links hinab auf Weg 3B und Weg 3 zum Keschtnweg direkt im Ortszentrum von Villanders zurück.**

Gehzeit: etwa zweieinhalb Stunden; Höhenunterschied: 500 Meter

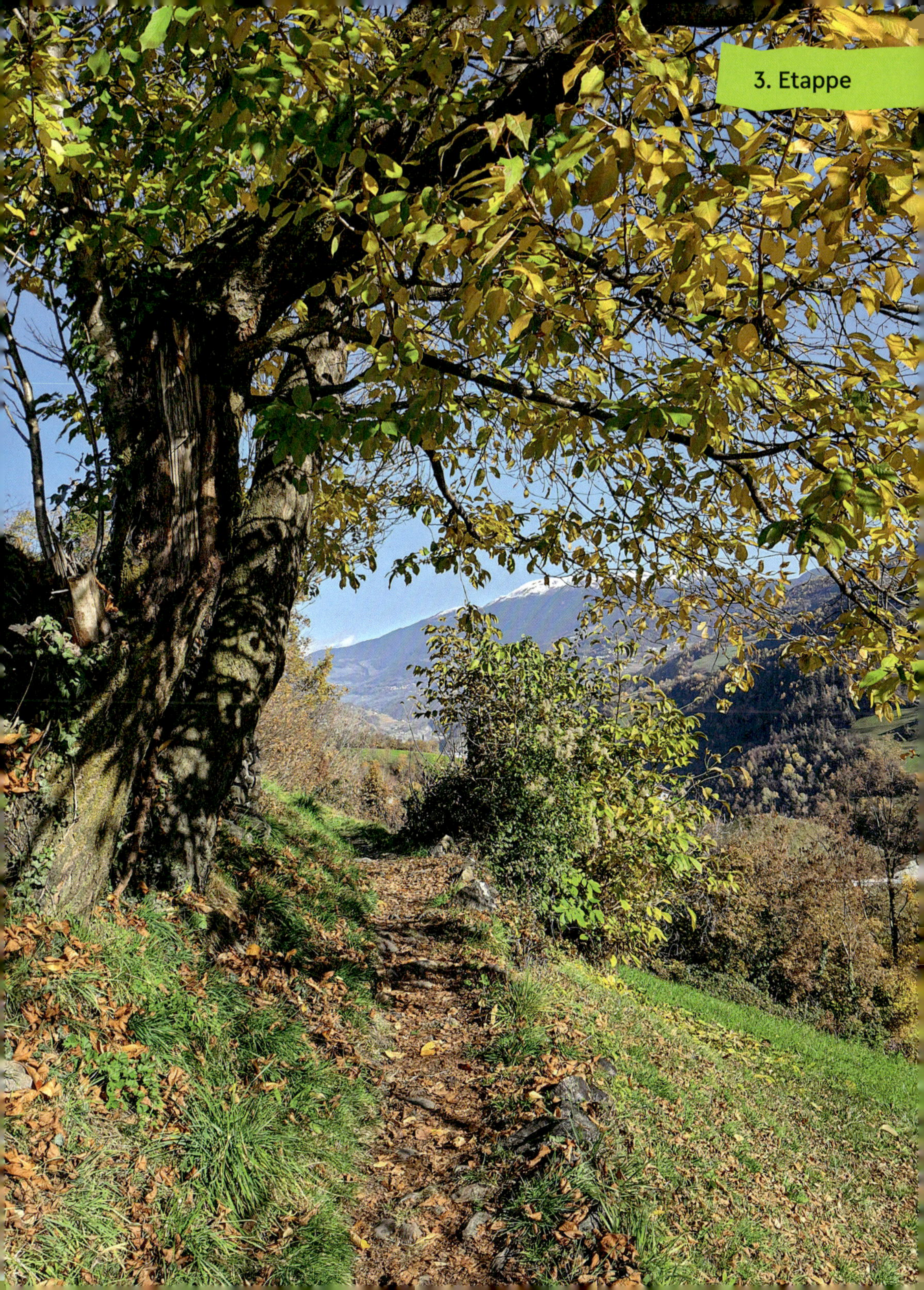

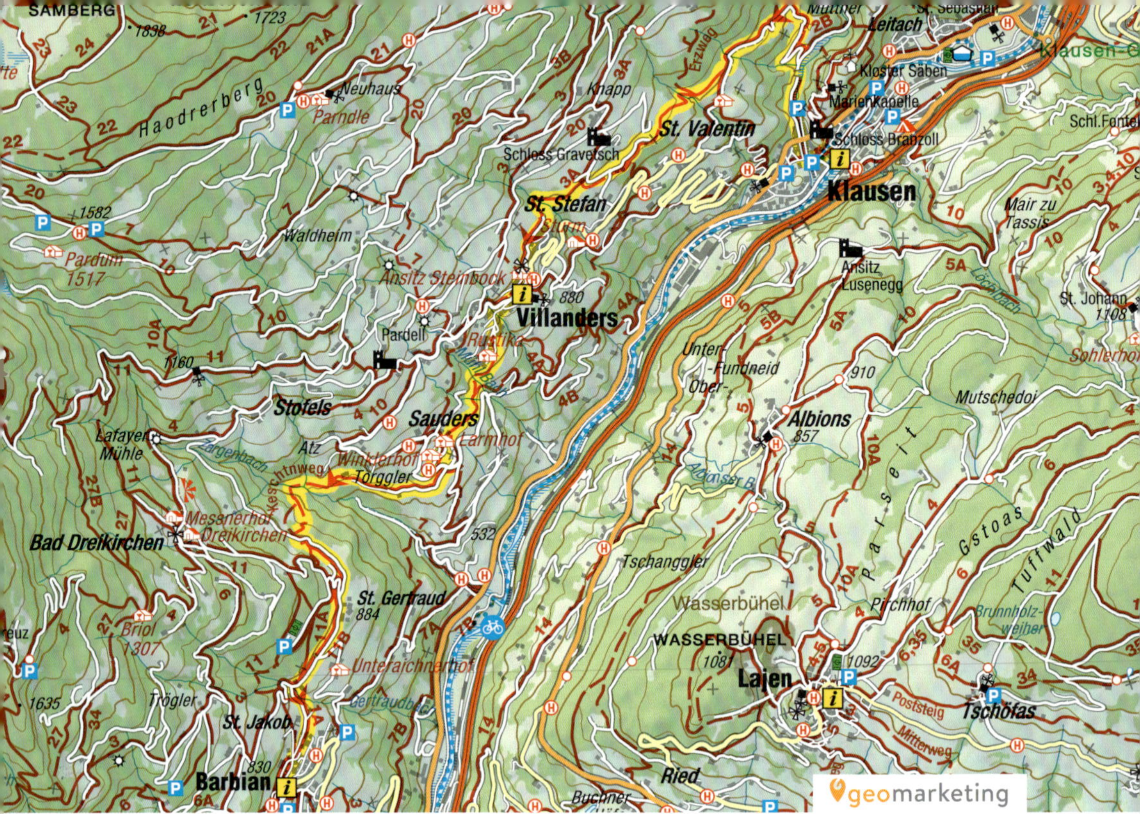

Er verläuft nun recht gemütlich und nach einem neuerlichen Aufstieg erreicht man bald den Tschotthof. Jetzt wandert man auf Asphalt weiter, bei der großen Straßenkurve rechts hinauf und bei der nächsten Kurve dann erneut geradeaus. Auf einem Wiesen- und dann Waldweg geht es in einen Graben hinein und bald danach gelangt man zu den ersten Häusern von Villanders und an Kirchen, am Friedhof und Ansitz Steinbock vorbei direkt ins Zentrum des Ortes. Dort spaziert man am Vereinshaus, Seniorenheim und Gemeindehaus vorbei geradeaus weiter. Es geht nunmehr abwärts in eine Wohnsiedlung und oberhalb des Hotels Untertheimerhof zweigt man links ab. Immer noch bergab verengt sich der Weg zu einem Wanderpfad und führt in den Wald hinein. Wieder gilt es Bäche zu überqueren und dann erreicht man über einen kurzen Aufstieg durch Wiesen den Villanderer Ortsteil Sauders, wo man die Qual der Wahl hat, in einem Buschenschank einzukehren: beim Larmhof, Winklerhof oder beim etwas tiefer gelegenen Pschnickerhof. Dann wandert man an der Kirche vorbei weiter auf der Sauderer Straße. Nun kurz links hinab und der Beschilderung nach rechts folgen. In Kürze kommt man zum

Torgglerhof und bald danach verläuft der Keschtnweg wieder auf einem breiten Wanderweg. Die Beschilderung leitet uns in den Zargenbach hinein. Nach dessen Überquerung führt der Weg gut angelegt über den steilen Waldhang hinauf zur Straße Barbian–Villanders. Auf dieser geht es nun geradeaus weiter, bis man das Dorfzentrum von Barbian erreicht.

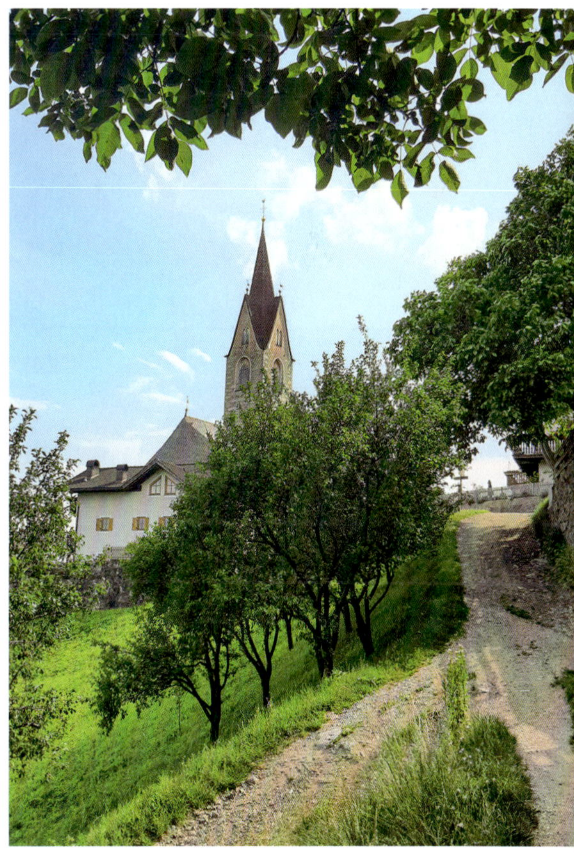

Sauders, ein klingender Name in den Ohren der Törggeleliebhaber

TIPP Einen besonders stimmungsvollen Ort erreicht man, wenn man beim Kräuterhof „Kreitla" über die Richtung Sportplatz führende Straße (Weg 11B) Richtung Dreikirchen hinaufwandert. Beim Sägewerk rechts abbiegen und beim nächsten Gebäude wiederum rechts ab (Weg 11). Nach dem Besuch der drei eng aneinandergebauten Kirchen kann man auf Weg 11 nach Barbian wandern.
Gehzeit: eineinhalb Stunden; Höhenunterschied: 240 Meter

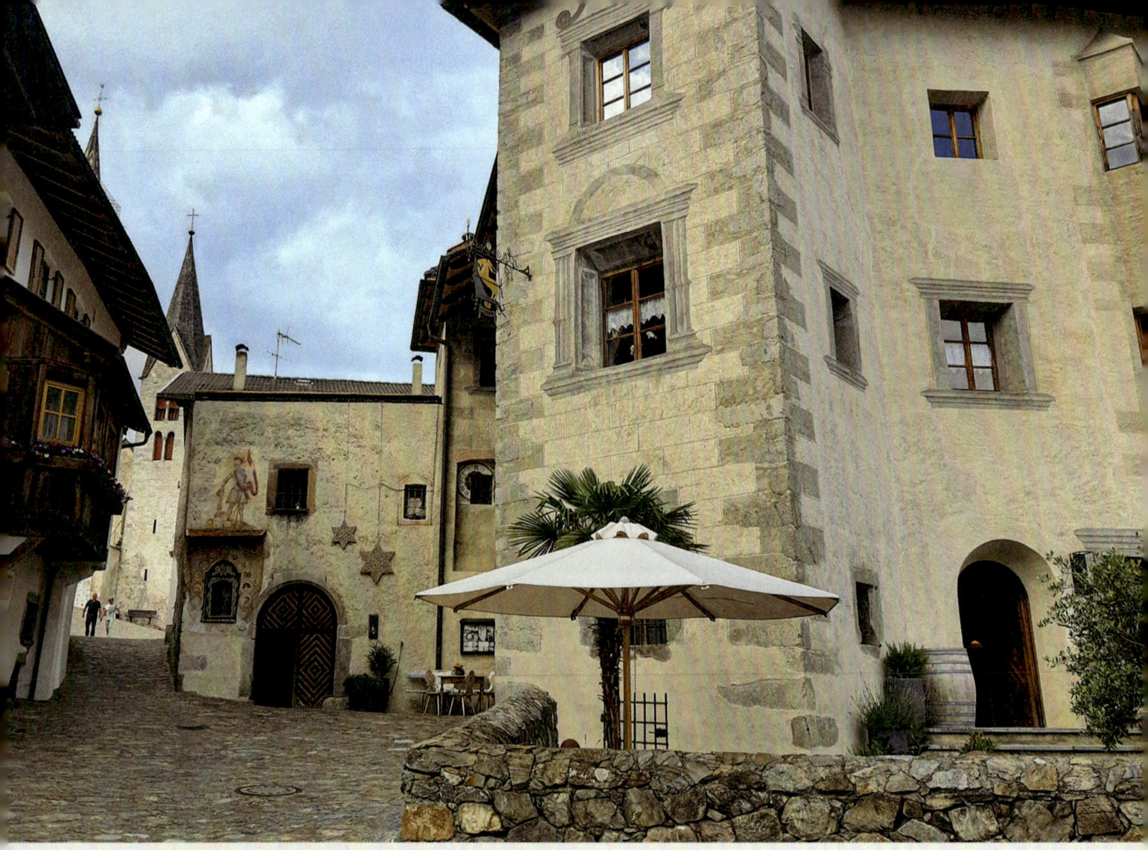

SEHENSWERTES

 **Villanders**

Die Gemeinde zählt gut 1900 Einwohner und hat eine Ausdehnung von 44 km². Genauso wie die bislang durchwanderten Ortschaften Feldthurns und Klausen (Säben) ist auch Villanders schon sehr früh besiedelt worden. In der Mittelsteinzeit bewegte man sich auf den Almen, ab der Jungsteinzeit bis zum Ende der Römerzeit (5. Jt. v. Chr. bis 6. Jh. n. Chr.) geben die archäologischen Funde in den Plunäckern im Dorfzentrum Zeugnis über die Siedlungsgeschichte ab. Eine wichtige Rolle spielte in Villanders auch die Bergbautätigkeit. Bereits vor Christi Geburt wurde auf dem Seeberg unter dem Totenrücken und später in den vielen Stollen am Pfunderer Berg geschürft. Mit einigen Unterbrechungen wurden bis 1943 Kupfer-, Zink- und Bleierze abgebaut, besonders begehrt war natürlich das Silber, das man in kleinen Mengen ebenso fand. Zwei dieser Stollen können im Rahmen einer Führung besichtigt werden.

Die Gemeinde Villanders besteht aus drei Fraktionen (Ortsteile): St. Stefan,

Die malerische Dorfgasse von Villanders diente als Vorlage für ein Bild von Franz von Defregger.

St. Moritz und St. Valentin und ist heute eine beliebte Touristendestination. Großer Beliebtheit erfreut sich die weitläufige Villanderer Alm mit ihren vielen Wanderwegen und einem Dolomitenkino gleichenden Panorama, dem Totensee und -kirchlein sowie dem höchsten Punkt der Gemeinde, dem Villanderer Berg auf 2509 Metern. Dieser wird auch als geografische Mitte Südtirols bezeichnet.

→ St.-Stephan- und St.-Michael-Kirche

St. Stephan ist die Hauptkirche, erstmals erwähnt um 1200. Das heutige Gebäude stammt aus dem 16. Jahrhundert und ist im spätgotischen Stil gehalten. Die Altäre wiederum sind neugotisch (2. Hälfte des 19. Jh.). 1900 erlitt die Kirche durch einen Brand große Schäden, die aber wieder behoben wurden. Im vorderen Teil der Kirche erinnern die Malereien eines Glasfensters aus der Renaissancezeit an den wirtschaftlichen Wohlstand und die Bedeutung der Bergwerksknappen.

Die Pfarrkirche St. Stephan, rechts die Friedhofskapelle St. Michael

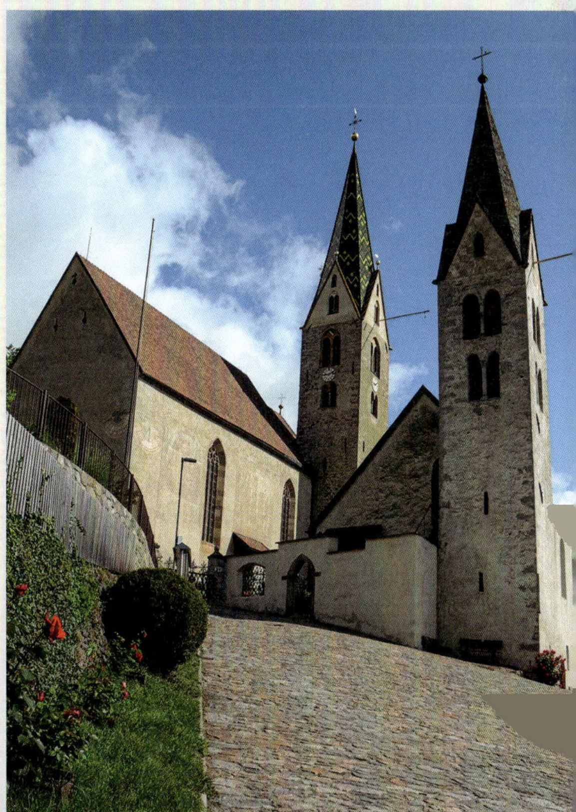

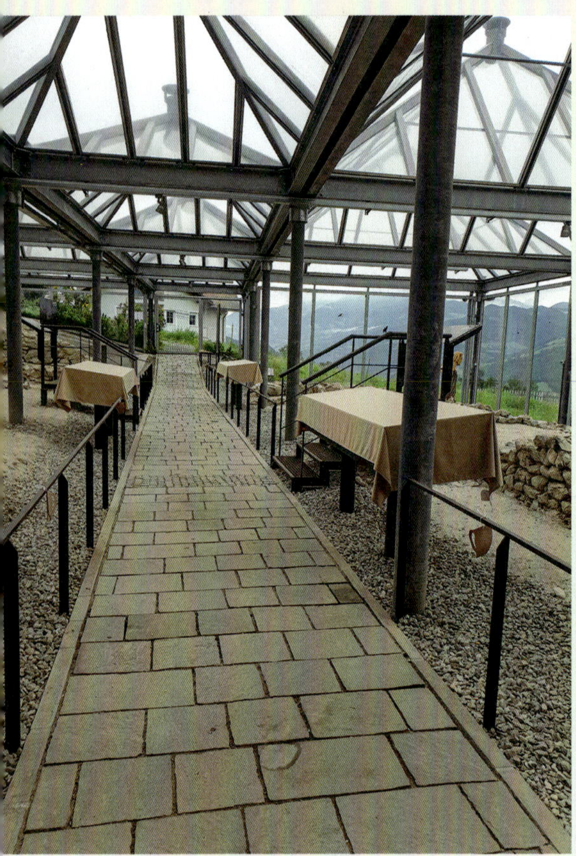

Der Archeoparc in Villanders

In unmittelbarer Nähe befindet sich die St.-Michael-Kirche, welche 1344 geweiht wurde und deren Untergeschoss auch als Leichenkapelle dient. Die beiden Kirchen und der besondere Friedhof prägen das malerische Dorfbild des Zentrums von Villanders.

→ Der Archeoparc

1976 stieß man beim Aushub eines Leitungsgrabens im Plunacker (im Dorfzentrum) auf archäologische Funde, welche in den 1980er Jahren vom Denkmalamt freigelegt wurden und heute vollkommen überdacht sind. Die Funde zu den verschiedenen Besiedelungsphasen in der Jungsteinzeit zählen zu den bedeutendsten im Alpenraum. Die Zeugnisse aus den weiteren urgeschichtlichen Epochen sind zwar nicht mehr so üppig, dafür ist aber ein großes ländliches Gebäude aus der Römerzeit belegt, welches im 7. Jahrhundert noch genutzt wurde. Infos zu Führungen und Besuchen des Archeoparcs erhält man im örtlichen Tourismusbüro.

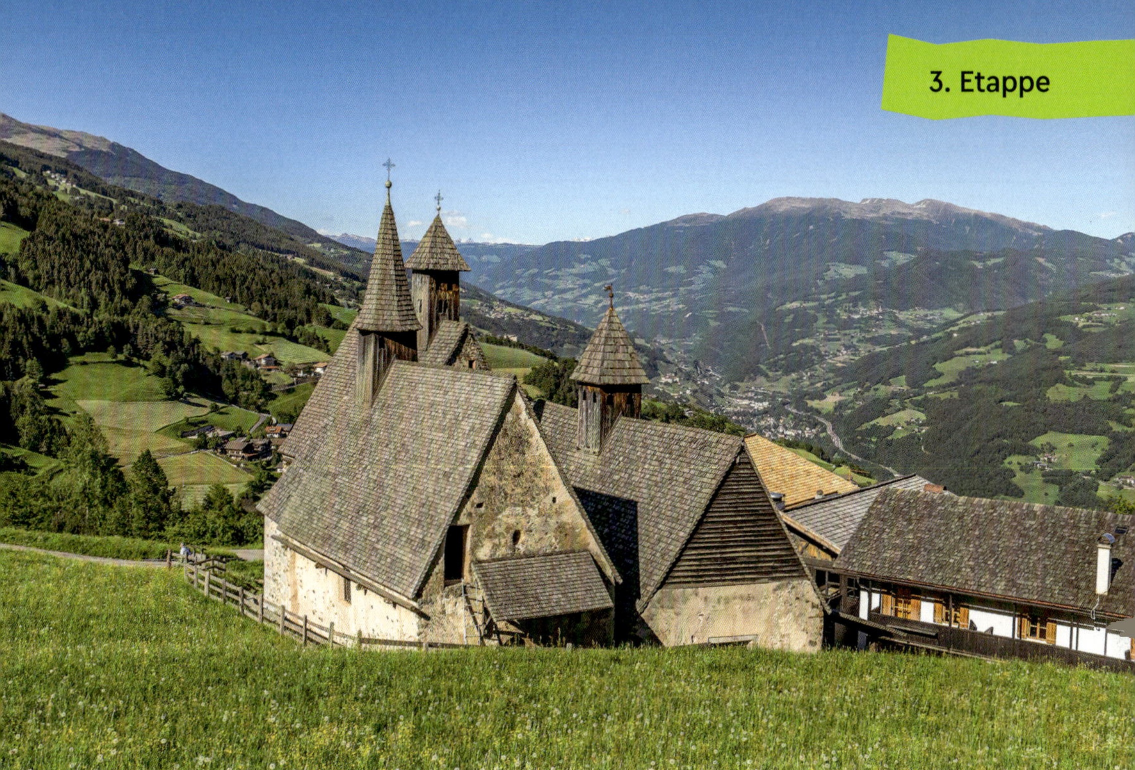

Dreikirchen in Barbian: Wie und warum diese drei Kirchen so gebaut wurden, bleibt ein Geheimnis ...

→ Barbian

Der Ort, der sich mit seinen 2443 Hektar Fläche wie alle bis jetzt vorgestellten Gemeinden vom Eisack bis in die Bergregionen erstreckt, hat rund 1750 Einwohner. Neben dem Hauptort Barbian gehören noch die Ortsteile Kollmann und Saubach sowie der kleine Sommerfrischweiler Dreikirchen zum Gemeindegebiet. Seit dem Bau der Verbindungsstraße vom Tal ins Dorf (1954–1959) hat sich Barbian zu einem beliebten Ziel von Touristen und Wanderern entwickelt. Die Almen und vor allem der höchste Punkt der Gemeinde, das Rittner Horn mit seinem 360°-Panorama, sind geschätzte Wanderziele. Die Barbianer Zwetschke ist ebenso bekannt und Inhalt von verschiedenen Veranstaltungen zu deren Reifezeit. Man gelangt auf dem Keschtnweg auch in die Nähe des Ortsteiles Kollmann, der eine bewegte geschichtliche Vergangenheit aufzuweisen hat. Beim Bau eines Speicherbeckens im Jahr 1927 stieß man auf Funde, welche auf die vermutlich hier anzusiedelnde römische Siedlung Sublavio hindeuten. Zudem war Kollmann Ausgangspunkt für die Kaiserstraße über den Ritten,

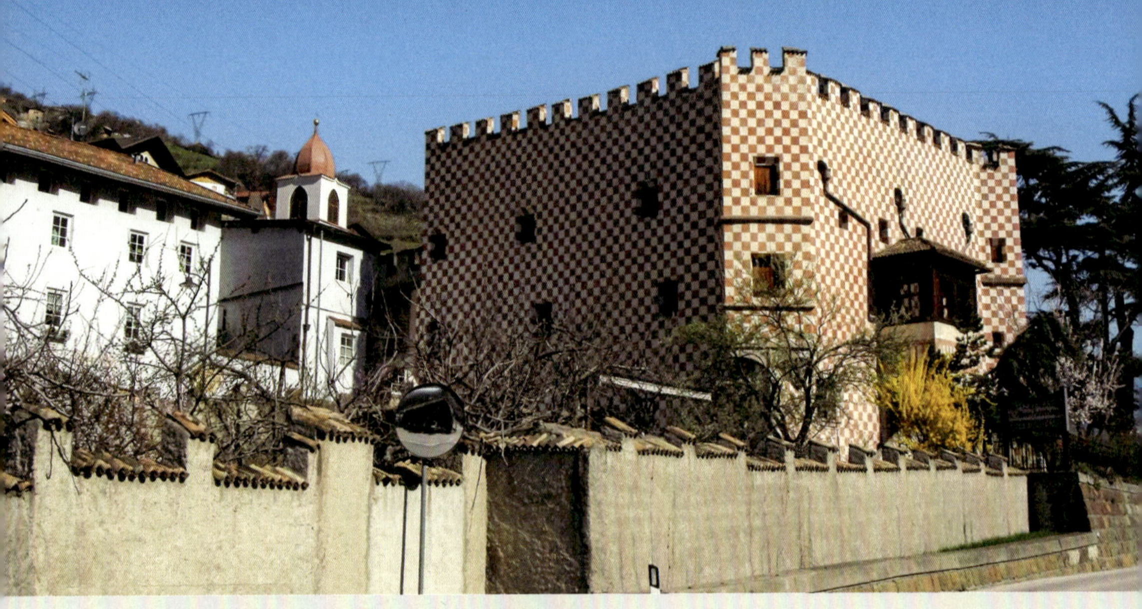

Oben: Ehemalige Zollstation in Kollmann bei Barbian
Rechts: St.-Jakob-Kirche in Barbian

über die das enge, untere Eisacktal bis Bozen umgangen wurde. Als Heinrich Kunter zu Beginn des 14. Jahrhunderts einen Saumpfad durch das Tal anlegen ließ, bekam er auch das Recht in Kollmann für dessen Benutzung Zoll einzuheben. Aber auch dieser Weg verfiel wieder und damit auch das Recht Zoll einzuheben. Ende des 15. Jahrhunderts wurde neuerdings eine Durchzugsmöglichkeit durch das Tal geschaffen und in dem heute als Friedburg bezeichneten und in dieser Zeit neu errichteten Zollhaus wurde bis 1829 wieder eine Art Wegezoll eingehoben. Alle Durchreisenden mussten die Tore dieser Anlage durchschreiten bzw. -fahren und es herrschte reges Leben im kleinen Ort.

→ St.-Jakob-Kirche in Barbian

Jeder, der den Turm der Barbianer Pfarrkirche zum ersten Mal zu Gesicht bekommt, reibt sich etwas ungläubig die Augen. Aber man kann seinen Augen trauen, denn es stimmt wirklich: Er weist eine beachtliche Schräglage auf. Der schiefe Turm ist der älteste Teil der Kirche und der untere Teil stammt noch aus romanischer Bauzeit (12.–14. Jh.). Das Kirchengebäude wurde im 15. Jahrhundert im gotischen Stil umgebaut und von 1874 bis 1877 im neuromanischen Stil erneuert und erweitert. Seither hat es sich nicht mehr verändert. Im Inneren der Kirche kann auf dem Hauptaltar eine Kopie der berühmten Wechselburger Kreuzigungsgruppe bewundert werden.

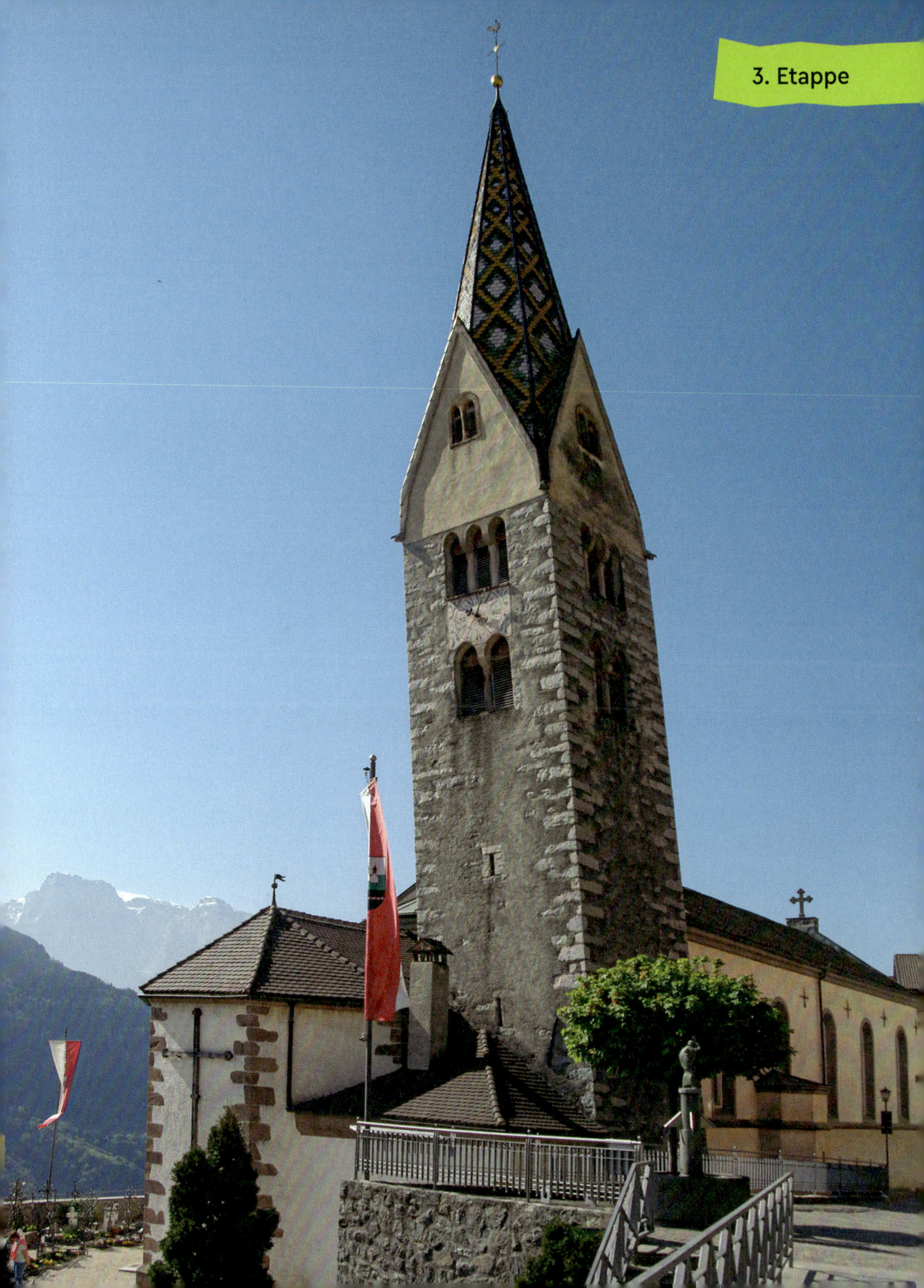

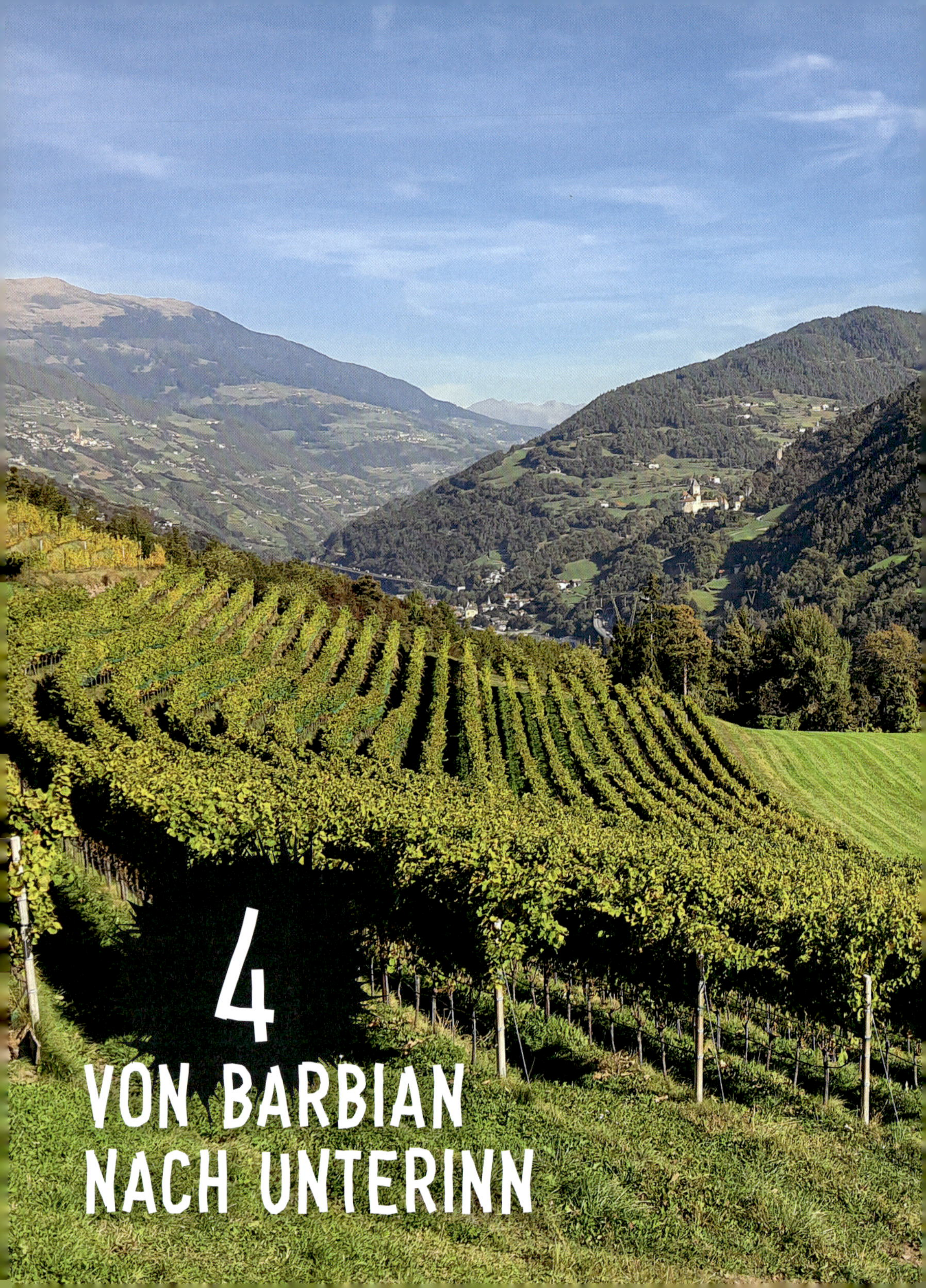

4
VON BARBIAN NACH UNTERINN

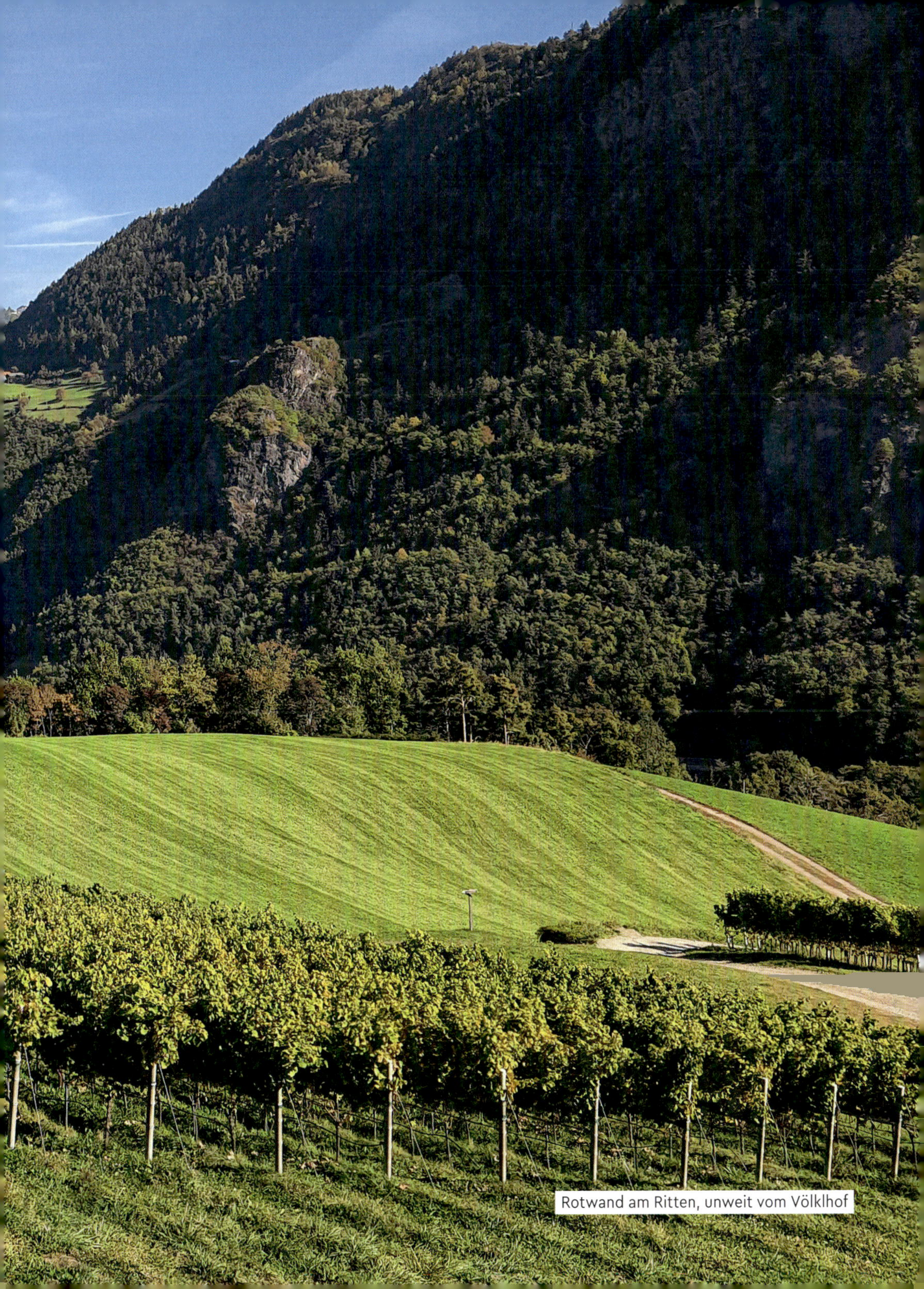

Rotwand am Ritten, unweit vom Völklhof

4. ETAPPE

Von Barbian nach Unterinn

→ Nachdem man noch einen letzten Blick auf den schiefen Turm der Barbianer Jakobskirche geworfen hat, geht es wieder weiter auf den Spuren der Kastanie. Auf dem Weg nach Saubach wird man oberhalb des sogenannten „Patschogers" mittels einer Schautafel über die Kastanie im Allgemeinen aufgeklärt. Bei diesem Patschoger handelt es sich um einen außergewöhnlich großflächigen Kastanienhain, der sich bis nach Kollmann hinabzieht.

Der Keschtnweg wurde erst 2023 kurz vor die Grenze zum benachbarten Ritten verlegt. Er führt nun nicht mehr auf der Straße weiter, sondern zieht sich Richtung Kollmann hinab und man nutzt einen ehemaligen Kirchsteig, auf dem der Grenzbach zum Ritten überschritten wird. Die Bewohner der nun folgenden Höfe erreichten auf diesem Weg Kollmann (Gemeinde Barbian), um dort der Messe beizuwohnen. Man kommt auch unweit des größten Tiermuseums Europas (Völklhof) vorbei. Sicher erinnern sich noch viele an dieses, es war einst ein beliebtes und interessantes Ausflugsziel für viele Schüler. Ein nächstes eindrucksvolles Ziel auf dem Keschtnweg ist der Schalenstein, der sich unterhalb des St.-Verena-Kirchleins versteckt. Ein Schild lenkt zu diesem hin und eine Schautafel informiert über dieses rätselhafte Geschichtszeugnis. Darüber thront auf einem Hügel ein idyllisch gelegenes Kirchlein. Es ist die einzige Kirche in ganz Tirol – 1256 erstmals erwähnt –, die der Heiligen Verena gewidmet ist. Über ein Fenster erhascht man einen Blick auf die barocke Innenausstattung. Das Kirchlein erhebt sich vermutlich auf einem uralten Kultplatz. Diese These wird zusätzlich untermauert von einem Menhir, der beim nahegelegenen

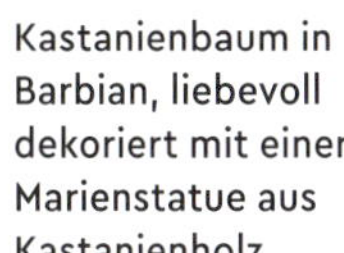

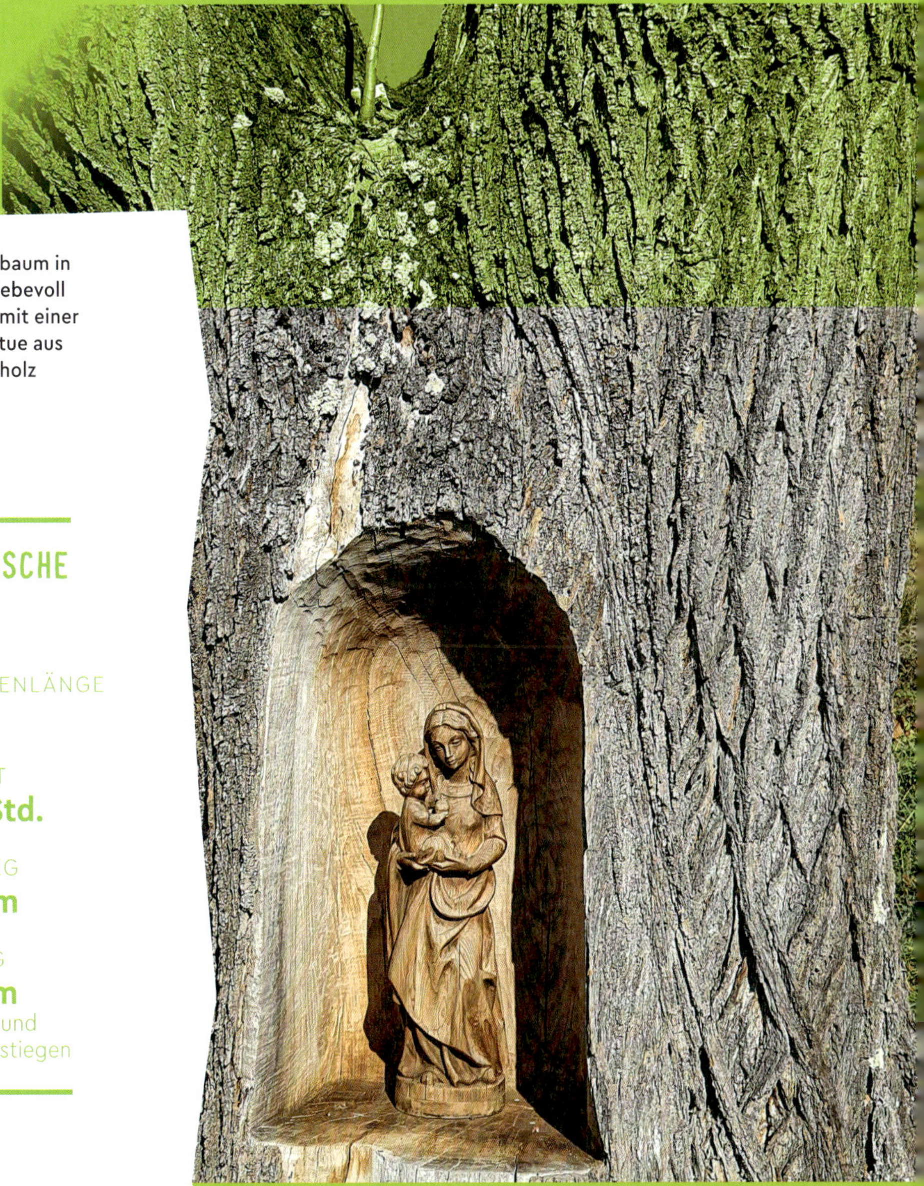

Kastanienbaum in Barbian, liebevoll dekoriert mit einer Marienstatue aus Kastanienholz

TECHNISCHE DATEN

STRECKENLÄNGE
21 km

GEHZEIT
ca. 7 Std.

AUFSTIEG
750 Hm

ABSTIEG
785 Hm
inkl. Auf- und Gegenabstiegen

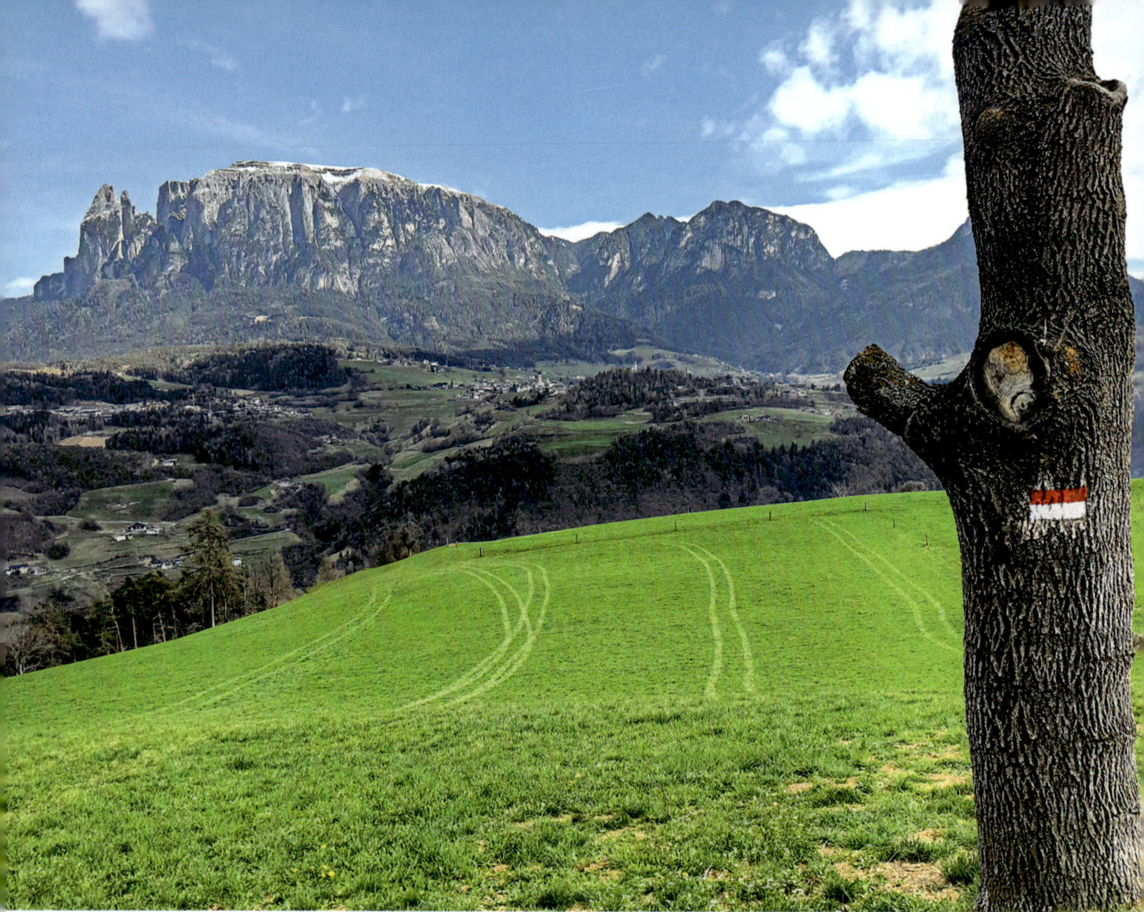

Herrlicher Blick auf den Schlern vom Siffianer Leitach

Penzlhof gefunden wurde. Man kann am Keschtnweg entlang fast von einer regelrechten „Menhirstraße" sprechen. Entsprechende Fundstellen waren in Tötschling, Feldthurns und Villanders. Auf ein weiteres, diesmal spätgotisches Höhenkirchlein stößt man im Weiler Antlas. Es ist dem hl. Andreas geweiht und enthält gotische Wandmalereien und barocke Altäre. Der darunterliegende Zunerhof ergibt mit seiner Bauweise und Fassadenmalerei zusammen mit der Kirche ein fotogenes Ensemble – man erhält dort eventuell auch den Schlüssel für das Kirchlein. Sehenswerte Bauernstuben aus dem 16. Jahrhundert erwarten hungrige und durstige Wanderer. Der weitere Verlauf des Weges wird immer wieder von Bauernhöfen begleitet, genauso wie der Blick auf den Schlern. Es gilt zudem eine Reihe von Gräben zu queren, so auch jenen des Finsterbaches. Er bildet im oberen Teil die bekannten

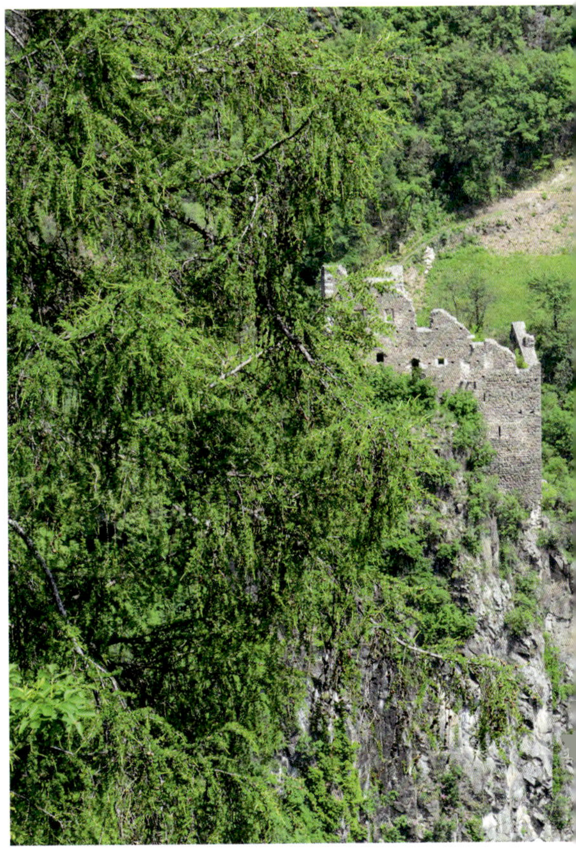

Die heutige Ruine Stein diente einst als Gerichtssitz.

Erdpyramiden von rötlicher Farbe bei Mittelberg. Für Keschtnweg-Wanderer allerdings bedeutet es, einen großen Umweg in Kauf nehmen zu müssen, um sie zu betrachten. Aber keine Bange, es erwarten einen auch unweit vom Keschtnweg Erdpyramiden.

Im Siffianer Leitach geht es hinab zum Rielingerhof. Von dort hat man nämlich auch einen wunderbaren Blick auf die Burgruine Stein. Sie befindet sich in exponierter Lage auf einem Felskopf im Rösslerbachtal und wurde im 13. Jahrhundert errichtet. Sie diente als Gerichtssitz und die Herren von Thun wurden im 15. Jahrhundert als letzte Bewohner genannt. In verlassenem Zustand verfiel die Burg im Laufe der Jahrhunderte zu einer einsamen Ruine. Aber mit etwas Glück und wenn man der entsprechenden Sage Glauben schenkt, kriegt man ein weinendes Fräulein zu Gesicht. Es wagt sich jeden Tag um 15 Uhr aus den unterirdischen Kellern herauf und wandelt durch das Gemäuer. Vermutlich beweint es zwei

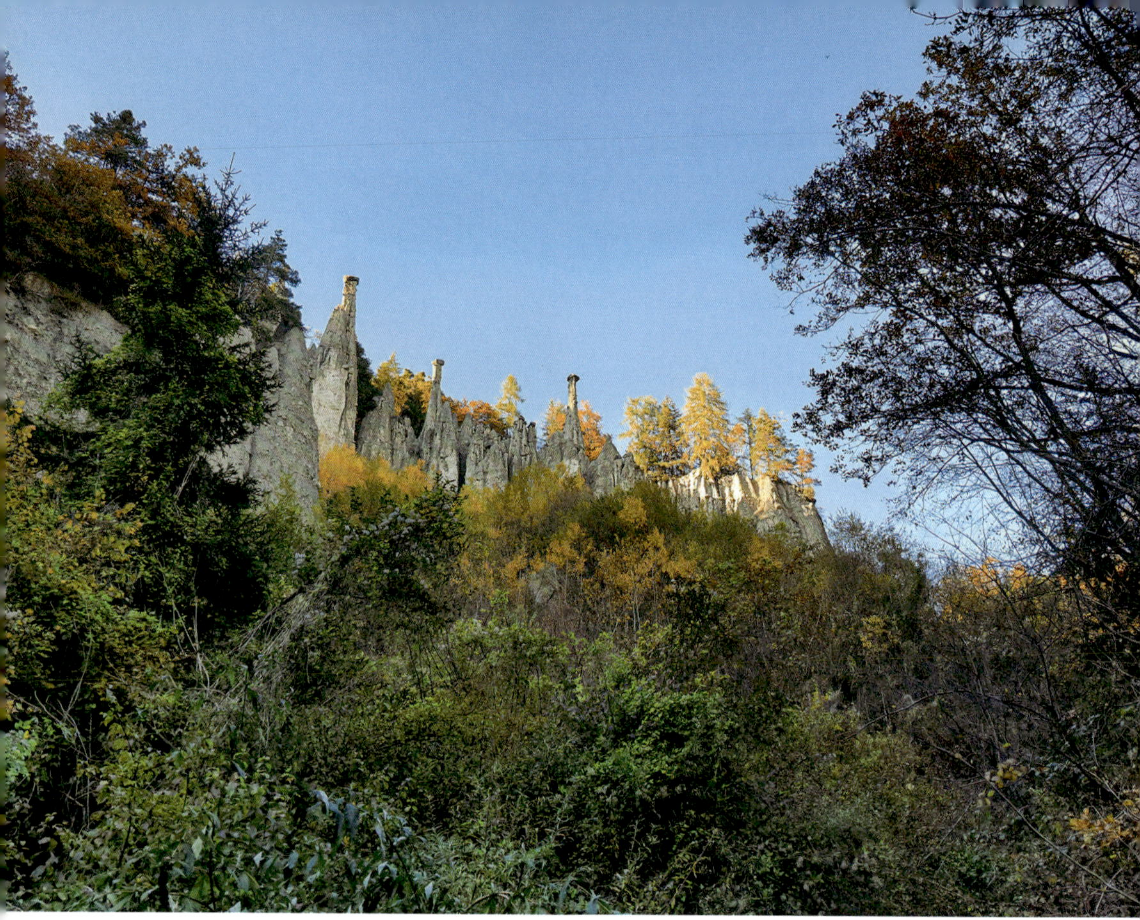

Erdpyramiden im Gasterer Graben

einstige Besitzer, die hier kein schönes Ende fanden, und kein Gebet vermochte es bis jetzt zu erlösen.

Etwas Glück und vielmehr die richtigen Wetterbedingungen braucht es für die nächste Überraschung. Bei feuchtem Wetter kann man nämlich im sogenannten Feuersalamander-Tal zwischen Rielinger und Unterinn gar einige von diesen gleichnamigen, mittlerweile selten gewordenen Tieren sehen.

Nun, nach diesen eher unwahrscheinlichen Entdeckungen freut man sich auf eine letzte, aber gesicherte Attraktion: die Erdpyramiden im Gasterer Graben. Bereits vor Erreichen desselben führt ein Steiglein rechts hinauf zu einer Plattform, wo man den Blick auf die weiß-grauen Säulen genießen kann. Danach kehrt man wieder auf den Keschtnweg zurück und macht sich auf den Weg nach Unterinn, dem Zielort dieser Etappe.

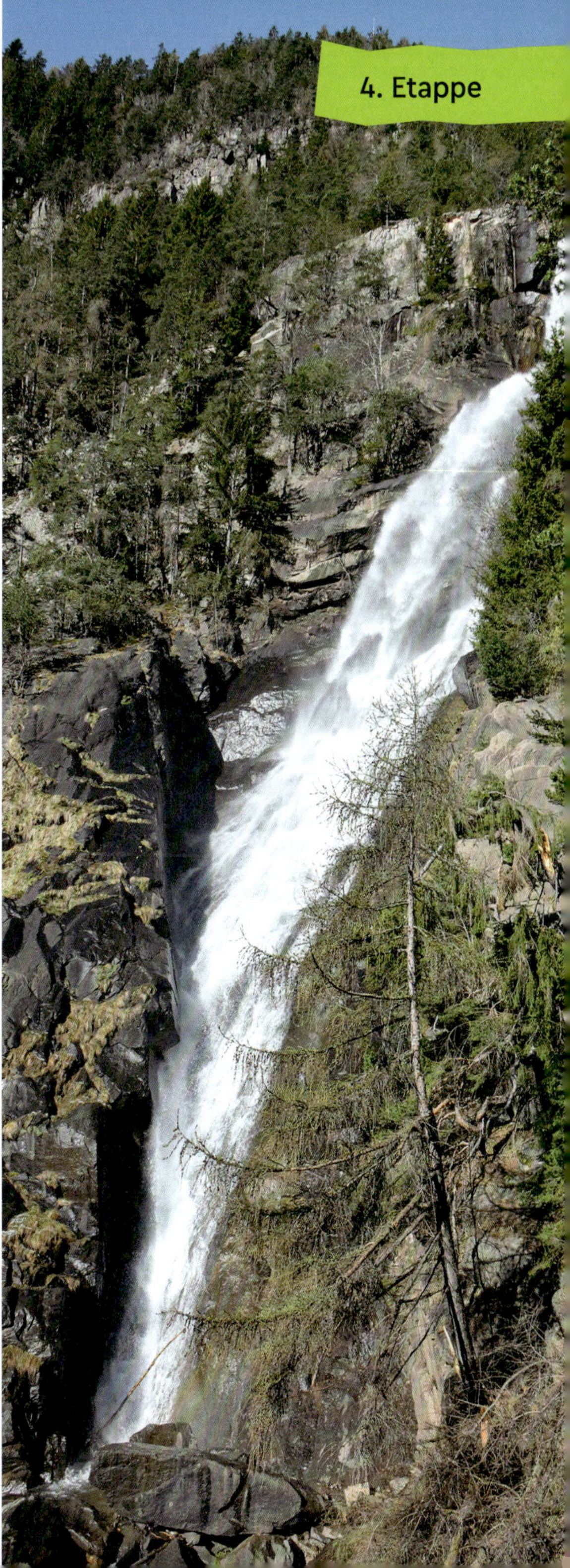

Der unterste Wasserfall von Barbian weist eine Höhe von 85 Metern auf.

WEGVERLAUF: Vom Barbianer Dorfplatz geht man auf dem Gehsteig der Straße entlang Richtung Saubach und gelangt zur neuen Panoramabrücke über den Ganderbach.

TIPP Am Ende des Dorfes zieht sich der Wasserfallweg rechts hinauf. Eine Wanderung zu diesem sehenswerten Naturschauspiel ist empfehlenswert. Einfach der entsprechenden Beschilderung folgen bis zur Rechtskurve unter dem Oberegger-Haus, nun geradeaus weiter. Man erreicht die Almstraße und geht in der nächsten Rechtskurve wieder geradeaus. In rund 40 Minuten (ab Ausgangspunkt) ist man beim unteren Wasserfall. Auf demselben Weg zurück bis zur Almstraße und nun auf dieser verbleibend zum Keschtnweg hinab.
Gehzeit: circa 1 Stunde; Höhenunterschied: 190 Meter

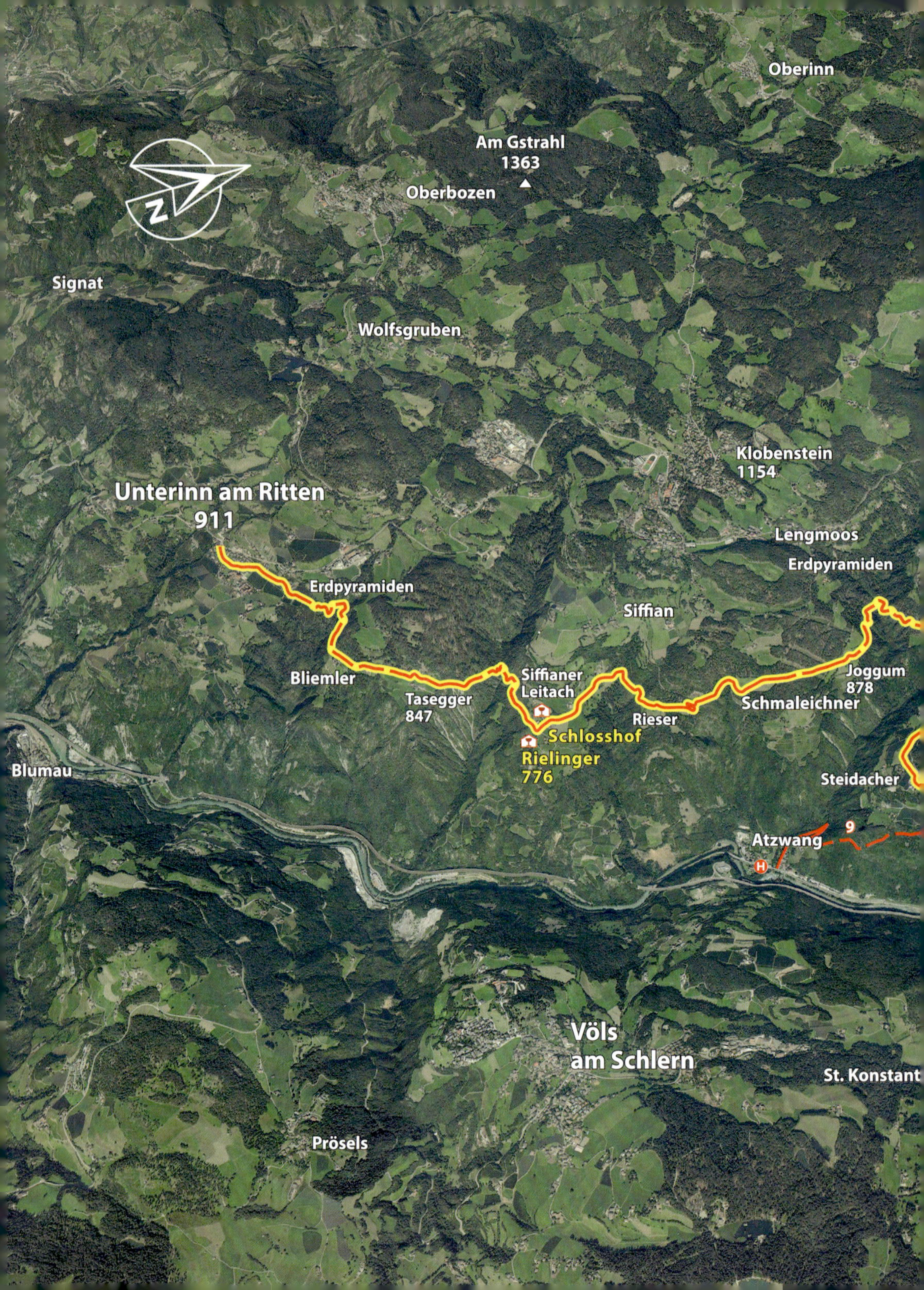
Oberinn
Am Gstrahl
1363
Oberbozen
Signat
Wolfsgruben
Klobenstein
1154
Unterinn am Ritten
911
Lengmoos
Erdpyramiden
Erdpyramiden
Siffian
Bliemler
Tasegger
847
Siffianer
Leitach
Schlosshof
Rielinger
776
Rieser
Schmaleichner
Joggum
878
Steidacher
Blumau
Atzwang
9
Völs
am Schlern
St. Konstant
Prösels

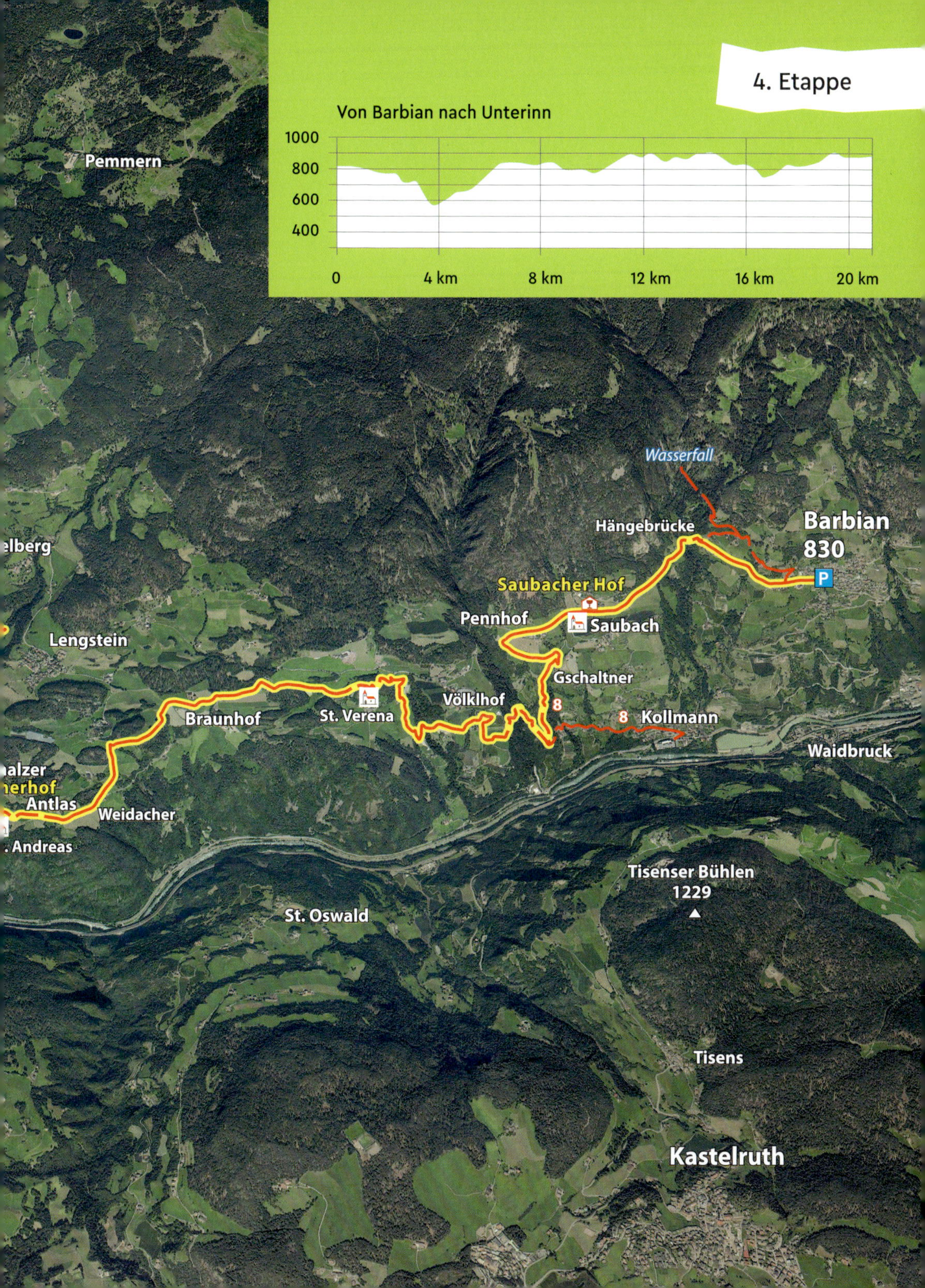

4. Etappe
Von Barbian nach Unterinn
1000
800
600
400
0
4 km
8 km
12 km
16 km
20 km
Pemmern
Wasserfall
Hängebrücke
Barbian
830
P
Saubacher Hof
Pennhof
Saubach
elberg
Lengstein
Gschaltner
Völklhof
8
8
Kollmann
Braunhof
St. Verena
Waidbruck
alzer
erhof
Antlas
Weidacher
. Andreas
Tisenser Bühlen
1229
St. Oswald
Tisens
Kastelruth

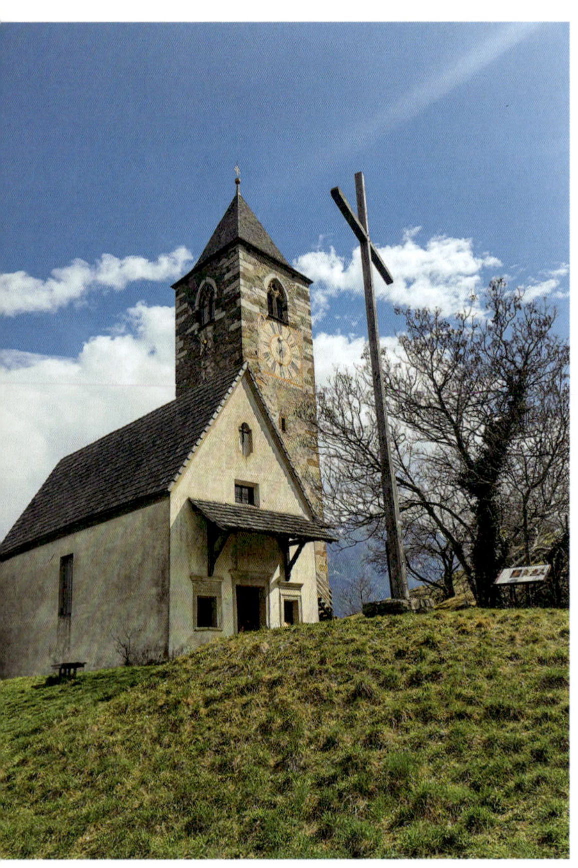

Das Verenakirchlein, ein uralter Kultplatz

Man überquert die neue Hängebrücke und geht weiter bis nach Saubach zum Pennhof. Dort führt die erst kürzlich ausgewiesene neue Trasse links hinab auf einen Hohlweg. Bald dreht der Weg wieder nach links, man erreicht einen Kastanienhain und die Verbindungsstraße Saubach-Kollmann. Auf dieser spaziert man kurz rechts hinab und biegt dann gleich wieder rechts ab. Bei der nächsten Häusergruppe zieht sich der Keschtnweg nun kurz sehr steil hinunter und nach einem flachen Waldweg abermals bis zu einer Apfelplantage. Beim Strommasten hält man sich rechts in den Wald hinein. Auf einem schön angelegten Weg, teilweise durch Treppen entschärft, wandert man durch Mischwald in den Graben des Dicktelebaches hinein und steigt auf der anderen Seite auf, bis man wieder den Wald verlässt. An Weinreben vorbei geht man auf einem Fahrweg zu einer Häusergruppe hinauf und dann auf Asphalt zu einem Bachgraben. Bald danach leitet der Keschtnweg rechts über eine Wiese zum Pirchnerhof

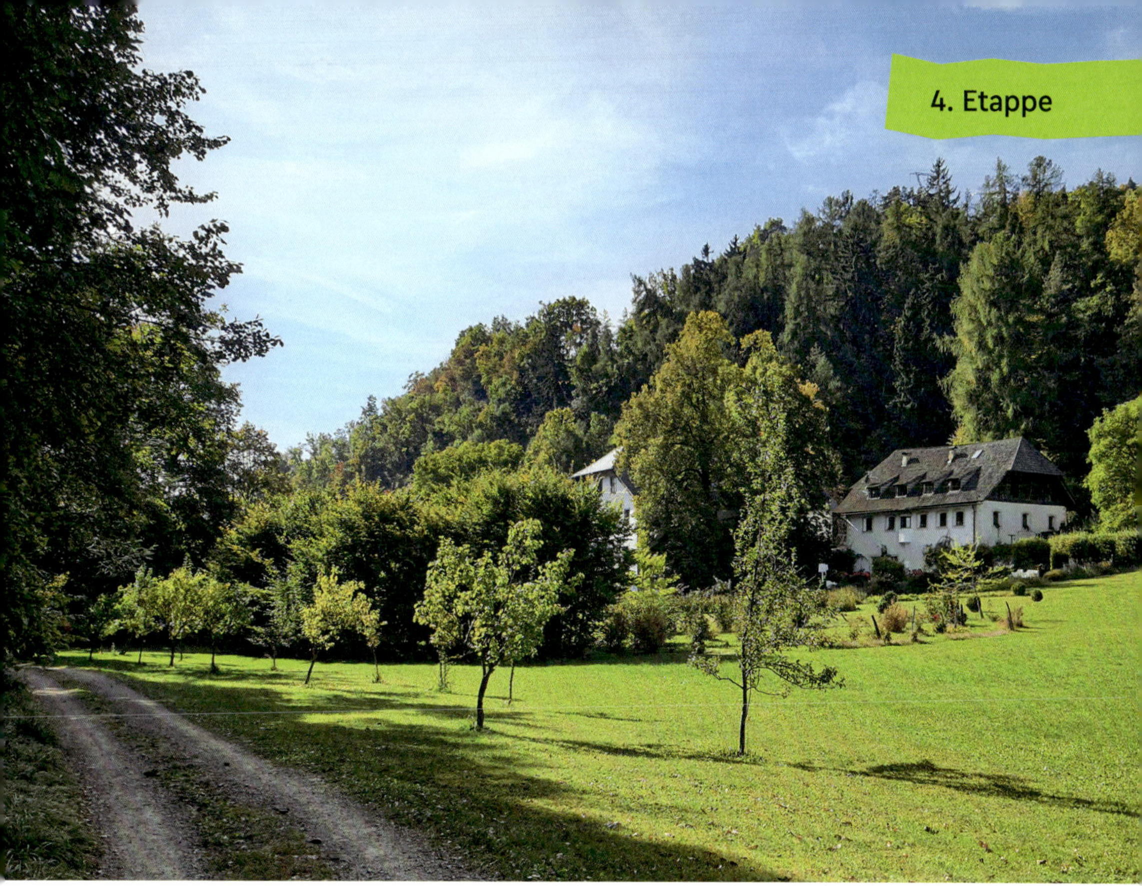

Der Penzlhof unterhalb des Verenakirchleins

und von dort bis zur Abzweigung zum Verenakirchlein, welche links hinaufweist. Oben angekommen führt ein Plattenweg rechts von der Kirche hinab und dann spaziert man flach dahin – teils auf einem Kreuzweg – bis zum Penzlhof mit dem anliegenden alten Schulhaus. Hier geht es kurz auf der Asphaltstraße weiter zum nächsten Hof, dem Braunhof. Dort geht man nach links von der Straße ab und wandert nach dem Gehöft durch Wiesen und lichten Wald bis zum Weiler Antlas.

TIPP **Eine interessante Wanderung führt von Atzwang im Talboden (Bushaltestelle gegenüber Radstation Bios) auf Weg Nr. 9 hinauf nach Antlas. Von dort wandert man auf dem Keschtnweg Richtung Norden bis zur Abzweigung, die bei einem Strommasten links nach Saubach bei Barbian hinaufführt. Hier geht man aber geradeaus weiter und kommt hinab zum Gfrillerhof und nach Kollmann. Von dort kann man mit den**

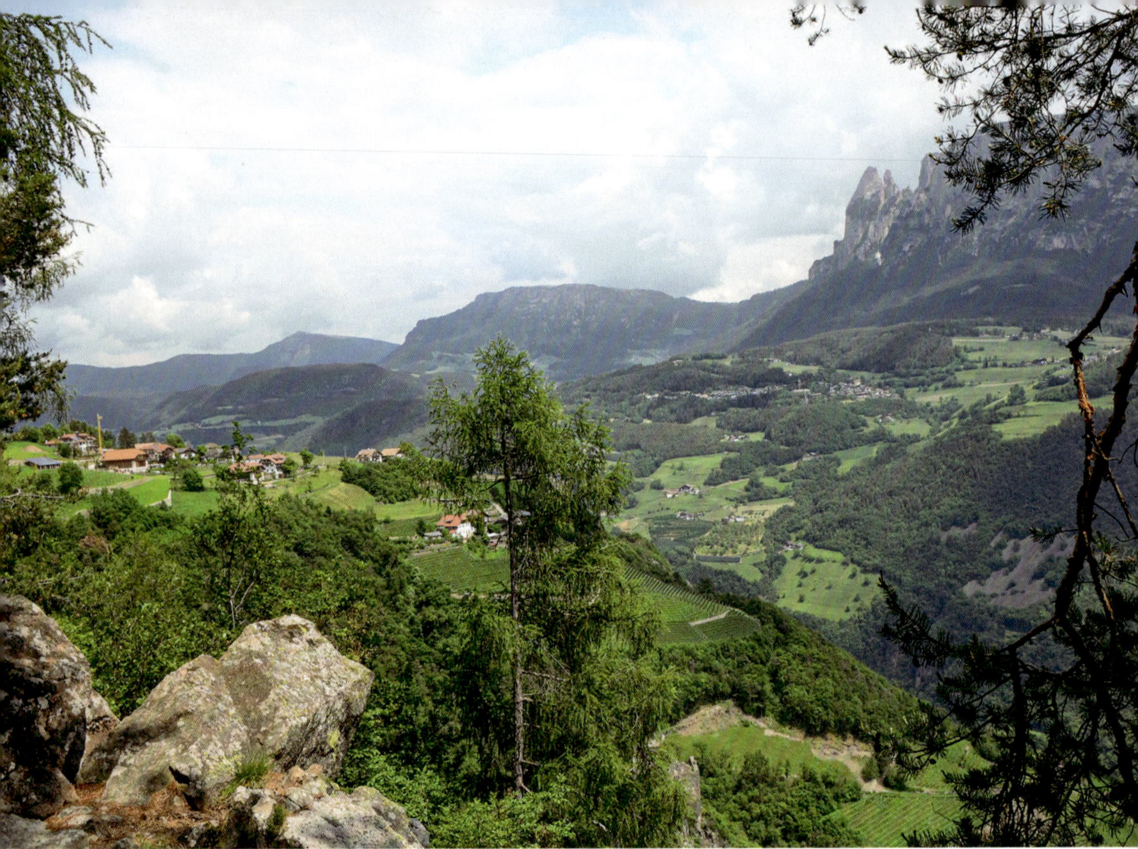

Blick auf Siffianer Leitach

**öffentlichen Buslinien wieder nach Atzwang zurückkehren.
Gehzeit: etwa dreieinhalb Stunden; Höhenunterschied: 500 Meter**

Man marschiert kurz auf der Zufahrtsstraße Richtung Lengstein und bald geht es wieder links ab Richtung Siffian. Als nächstes erreicht man den stattlichen Steidacherhof. An weiteren einzelnstehenden Höfen vorbei wandert man ohne großen Höhenunterschied teils auf Wander- und teils auf Asphaltwegen zum nächsten Graben. Dieser wird überquert und es geht bergauf, bis der Weg rechts abbiegt und hinauf zum nächsten Hof geht. Der Keschtnweg zieht sich dann von der Zufahrtsstraße weg und führt links hinab in den Wald. Nun erreicht man nach einem teilweise steilen Abstieg den Graben des Finsterbaches mit einem kleinen Wasserfall. Natürlich gilt es dann auch den Gegenanstieg zu überwinden und man erreicht schließlich den Joggum- und als nächstes den Schmaleichnerhof.

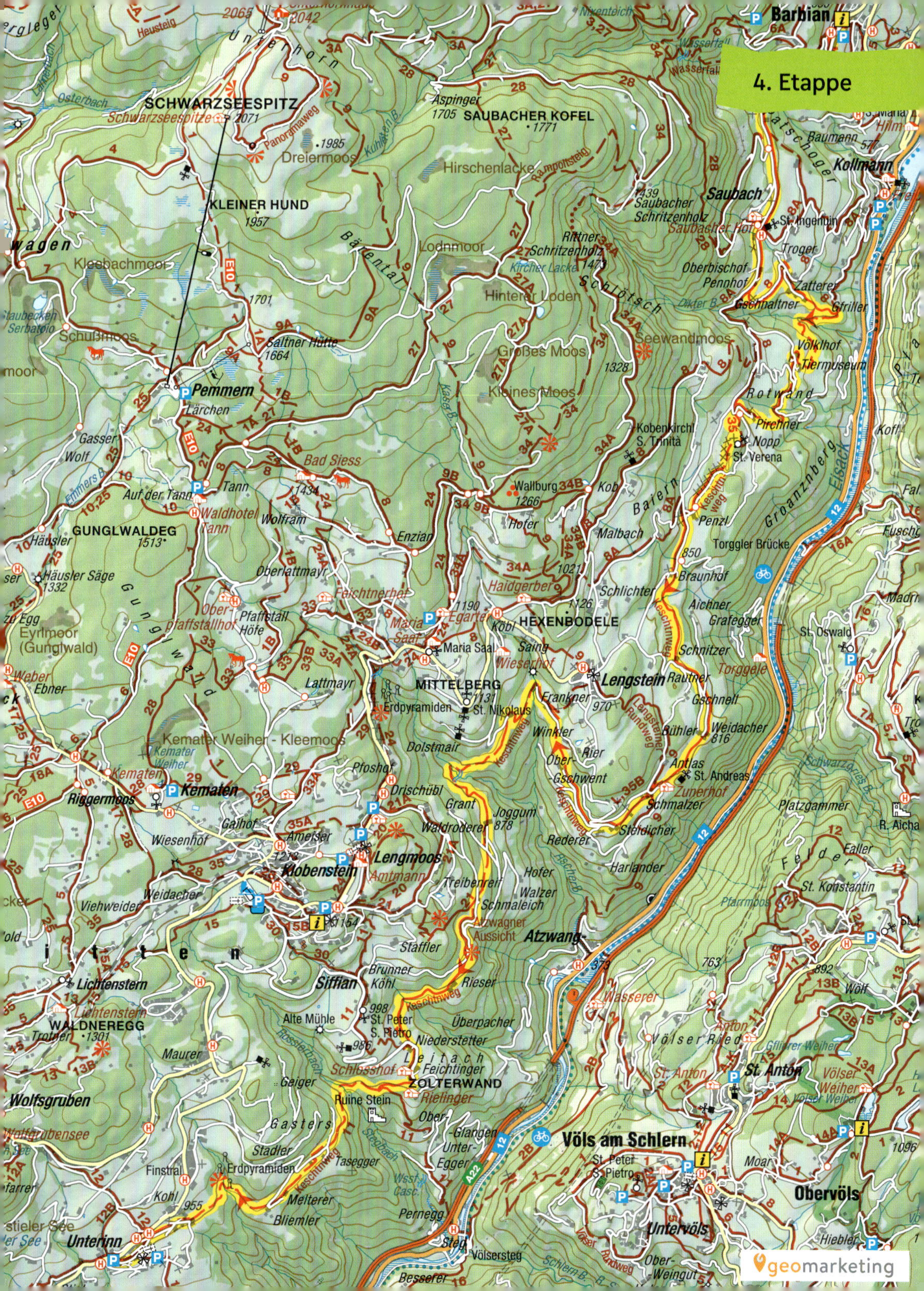
4. Etappe
geomarketing

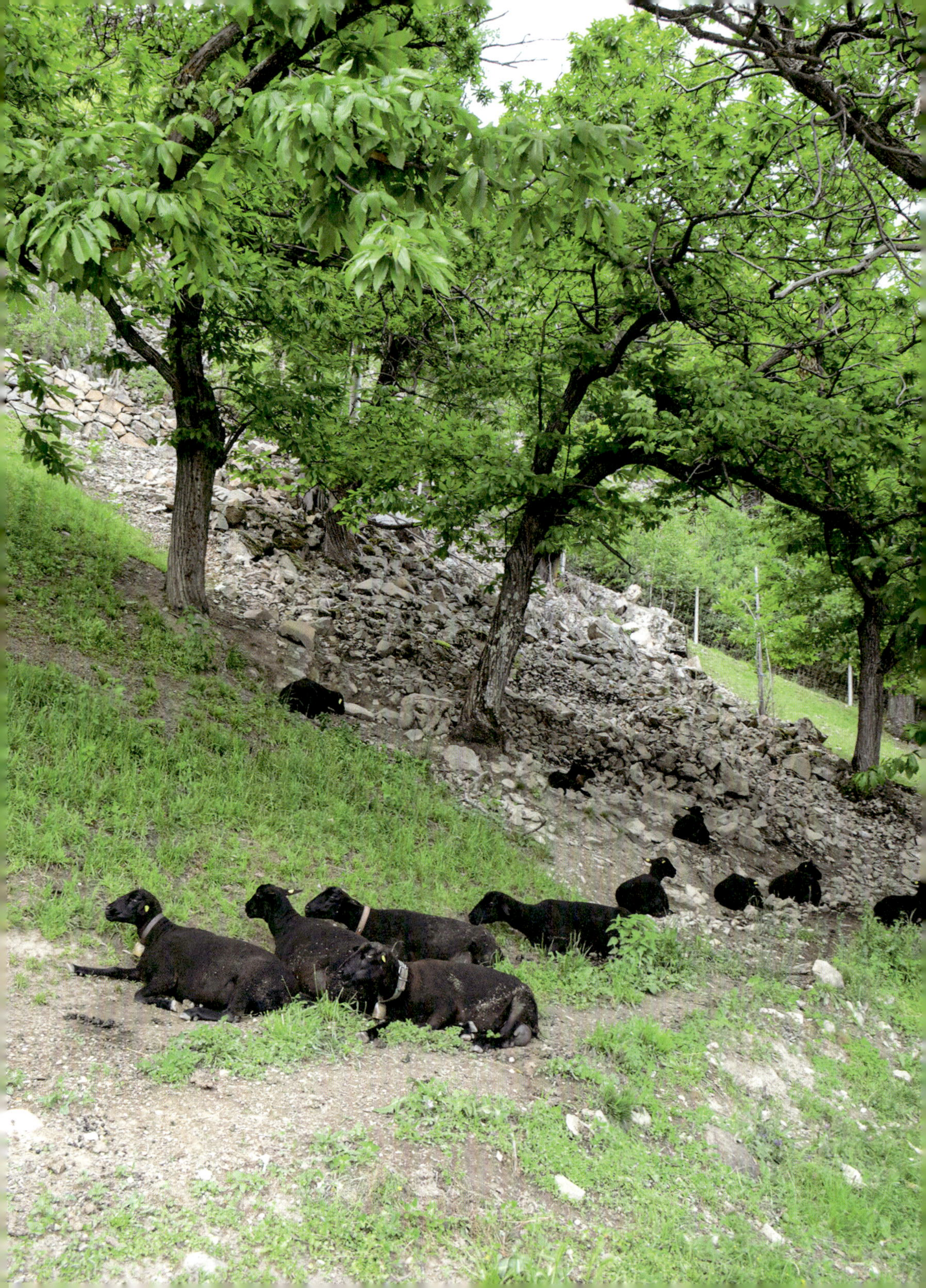

Beim Taseggerhof begegnet man diesem gepflegten Kastanienhain, in dessen Schatten sich ein paar Schafe ausruhen.

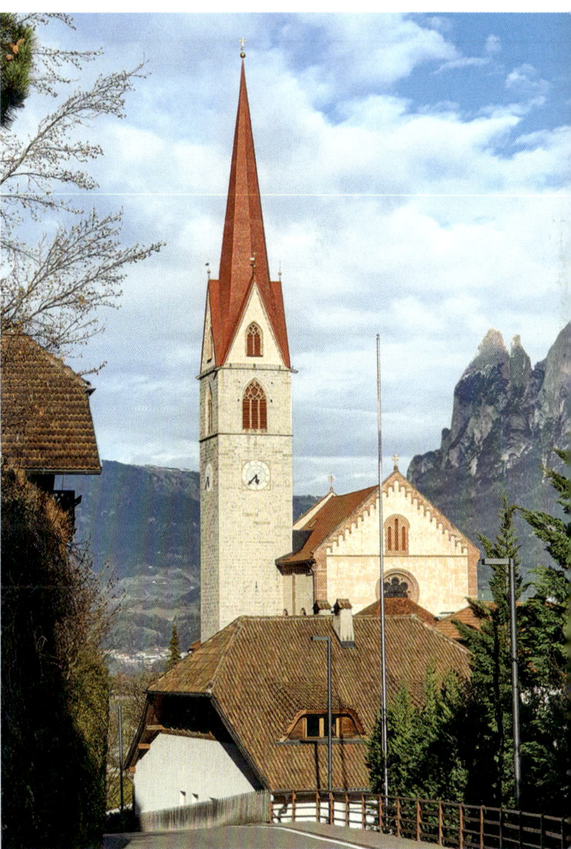

Pfarrkirche St. Luzia in Unterinn

Bevor man zum Rieserhof gelangt, kann man einen Abstecher zur Atzwanger Aussicht machen. Nach einem netten Wiesenweg überwindet man über eine interessante Brücke einen weiteren Graben. Dann geht es zum Weiler Siffianer Leitach. Unterhalb der letzten Höfe steigt man rechts hinab, umgeht so den Rielingerhof und spaziert auf dem Keschtnweg weiter. Mit Blick auf die Ruine Stein wandert man nun durch Wald, bis man den Rösslerbachgraben erreicht – der Gegenanstieg ist mit einigen Halteseilen versichert. Beim Taseggerhof – es zeigen sich nun die ersten Höfe von Unterinn – wird wiederum ein schöner Kastanienhain gequert. Vorbei am Bliemlerhof wandert man schließlich auf einem Waldweg in den letzten Graben hinein, den Gasterer-Graben, wo man natürlich den Erdpyramiden einen kurzen Besuch abstatten sollte. Danach wird zum Endspurt angesetzt und man erreicht in kurzer Zeit das Ortszentrum von Unterinn.

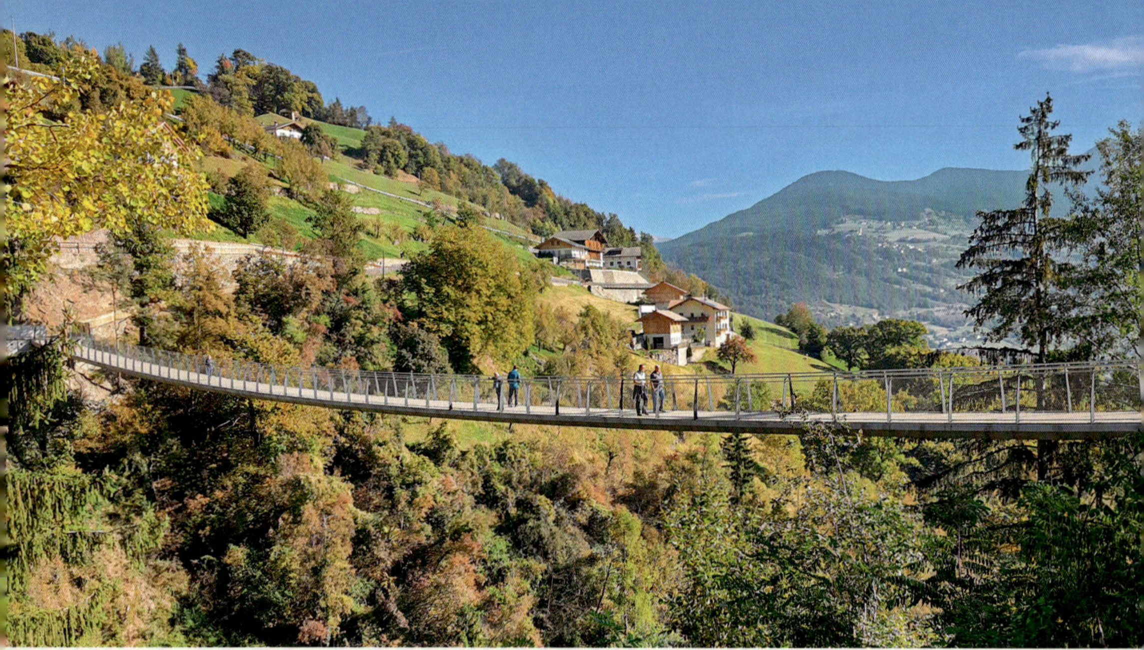

Panoramabrücke zwischen Barbian und Saubach

SEHENSWERTES

→ Panoramabrücke zwischen Barbian und Saubach

Auf dem Keschtnweg von Barbian nach Saubach kann man seit dem Spätsommer 2021 den Ganderbach auf einer besonderen Brücke überqueren. Es handelt sich um eine sogenannte Spannbandbrücke, die mit einer Länge von 120 Metern europaweit eine Seltenheit darstellt. Die Breite beträgt drei Meter und man kann bis zu 55 Meter in die Tiefe blicken. Sie ist Teil des Gehweges zwischen den beiden genannten Orten und man genießt einen tollen Blick auf die Barbianer Wasserfälle oder die Trostburg auf der anderen Talseite.

→ Kirche St. Ingenuin und Albuin in Saubach

Die Kirche ist für Kunstsinnige ein besonderer Genuss. Gebäude und Einrichtung bilden eine stimmige Einheit und stammen aus dem Ende des 15. Jahrhunderts, wobei die Wahl der Patrone auf ein höheres Alter schließen lässt. Die drei spätgotischen Flügelaltäre im Innenraum sind sehenswert. Den Schlüssel erhält man im Tourismusbüro von Barbian (www.barbian.it) oder beim benachbarten Saubacher Hof.

→ Gemeinde Ritten

Die Gemeinde Ritten ist mit 111,48 km^2 die flächenmäßig größte Gemeinde am Keschtnweg mit gut 8000 Einwohnern. 12 Fraktionen (Ortsteile) bilden die

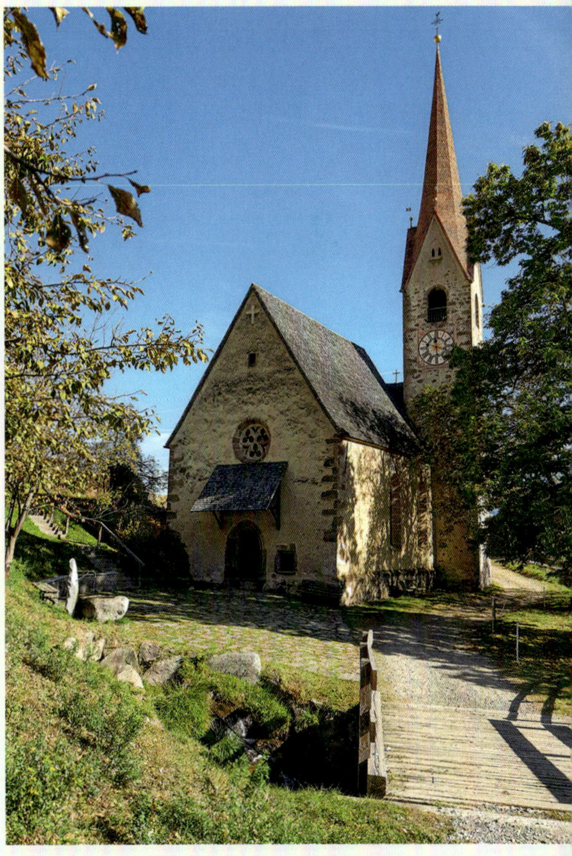

Kirche St. Ingenuin und Albuin in Saubach

Gemeinde, die im Tal an den Ufern des Eisacks und der Talfer beginnt und bis auf 2170 Meter Meereshöhe reicht. Geologisch wird das Gebiet von der Bozner Quarzporphyrplatte geprägt, einem Gestein mit vulkanischem Ursprung. Eine besondere geologische Erscheinung sind die Rittner Erdpyramiden, welche auf keinen Fall unerwähnt bleiben dürfen. Man wird ihnen im Laufe des Weges auch begegnen. Sie kommen in Südtirol an mehreren Stellen vor, aber nicht in dieser Formschönheit wie hier am Ritten. Hier wachsen diese Säulen gleich an drei Stellen aus Moränenboden. Es handelt sich dabei nicht um erstarrte Hexen, wie eine Sage erzählt, sondern um eiszeitliches Moränenmaterial, durchsetzt mit großen Steinen. Im trockenen Zustand ist dieses lehmige Material steinhart. Die Hangneigung spielt ebenso eine große Rolle. Bei starken Regenfällen werden tiefe Rillen ausgeschwemmt und in den Trockenphasen kann das Material wieder aushärten. Unter größeren Steinen, die als Dach dienen, bildet sich nach

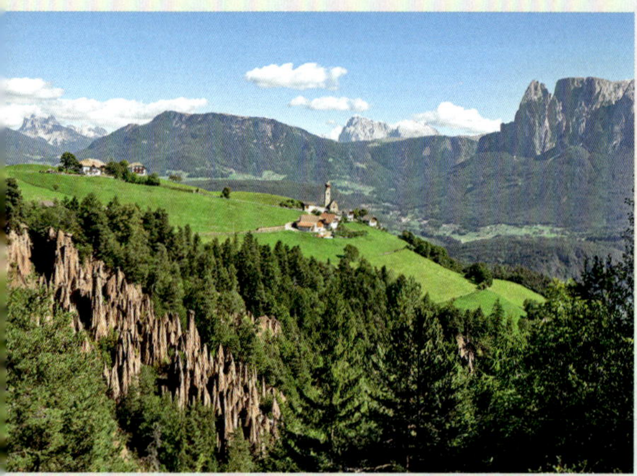

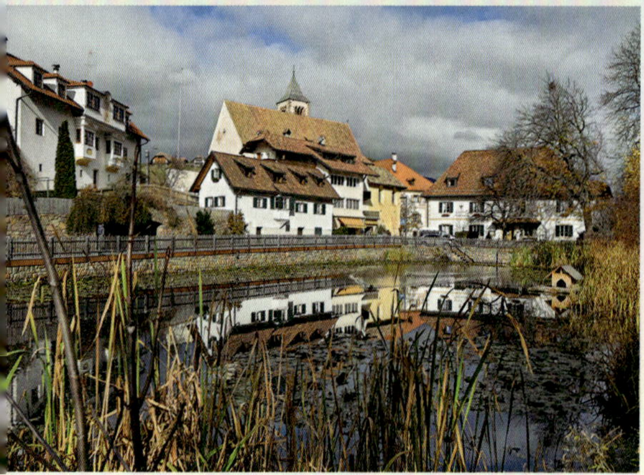

Oben: Erdpyramiden begegnet man am Ritten gleich an drei Stellen, hier jene im Finsterbachgraben.

Unten: Lengmoos am Ritten, wo einst der sogenannte Kaiserweg durchführte

Jahren und Jahrzehnten eine Pyramide. Wie lange dieser Werdegang genau dauert, ist nicht ganz klar, jedenfalls spricht man auch von bis zu tausend Jahren. Fällt der Stein schließlich herab, dann verschwindet auch die Pyramide nach und nach.

Ein wichtiger Meilenstein in der Geschichte des ebenso früh besiedelten Rittens war die bereits genannte „Kaiserstraße". Man wich dem oft unpassierbaren Eisacktal aus und umfuhr es über den Ritten. Zu diesem Zweck entstand in Lengmoos auch ein Hospiz für Durchziehende. Dieses wurde zu Beginn des 14. Jahrhunderts aufgrund der Erbauung des Kuntersweges zu einer Niederlassung des Deutschen Ordens, da sich daraufhin der Durchzugsverkehr in das Tal verlagerte.
Aber an Lengmoos, genauso wie am Hauptort Klobenstein, zieht man auf dem Keschtnweg tiefer und unbemerkt vorbei. Was man sehr wohl zu sehen bekommt, sind Spuren einer weiteren wichtigen Verkehrsanbindung an

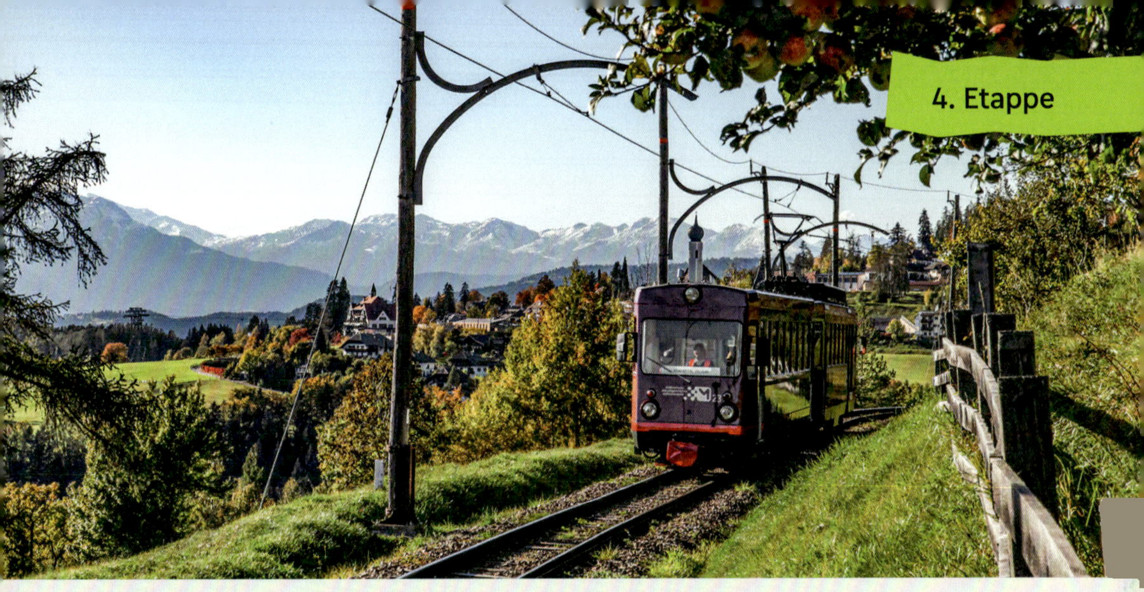

Die geschichtsträchtige Schmalspurbahn zwischen Oberbozen und Klobenstein

den Talboden, beziehungsweise an Bozen. Es handelt sich um die Trasse einer ehemaligen Zahnradbahn. Auch sie spielt eine tragende Rolle in der wirtschaftlichen Entwicklung der Gemeinde. Besonders die Bozner Bürgerschaft schätzte das angenehme Klima des höhergelegenen Rittens. Es gehörte sogar zu den acht Bozner Seligkeiten, dort oben ein Sommerfrischhaus zu besitzen, um der Hitze der Stadt entfliehen zu können. Bereits im 17. Jahrhundert wurde dieser Berg mit seinen angenehmen Temperaturen zu diesem Zweck erschlossen. Und darum verband auch bereits ab 1907 eine Bahn vom Bozner Walterplatz ausgehend die Stadt mit dem Ritten. Der steile Aufstieg von 1000 Höhenmetern bis Oberbozen wurde mit einer Zahnradbahn überwunden. Deren ehemalige Trasse überschreitet man auch auf dem Weg zum Ebnicherhof. Von Oberbozen fuhr die Schmalspurbahn weiter bis Klobenstein. Die Zahnradbahn wurde dann 1966 durch eine Seilbahn ersetzt, welche man vom Keschtnweg aus auch über den Köpfen hinaufschweben sieht. Allerdings inzwischen in moderner Form, denn 2009 wurde sie erneuert. Die Schmalspurbahn mit ihren historischen Triebwagen blieb erhalten und verkehrt heute noch.

Dem beachtlichen Höhenunterschied von 1800 Höhenmetern, auf dem sich die Gemeindefläche hinzieht, verdankt sie auch ein vielfältiges Wachstum. Von der Weinrebe über Apfelplantagen, Kastanienbäume und einst auch viele Getreideäcker bis zur alpinen Flora ist alles vertreten. Gutgehende Betriebe, florierender Tourismus und nach wie vor die Landwirtschaft bieten den Bewohnern ein solides Einkommen.

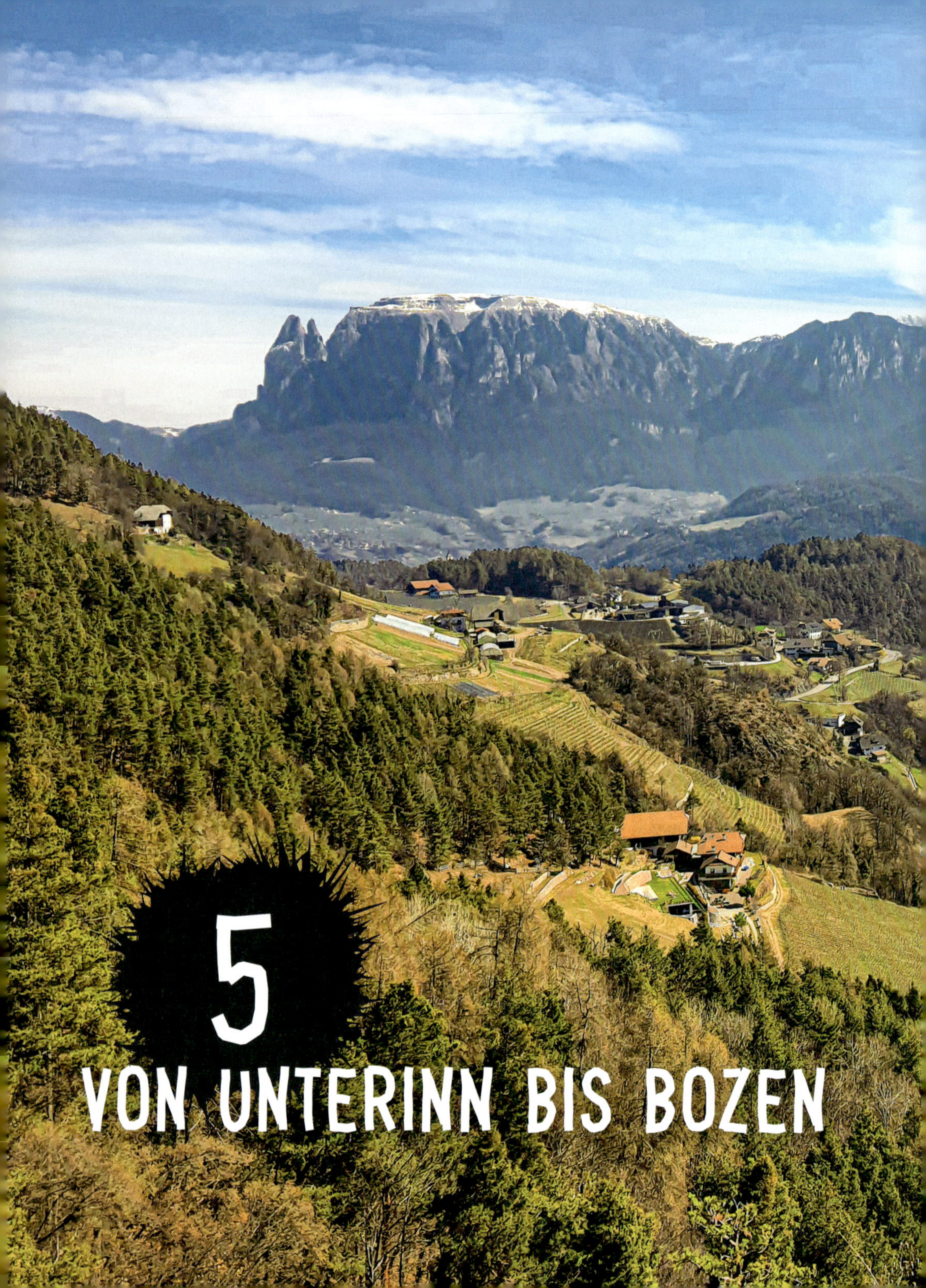

5

VON UNTERINN BIS BOZEN

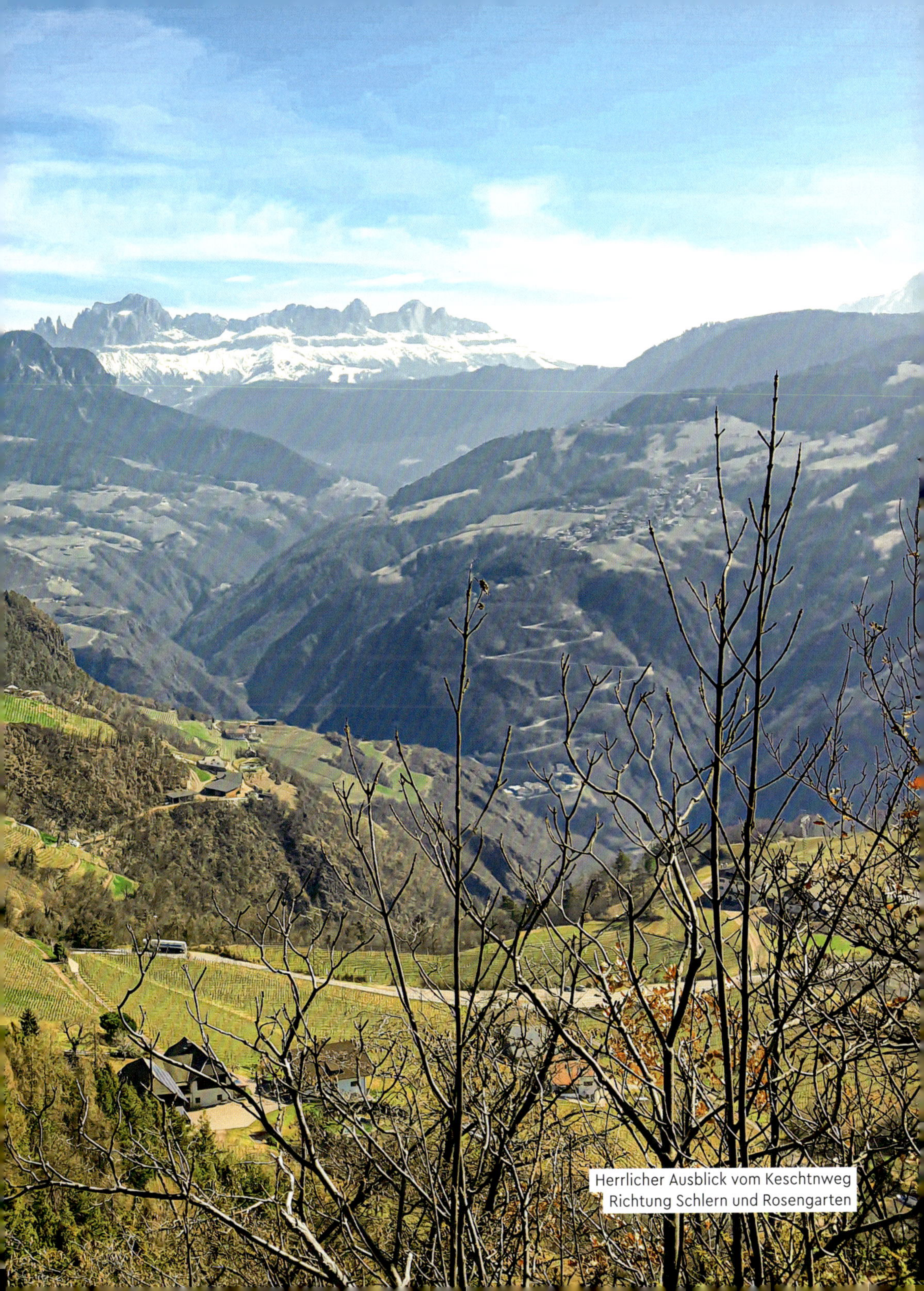

Herrlicher Ausblick vom Keschtnweg Richtung Schlern und Rosengarten

5. ETAPPE

Von Unterinn nach Bozen

→ Unterinn, der Ausgangspunkt der fünften Etappe, ist eine Fraktion der Gemeinde Ritten und liegt auf 900 Metern Meereshöhe, hoch über dem Talboden des Eisacktales. Der Ort nennt die älteste Kirche der Gemeinde Ritten – sie wurde 1273 der hl. Luzia geweiht – sein Eigen und sie hat mit der stattlichen Höhe von 66 Metern auch den höchsten Kirchturm des Rittens. Dieser prägt das Dorfbild und ist ein markantes Kennzeichen.

Der Superlativen noch nicht genug: Unterinn ist auch die flächenmäßig größte Fraktion des Rittens und die größten Betriebe sind ebenso hier angesiedelt, nämlich Finstral und Loacker. Am Dorfeingang fällt der Blick auf das Kirchlein St. Sebastian auf der Weit. Es wurde 1637 aufgrund eines Gelöbnisses nach Überwindung der Pestwelle errichtet.

Bald gelangt man in den Unterinner Ortsteil Eschenbach. Der Name des Weilers Eschenbach erinnert an die einstige wichtige Funktion des gleichnamigen Baches. Er diente als Energiequelle für 25 Betriebe entlang seines Laufes. Dazu zählten Sägewerke, Wagner, Schmiede und Mühlen.

Bereits vor dem Hofschank Partschoner kann man auf einem Felsenplatz eine Rast einlegen und wiederum das Panorama bewundern. Schlern und Rosengarten zeigen sich in voller Pracht. Bald danach entdeckt man oberhalb des Weges den beeindruckenden, knorrigen Stamm eines an die tausend Jahre alten Kastanienbaumes. Er wurde von der Provinz Bozen zum Naturdenkmal erklärt und ist geschützt. Ein weiteres geschütztes Exemplar befindet sich in Eschenbach beim Unterstieler/Ebenstieler.

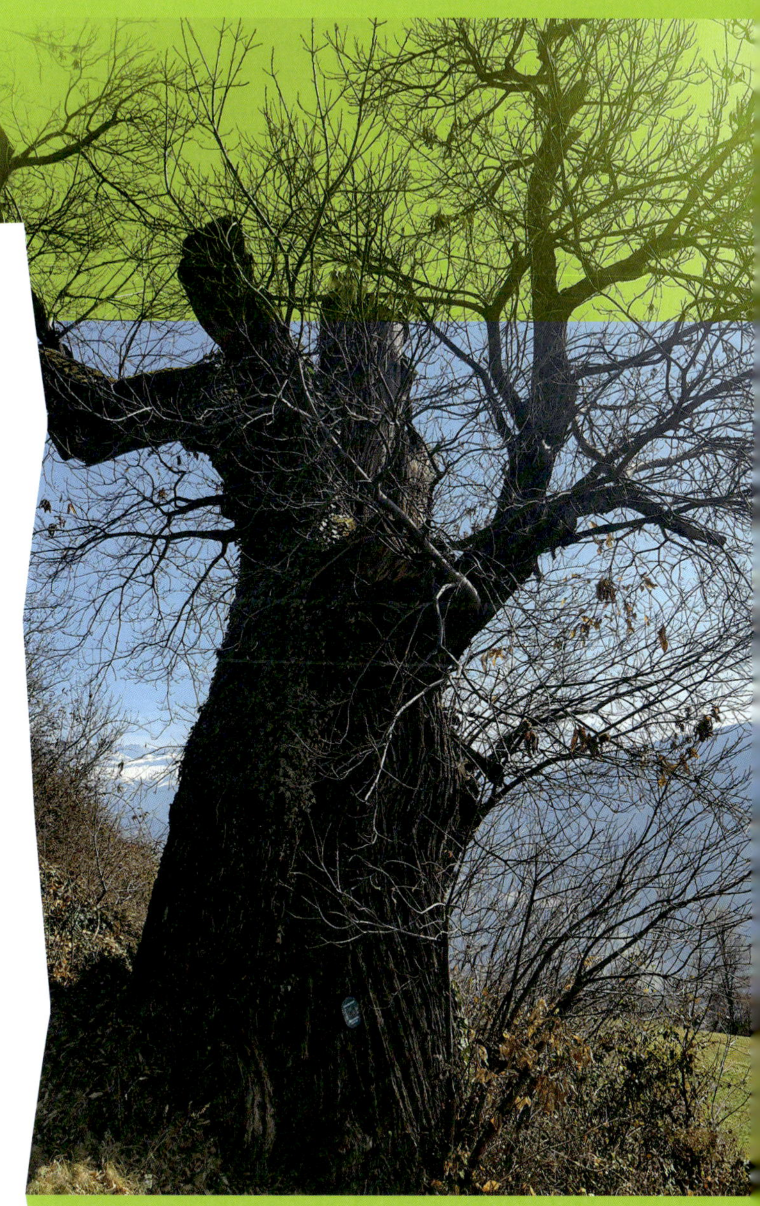

1000 Jahre alter Kastanienbaum, der zum Naturdenkmal erklärt wurde.

TECHNISCHE DATEN

STRECKENLÄNGE
12 km

GEHZEIT
ca. 4 Std.

AUFSTIEG
380 Hm

ABSTIEG
940 Hm
mit Auf- und Gegenabstiegen

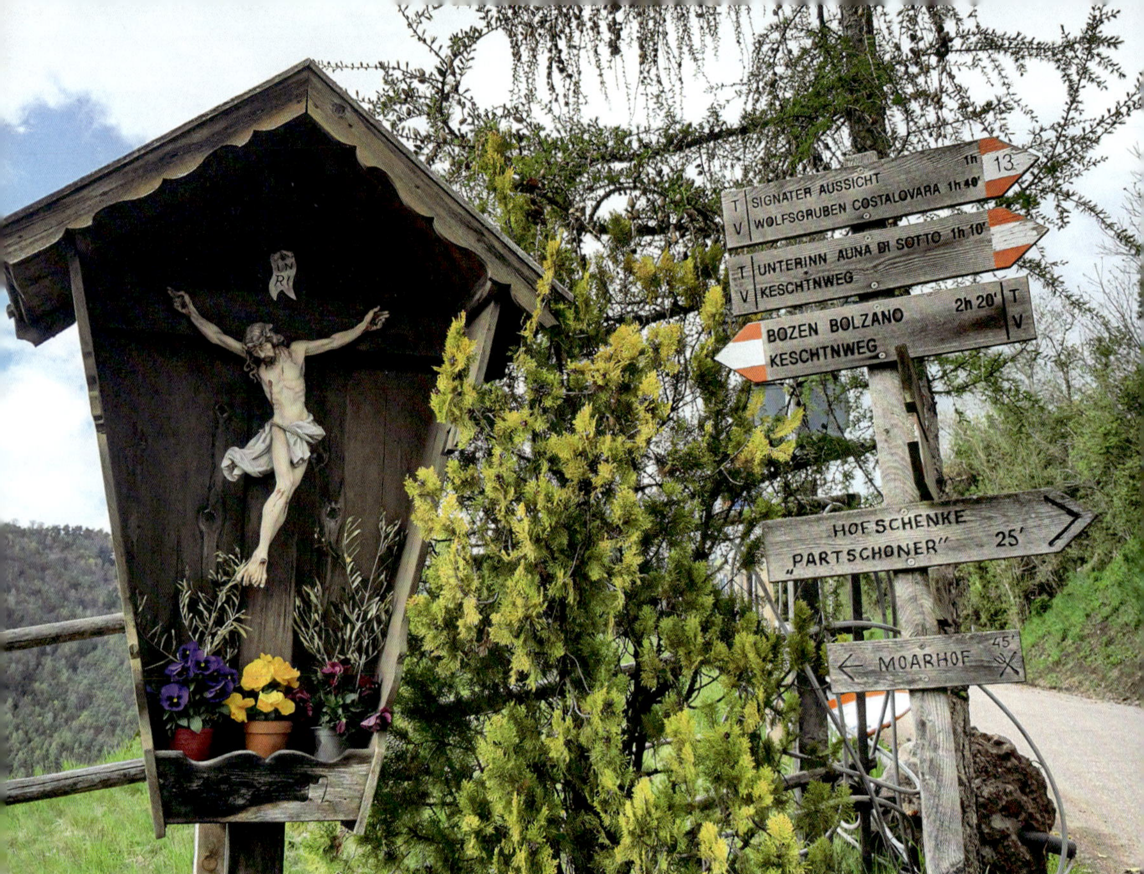

Wegkreuz und eine Reihe von Wegweisern in Signat

In Signat kann man der Martinskirche einen Besuch abstatten oder gleich zum Graben des Katzenbaches weiterwandern. Schon vorher entdeckt man an seinen Hängen drei Erdpyramidengruppen. Wie bereits an früherer Stelle erwähnt, kann dieses Phänomen am Ritten gleich an drei Stellen entdeckt werden. Der Weg zum Katzenbachgraben ist recht abenteuerlich und interessant – nach starken Regenfällen sollte man sich vorher zu seiner Begehbarkeit Informationen einholen.

Auch die Aussicht kommt im weiteren Verlauf der Route nicht zu kurz. Beim Buschenschank Ebnicher spielt diese zum Beispiel neben den hofeigenen Köstlichkeiten eine einladende Rolle. Und bald danach geht es nur mehr abwärts Richtung Bozen. Immer wieder kann man unterwegs die Landeshauptstadt, aber auch die Umgebung betrachten und so seine Knie ein wenig ausruhen lassen. Als Abschluss erwartet uns noch ein kultureller Höhepunkt: Schloss Runkelstein.

WEGVERLAUF: Man durchquert der Keschtnweg-Beschilderung folgend das Ortszentrum von Unterinn und gelangt auf die Rittner Straße. Dort hält man sich links und vorbei an einer Bushaltestelle geht man auf dem Gehsteig die Straße entlang. Bald leitet die Beschilderung beim Haus „Weber in Bach" auf die andere Straßenseite und führt an einigen Häusern vorbei auf einen hübschen Wiesenweg hinauf, der mit alten Trockensteinmauern gesäumt ist. Man gelangt zu weiteren Höfen, an denen man wieder auf einer Asphaltstraße vorbeiwandert. Bald marschiert man in den Wald hinein, durch den man auf einem netten Steig gemütlich dahinspaziert, und erreicht dann nach einem kurzen felsigen Anstieg, der durch Treppen tadellos begehbar gemacht wurde, einen Aussichtspunkt mit Rastgelegenheit und Bildstock. Von dort gelangt man in Kürze zum Hofschank Partschoner. Ab diesem Hof spaziert man auf der asphaltierten Zufahrtsstraße in rund 20 Minuten zum Weiler Signat.

Leuchtende Leberblümchen am Wegesrand

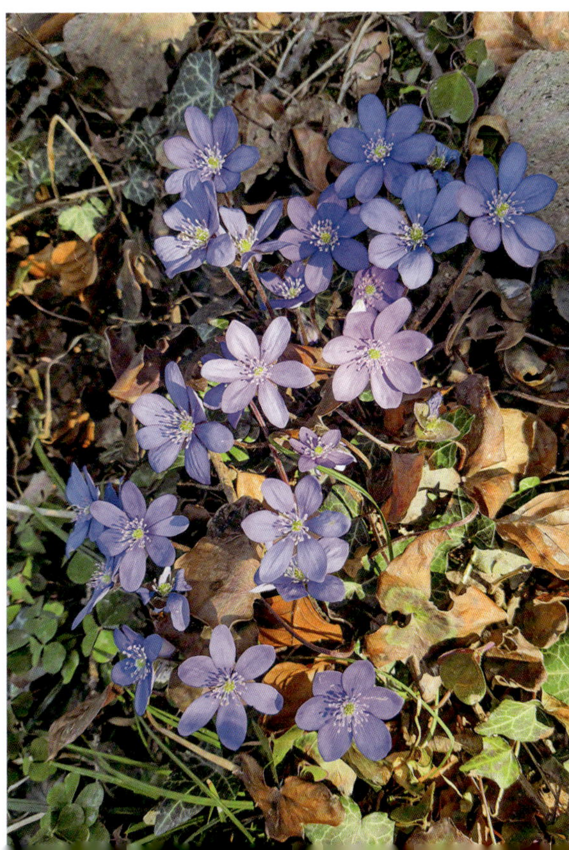

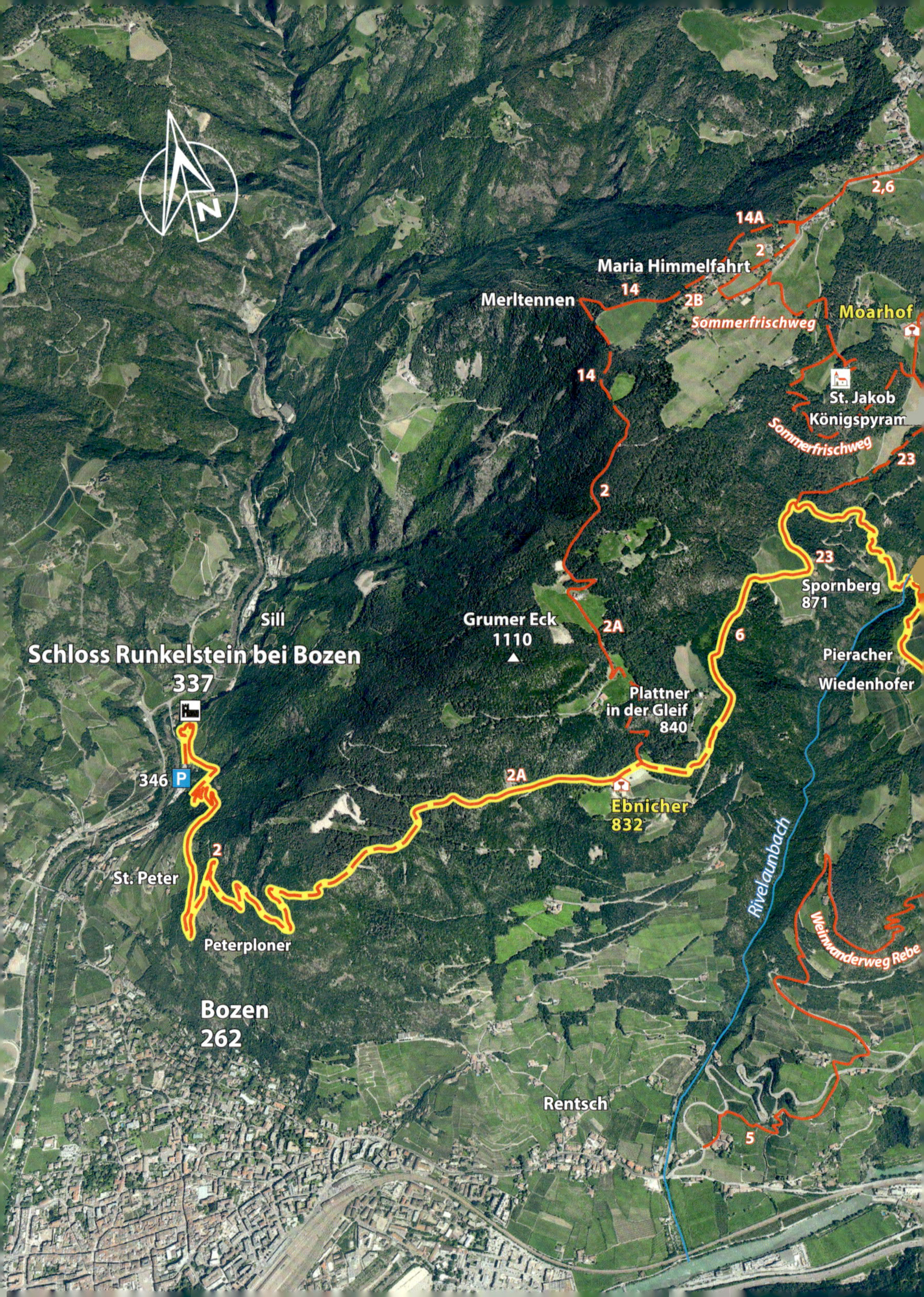
N
14A
2,6
2
Maria Himmelfahrt
Merltennen
14
2B
Sommerfrischweg
Moarhof
14
St. Jakob
Königspyram
Sommerfrischweg
23
2
23
Spornberg
871
Grumer Eck
1110
2A
6
Sill
Pieracher
Schloss Runkelstein bei Bozen
337
Plattner
in der Gleif
840
Wiedenhofer
346
P
2A
Ebnicher
832
Rivelaunbach
2
St. Peter
Weinwanderweg Rebe
Peterploner
Bozen
262
Rentsch
5

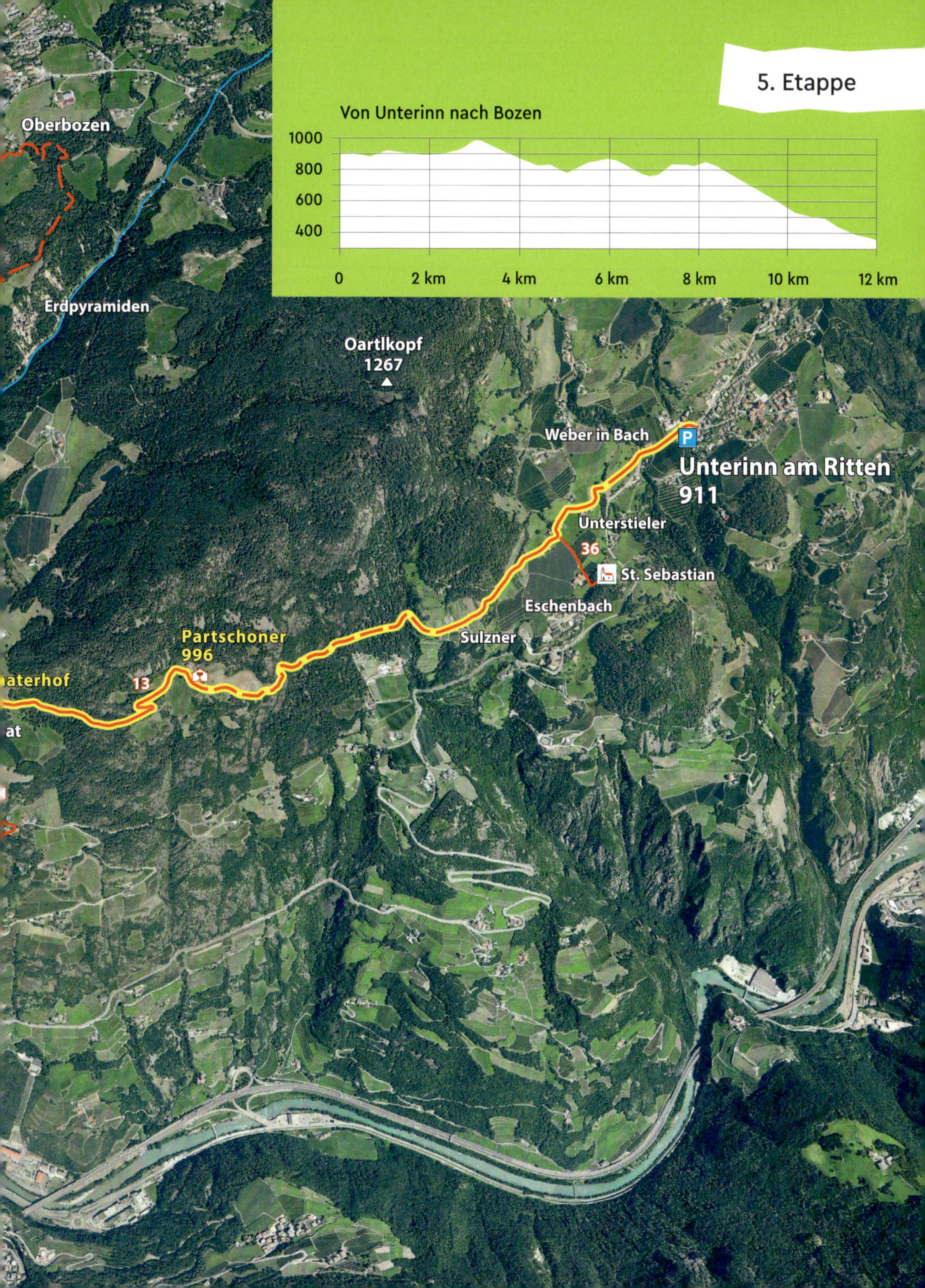
5. Etappe
Von Unterinn nach Bozen
1000
800
600
400
0
2 km
4 km
6 km
8 km
10 km
12 km
Oberbozen
Erdpyramiden
Oartlkopf
1267
Weber in Bach
Unterinn am Ritten
911
Unterstieler
36
St. Sebastian
Eschenbach
Sulzner
Partschoner
996
13
aterhof
at

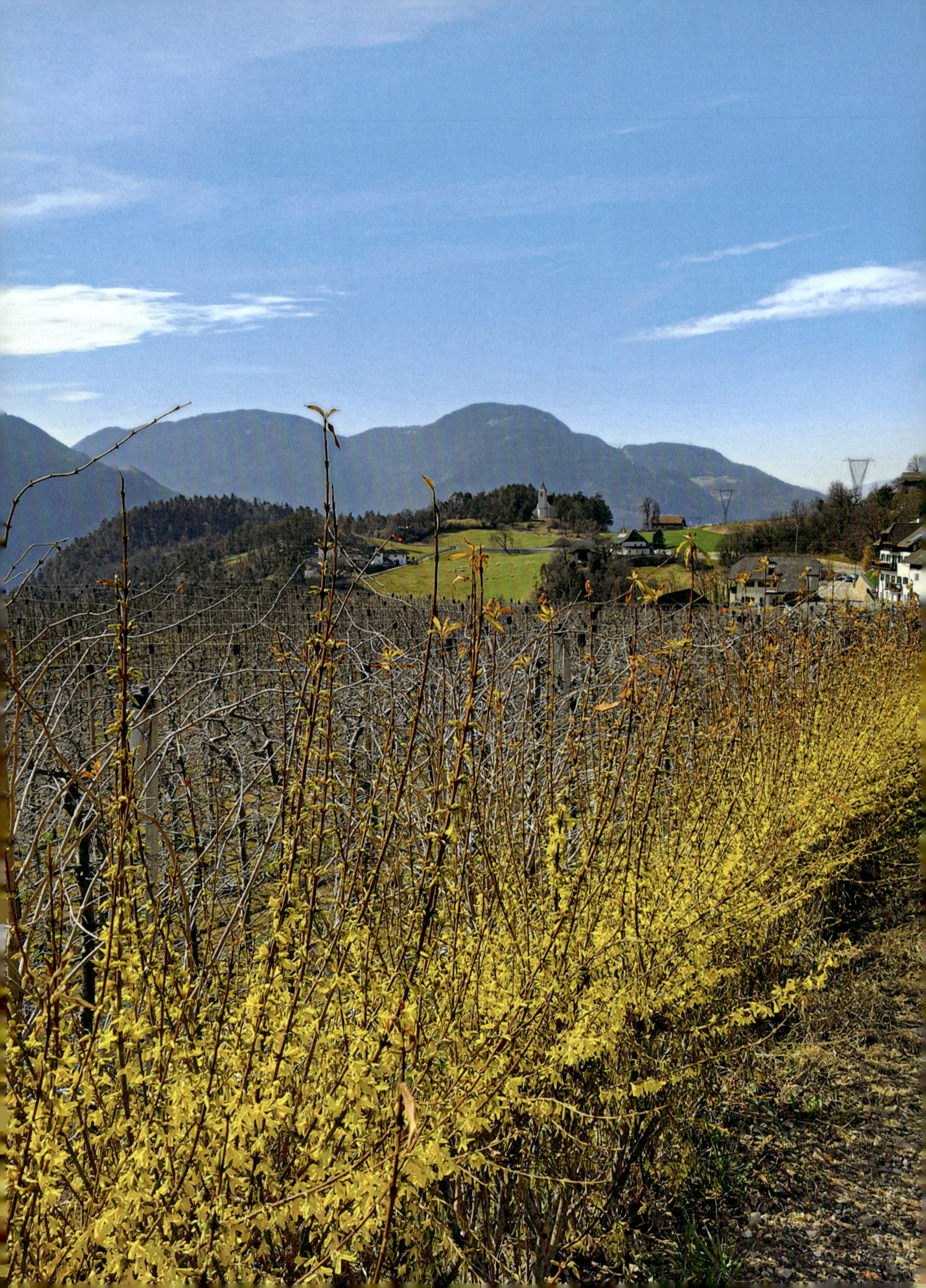

Blick von Unterinn
Richtung Sebastiankirche

TIPP **Man kann von Signat auch auf dem Weinwanderweg „Rebe" den Abstieg nach Bozen in Angriff nehmen. Dieser interessant gestaltete Themenweg wurde 2022 eröffnet und ist ebenso sehr lohnend.**
Eine andere Möglichkeit: Von Rentsch auf dem Weinwanderweg nach Signat aufsteigen, auf dem Keschtnweg bis Unterinn weiterwandern und mit dem öffentlichen Linienbus wieder nach Bozen/Rentsch zurückkehren (rund 3 Std. – 700 Hm)

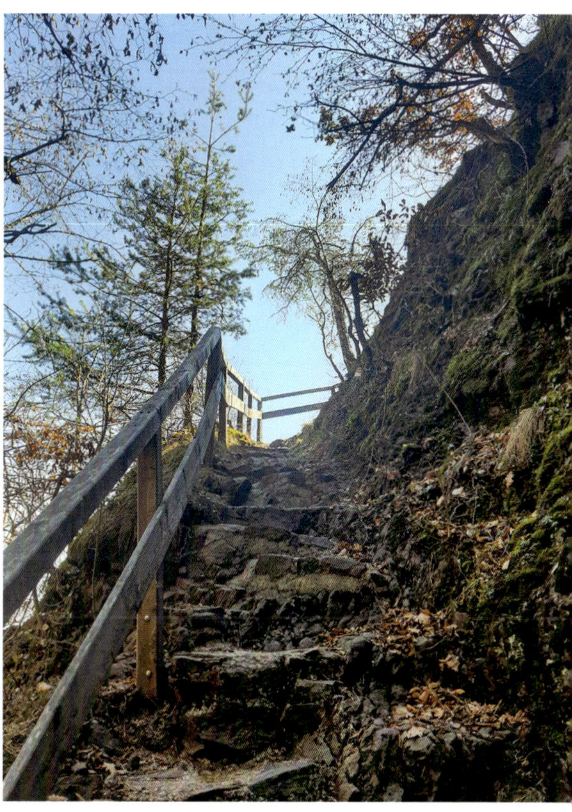

Zustieg zum aussichtsreichen „Felsenplatz"

Man überquert die Straße und wandert auf der anderen Seite auf dem Keschtnweg weiter. Auf einer Asphaltstraße gelangt man in Kürze zum Wiedenhofer und Pieracherhof und bald spaziert man wieder durch eine Wiese auf einem breiten Wanderweg weiter. Nun führt der Keschtnweg in den Wald hinein. Recht abenteuerlich, aber stets gut ausgebaut – mit Handläufen und

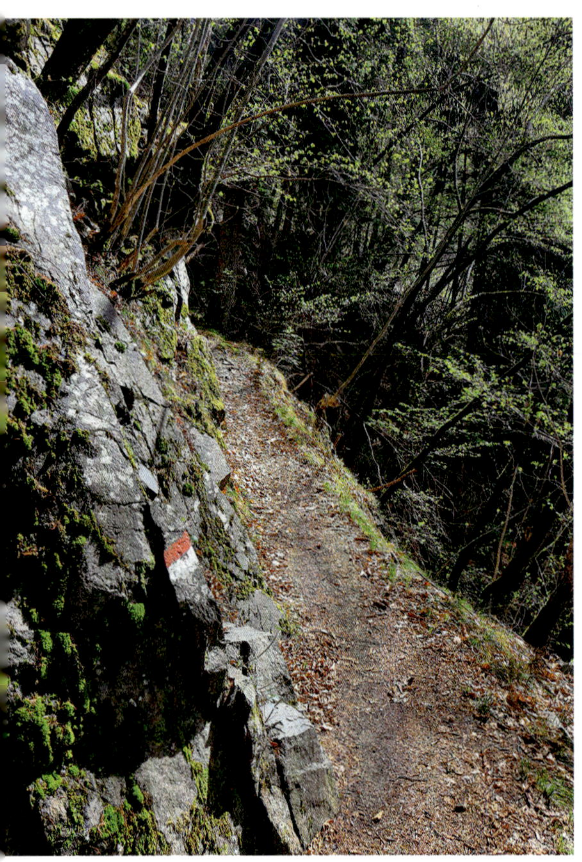

Auf dem Steig Richtung Katzenbachgraben

Treppen gesichert – windet er sich an Felsen vorbei. Man gelangt zum bereits genannten Katzengraben hinab, überquert diesen über eine Brücke, geht kurz hinauf zu einer Wiese, welche man an den Rändern umrundet. Dann leitet das Keschtnweg-Schild uns über eine Treppe hinauf. Auf einem steilen Wegstück erreicht man schließlich eine Forststraße. Man hält sich links und spaziert auf dieser Straße bleibend aufwärts bis zu einem Schilderbaum an einer Asphaltstraße. Der Keschtnweg führt nun links weiter Richtung Bozen.

TIPP **Möchte man den Erdpyramiden, die man am Keschtnweg aus der Ferne entdeckt hat, einen Besuch abstatten, so wendet man sich an dieser Stelle auf Weg 23 und folgt der Beschilderung „Erdpyramiden". Man erreicht sie in einer knappen Viertelstunde und kann dann wieder auf den Keschtnweg zurückkehren.**

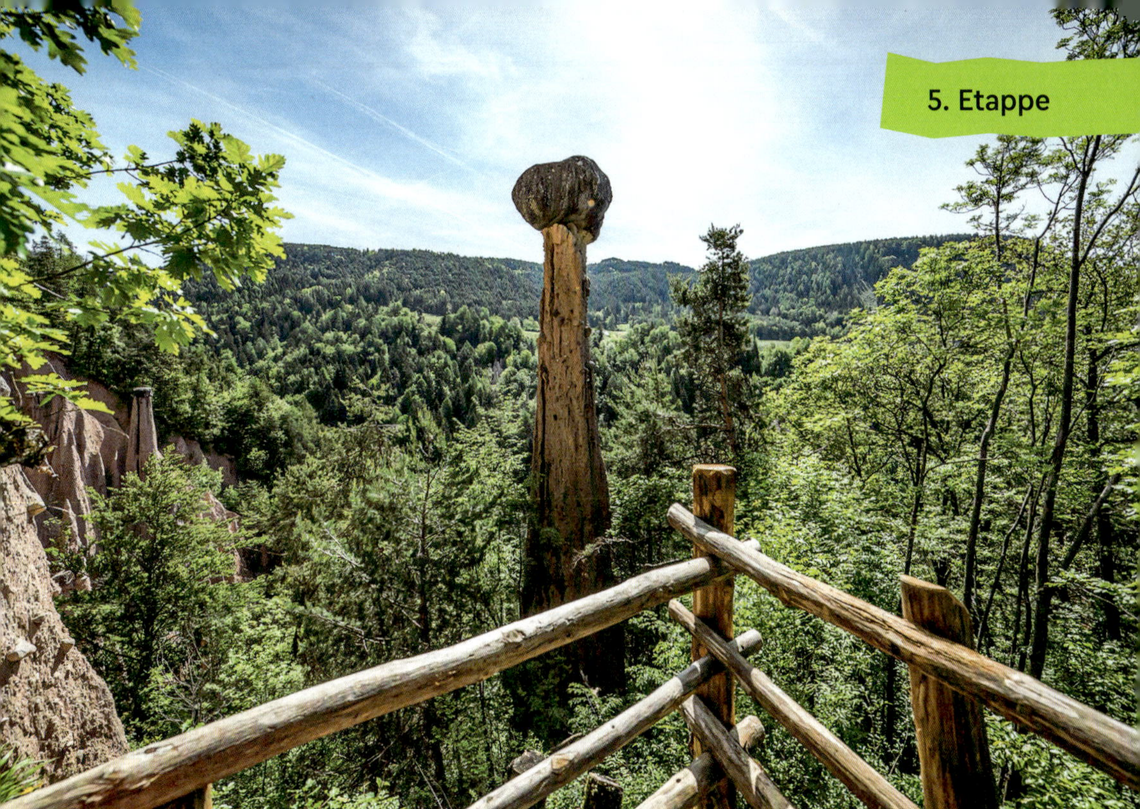

Die imposante Königspyramide zum Greifen nah!

Man hat nach dem Besuch der Erdpyramiden weitere zwei Möglichkeiten:

- Man marschiert auf dem Sommerfrischweg zum Kirchlein von St. Georg und Jakob, nach Maria Himmelfahrt und Oberbozen. Von dort kann man mit den öffentlichen Verkehrslinien nach Unterinn zurückkehren (ev. mit der geschichtsträchtigen Schmalspurbahn nach Klobenstein und mit dem Bus nach Unterinn).
- Oder man bleibt auf Weg 23 und sucht noch die nächste Erdpyramidengruppe auf und wandert dann weiter nach Oberbozen. Rückkehr nach Unterinn mit den öffentlichen Verkehrsmitteln, wie oben.

Der Keschtnweg indes leitet weiter zum Weingut Spornberg. Oberhalb des Zaunes spaziert man daran vorbei und erreicht die Trasse der ehemaligen Zahnradbahn Bozen–Ritten. Auf dieser geht es auf einem breiten, betonierten Weg abwärts. Bei den hohen, alten Mauern nun rechts hinauf und auf der Asphaltstraße kurz links hinab. Dann zieht sich der Keschtnweg rechts auf einem schmalen Waldwanderweg wieder aufwärts zum Buschenschank Ebnicherhof.

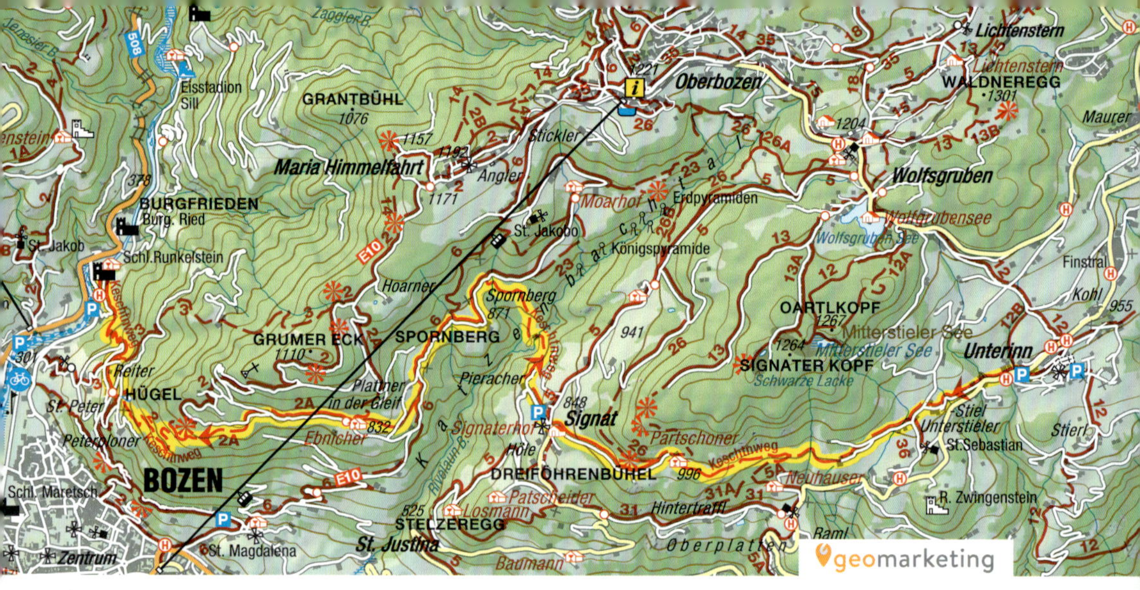

TIPP **Wer seine Knie schonen möchte, hat beim Ebnicherhof die Möglichkeit, nach Maria Himmelfahrt (gut 1 Std.) oder nach Oberbozen (1½ Std.) aufzusteigen. Von dort kann man mit der Schmalspurbahn nach Klobenstein und ab da mit dem Bus nach Unterinn zurückkehren.**

Eine weitere Möglichkeit wäre, mit der öffentlichen Buslinie von Bozen nach Unterinn zu fahren, auf dem Keschtnweg bis zum Ebnicherhof zu wandern, von dort nach Oberbozen aufzusteigen und mit der Seilbahn nach Bozen zurückzukehren.

Aber freilich kann man auch dem Keschtnweg die Treue halten und auf diesem den Abstieg nach Bozen in Angriff nehmen. Vom Ebnicherhof wandert man auf der Straße Richtung Südwesten weiter, nach zehn Minuten geht der Keschtnweg von der Zufahrtsstraße links ab und führt in den Wald hinein. Auf teils flachen Wegstücken und teils gepflasterten bzw. steinigen und auch steileren Abstiegen zieht sich der Keschtnweg durch den Mischwald hinab. Man kommt an einem Wetterkreuz vorbei und erreicht schließlich eine betonierte Zufahrtsstraße. Weg 2 wendet sich links hinab, der Keschtnweg aber führt auf dem Fahrweg nach rechts weiter. Er zieht sich über den Weinhängen von St. Peter hin und schließlich erreicht man nach mehreren Serpentinen auf einem breiten Wanderweg die Bilderburg Runkelstein. Ab da spaziert man auf dem Zustiegsweg hinab in den Talboden. Es besteht die Möglichkeit, mit dem Bus (Linie 12 oder 150, Haltestelle auf der anderen Seite der Talfer, Talstation Jenesier Seilbahn) nach Bozen zurückzukehren.

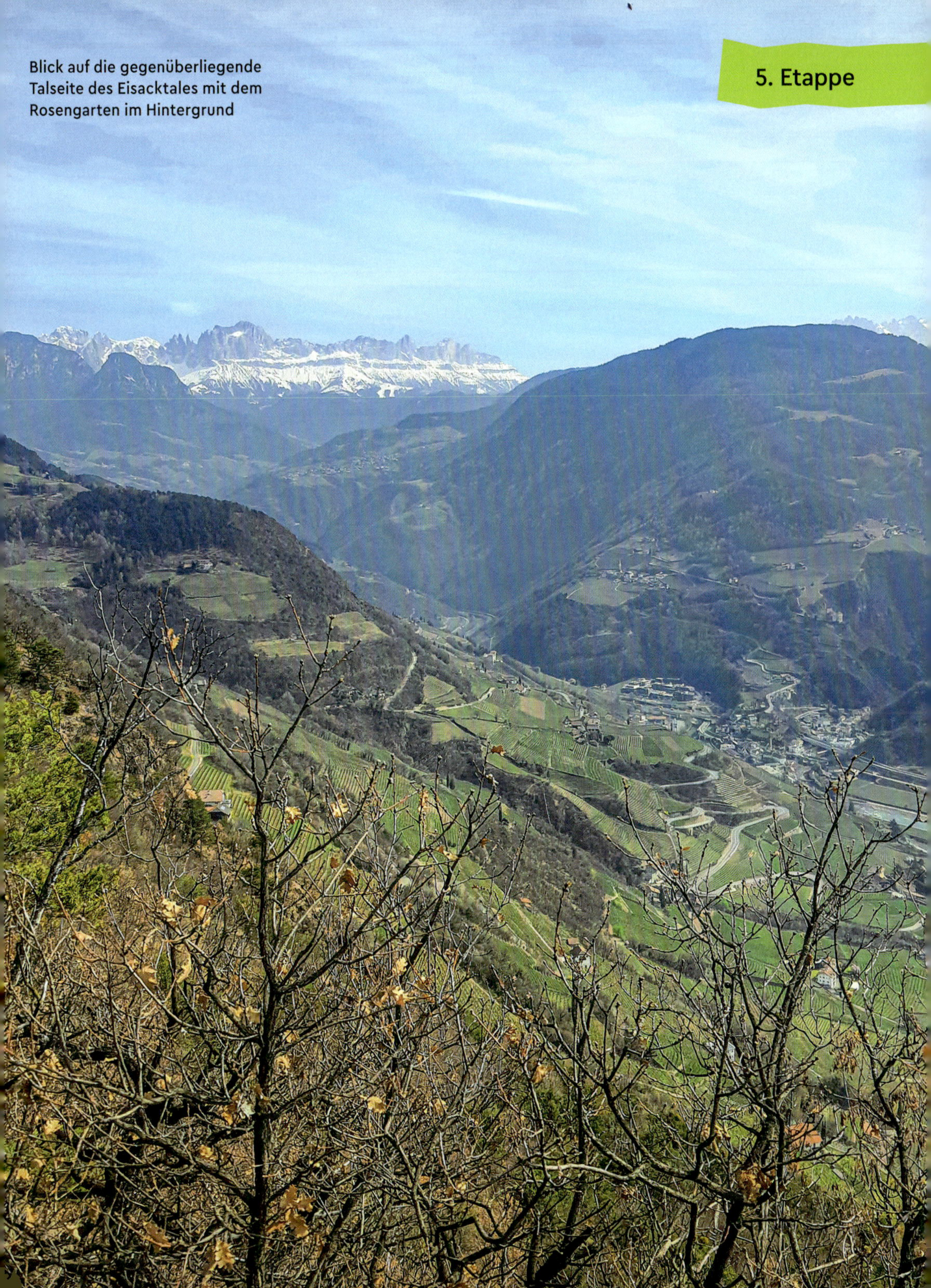

Blick auf die gegenüberliegende Talseite des Eisacktales mit dem Rosengarten im Hintergrund

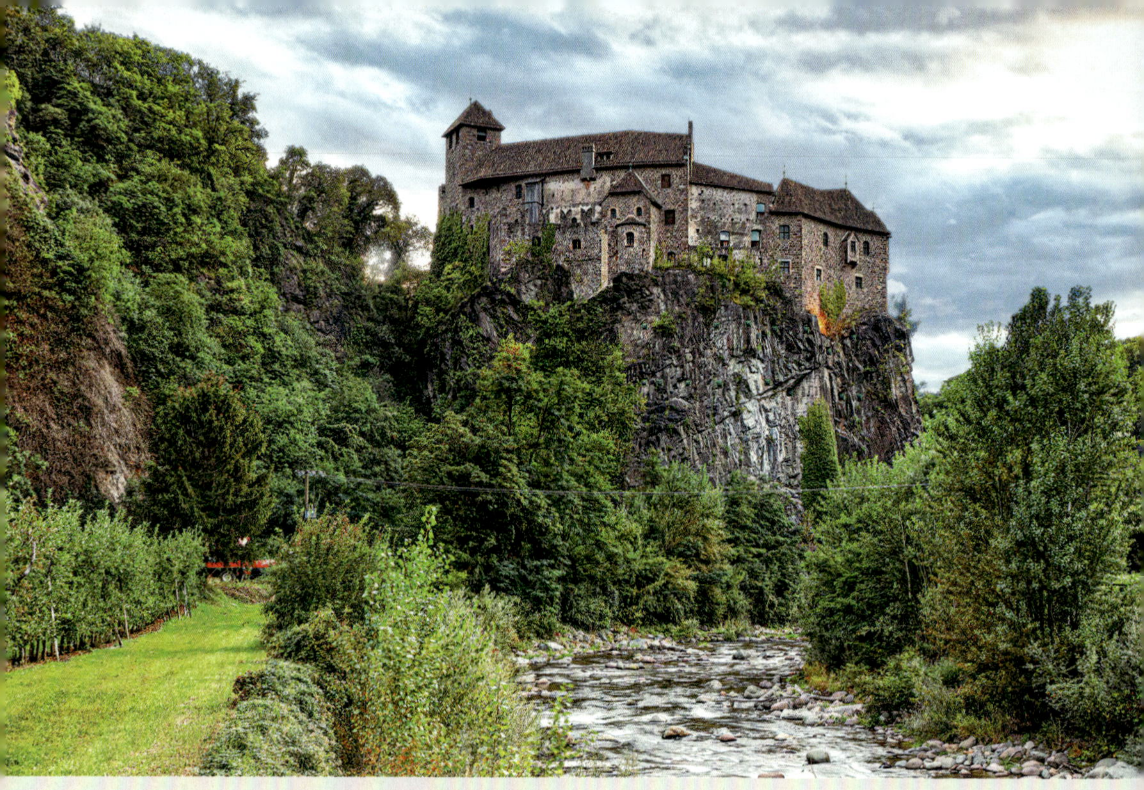

Nordfassade mit Bergfried und Ostfassade des Sommerhauses

SEHENSWERTES

→ Schloss Runkelstein

Das als Bilderburg bezeichnete Schloss befindet sich am Rand von Bozen. Gut geschützt thront es auf einem Porphyrfelsen hoch über dem Eingang ins Sarntal. Mit dem Bau von Runkelstein wurde 1237 begonnen, die Herren von Wangen erbauten es damals wohl noch als Verteidigungsanlage. Zur Bilderburg wurde es dann durch Niklaus und Franz Vintler. Die beiden Brüder entstammten einer wohlhabenden und mächtigen Familie des städtischen Bürgertums. Mit dem Erwerb von Schloss Runkelstein im Jahr 1385 setzten sie wie viele andere wohlhabenden Bürger dieser Zeit ein Zeichen. 1392 stiegen die Vintler dann schließlich sogar in den Adel auf. Die Burg wurde mit profanen Fresken ausgestattet. Diese stellen heute noch ein wichtiges Zeugnis der höfischen Kultur dar. Sie erzählen uns über Turniere, Jagd, Tanz und die Sagenwelt und gewähren zum Beispiel auch Einblick in die damals herrschende Kleidermode.

Ab dem 15. Jahrhundert wechselte das Schloss immer wieder Besitzer. 1520 wurden Teile der Burg durch eine Schießpulverexplosion zerstört. Nach

Schloss Runkelstein beherbergt den größten profanen Freskenzyklus des Mittelalters.

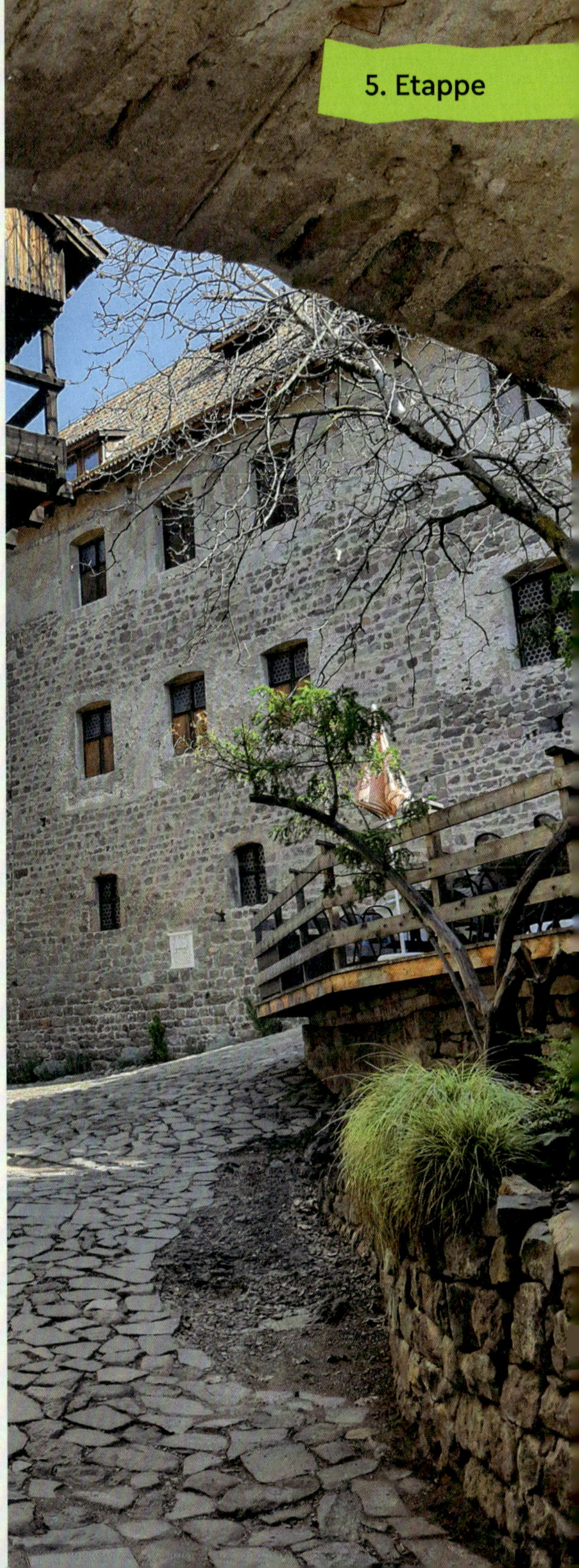

einigen kleineren Umbauten wurden 1672 große Teile des Schlosses durch einen Brand in Mitleidenschaft gezogen. Der Verfall war nicht mehr aufzuhalten. Zu Beginn des 19. Jahrhunderts stand Tirol unter bayerischer Herrschaft. Gerade in diesem Zeitraum erwachte das Interesse an den Malereien auf Runkelstein wieder. Besonders der bayerische König Ludwig I. war von ihnen angetan. Man errichtete sogar eine Gastwirtschaft für die vielen Besucher. 1868 allerdings brach durch den Bau einer Straße die Nordwand ein. Als Runkelstein Ende des 19. Jahrhunderts in den Besitz von Kaiser Franz Joseph I. kam, wurde eine gründliche Restaurierung durchgeführt und die Anlage dann 1893 der Stadt Bozen geschenkt. Schloss Runkelstein wurde zum Ziel von vielen Besuchern und Aufführungsort verschiedener kultureller Veranstaltungen. Ende des 20. Jahrhunderts wurde das Schloss ein weiteres Mal aufwendig restauriert und so öffnete es im Jahr 2000 wieder seine Tore für die Besucher.

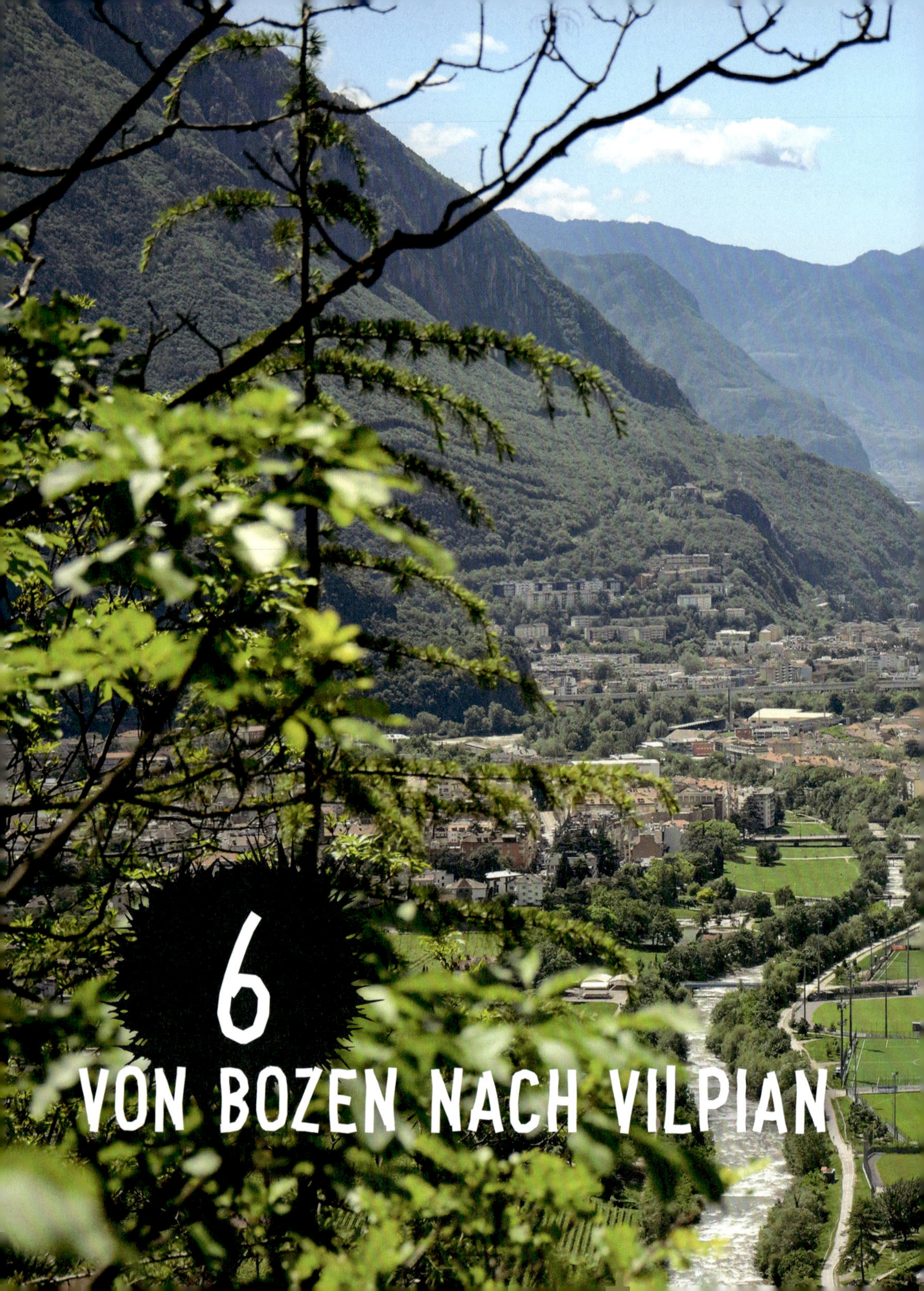

6
VON BOZEN NACH VILPIAN

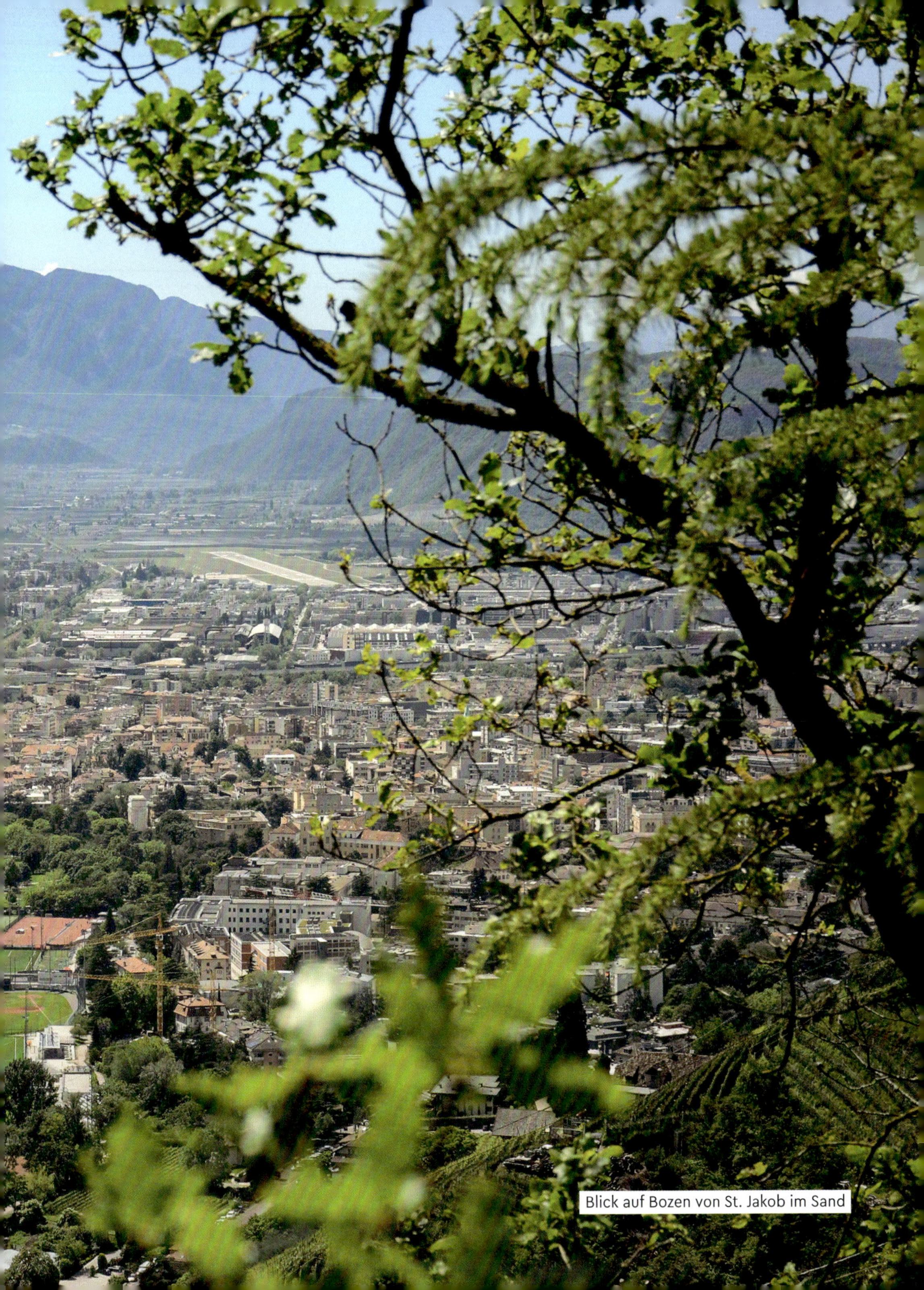
Blick auf Bozen von St. Jakob im Sand

6. ETAPPE

Von Bozen nach Vilpian

→ Nachdem man der Landeshauptstadt Bozen einen Besuch abgestattet hat, kann man die erst seit 2022 ausgewiesene neue Etappe des Keschtnweges in Angriff nehmen. Auch die neu gestalteten Wanderschilder lassen dies erkennen. Bald erblickt man die beiden Kirchlein St. Jakob im Sand und St. Georgen. Eine einzelnstehende, stattliche Erdpyramide überrascht den Wanderer auf diesem Waldweg und dann ist es nicht mehr weit zum ersten Kirchlein St. Jakob im Sand.
Der zum Bozner Stadtteil Gries gehörige Berghang zählt zu einer besonders guten Weinlage und so kann man nunmehr an verschiedenen Höfen und Rebhängen bergauf spazieren, bis man die Jenesier Straße erreicht. Auf dem Weg zum Wallfahrtsort Glaning stößt man auf einige Kreuzwegbilder des Kreuzweges, der längs eines Saumpfades von Gries heraufleitet. Die Bilder der Künstlerin Maria Delago sind nur noch im oberen Teil erhalten, im unteren Teil fehlen sie. In der Martinskirche in Glaning werden die beiden Ärzte Kosmas und Damian verehrt. Ihre Reliquien und ein Altarbild aus einer ehemaligen gleichnamigen Kirche unter der Greifenburg wurden nach deren Schließung 1786 in diese Kirche übertragen.

Der von alten Kastanienbäumen umgebene, idyllische Ort lädt zum Verweilen und Einkehren ein. Es wartet jedoch ein weiteres interessantes Plätzchen auf die Wanderer, nämlich der Noaferhof, der sich unweit von Glaning befindet. Es lohnt sich, den Keschtweg für einen kurzen Besuch am Noaferhof zu verlassen, wo man neben einer netten Einkehr ein großes Hirschgehege sowie eine Kapelle vorfindet.

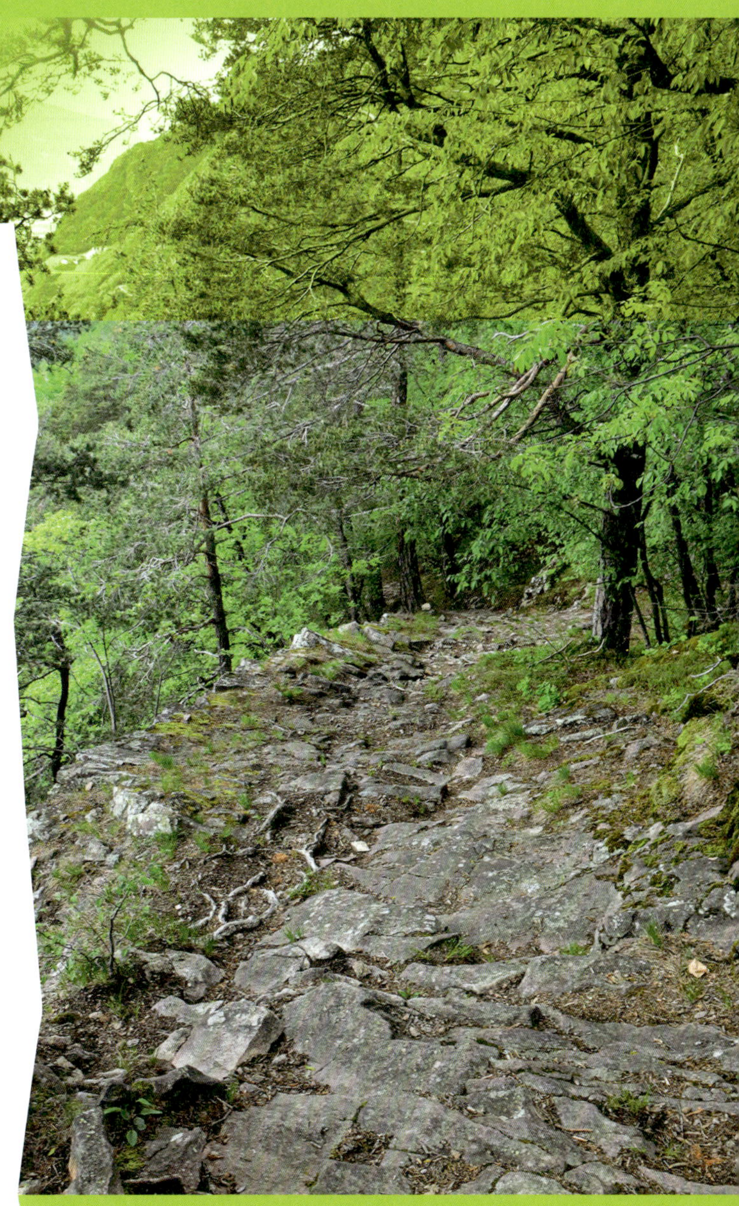

Ein steiniger, aber interessanter Weg führt zu den Gruner Wänden hinab.

TECHNISCHE DATEN

STRECKENLÄNGE
25,8 km
(bis Terlan 18,6 km)

GEHZEIT
ca. 9 Std.
(bis Terlan 6 ½ Std.)

AUFSTIEG
1330 Hm
(bis Terlan 972 Hm)

ABSTIEG
1375 Hm
(bis Terlan 1030 Hm)
inkl. Auf- und Gegenabstiegen

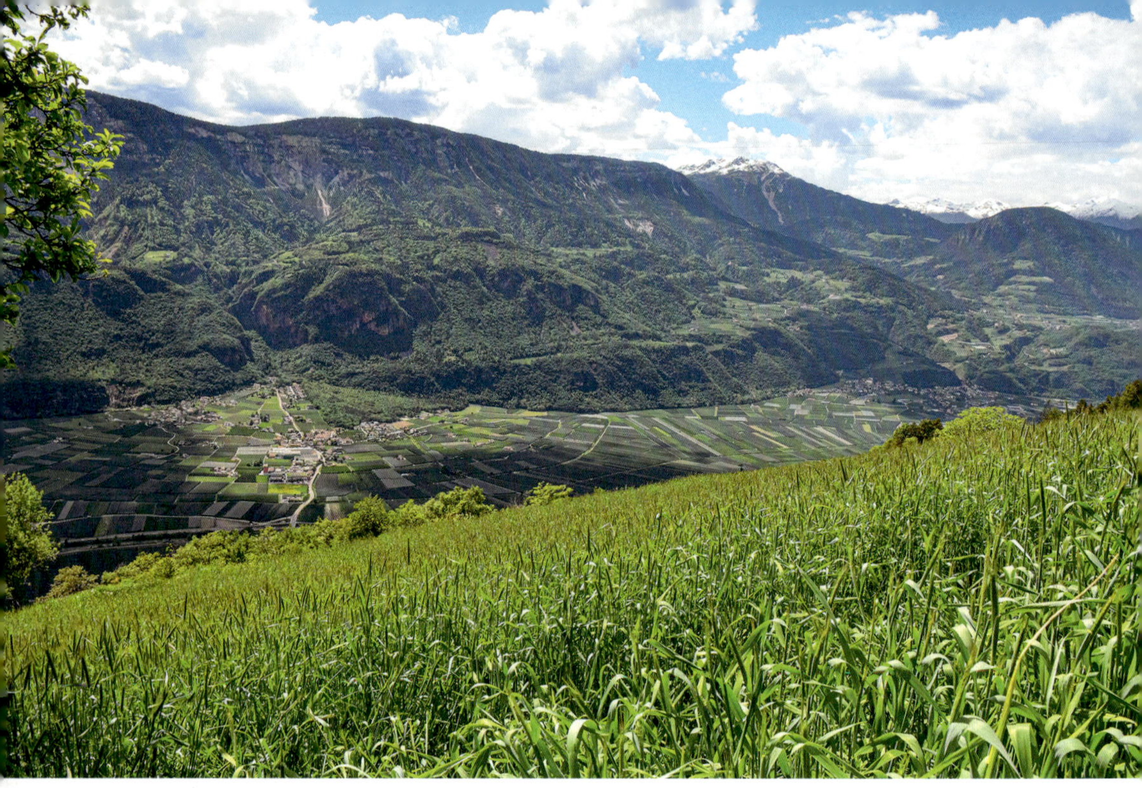

Blick vom Wegscheiderhof auf Nals

Einige stattliche Bauernhöfe mit satten grünen Wiesen begleiten auf dem folgenden Abschnitt den Keschtnweg: der Moar in Rumsein, der Lanzonerhof und der Wegscheiderhof. So aussichtsreich wie sich bisher der Großteil dieser Etappe erwies, so auch bei diesem Wegabschnitt: die Stadt Bozen und ihre Umgebung zeigen sich von verschiedenen Perspektiven. Vor dem Wegscheiderhof hat der kurze Abstecher in die Gemeinde Jenesien wieder ein Ende und bald befindet man sich wieder an der Gemeindegrenze von Terlan. Einzigartig in ganz Südtirol ist wohl der Tierfriedhof neben der Jausenstation Bergjosl. Gelegen auf einem Felsensporn lädt der Platz dazu ein, wiederum die herrliche Aussicht genießen.

Der Keschtnweg führt anschließend an den „Gräbern" der vierbeinigen Lieblinge vorbei, hauptsächlich Hunde und Katzen. Beim Oberlegarhof beginnt der Abstieg nach Terlan. Vor dem „Klaus in der Mühl" kann man einen Abstecher zum Wetterkreuz machen und eventuell auch zu den Überbleibseln der Peterskirche. Der Sage nach suchte ein altes Bäuerlein in der Umgebung dieses Kirchleins die Porphyrwände nach Erzen ab, fand aber nichts. Ein Mönch erschien ihm und riet ihm die „Holerstaude" abzuholzen. An deren Wurzeln hingen feine Silberfäden. Dies geschah um 1500 und zu diesem Anlass wurde in der Nähe die Grube „Holerstaude" eröffnet. Und so ist man urplötzlich inmitten in die Bergbaugeschichte der Gemeinde Terlan geschlittert. Der Flurname Silberleiten erinnert ebenfalls daran. Man durchläuft diese Gegend auf dem Keschtnweg zwischen Terlan und Vilpian und wird mittels einer Schautafel näher über den ertragreichen Bergbau informiert. Auch Schätze in flüssiger Form gibt es in Silberleiten, hier wachsen bekannterweise auch wunderbare Weine. Bevor man jedoch in den Genuss von einem guten Glaserl Wein kommt, gilt es vorerst, eine weitere, imposante Hängebrücke über den Vilpianer Bach zu überqueren und den letzten Abstieg auf dem Keschtnweg bis Vilpian zu überwinden.

Teilweise auf schönen alten Plattenwegen erreicht man – wenn man sich für die steilere Variante entscheidet – das Hinweisschild zum Wasserfall, dem man noch einen Besuch abstatten sollte.

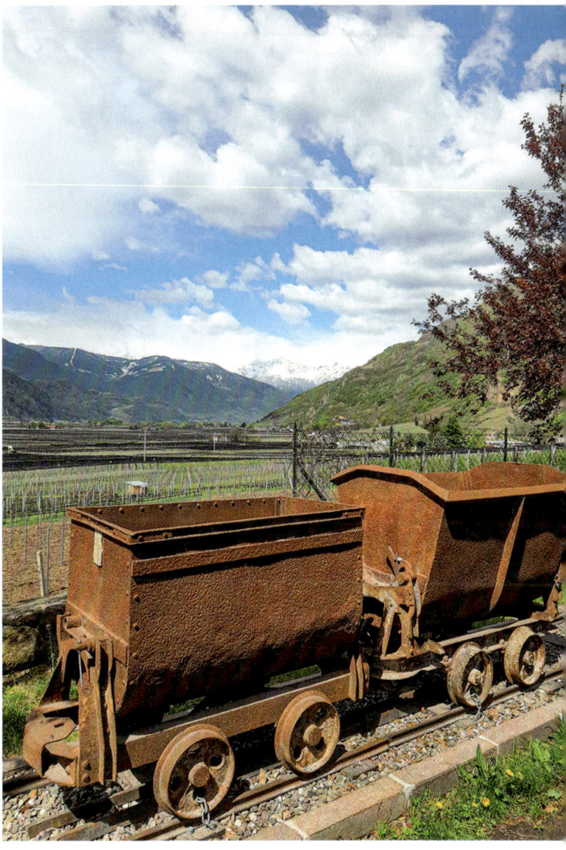

Ein Grubenhunt in Silberleiten – Erinnerung an den Bergbau in Terlan

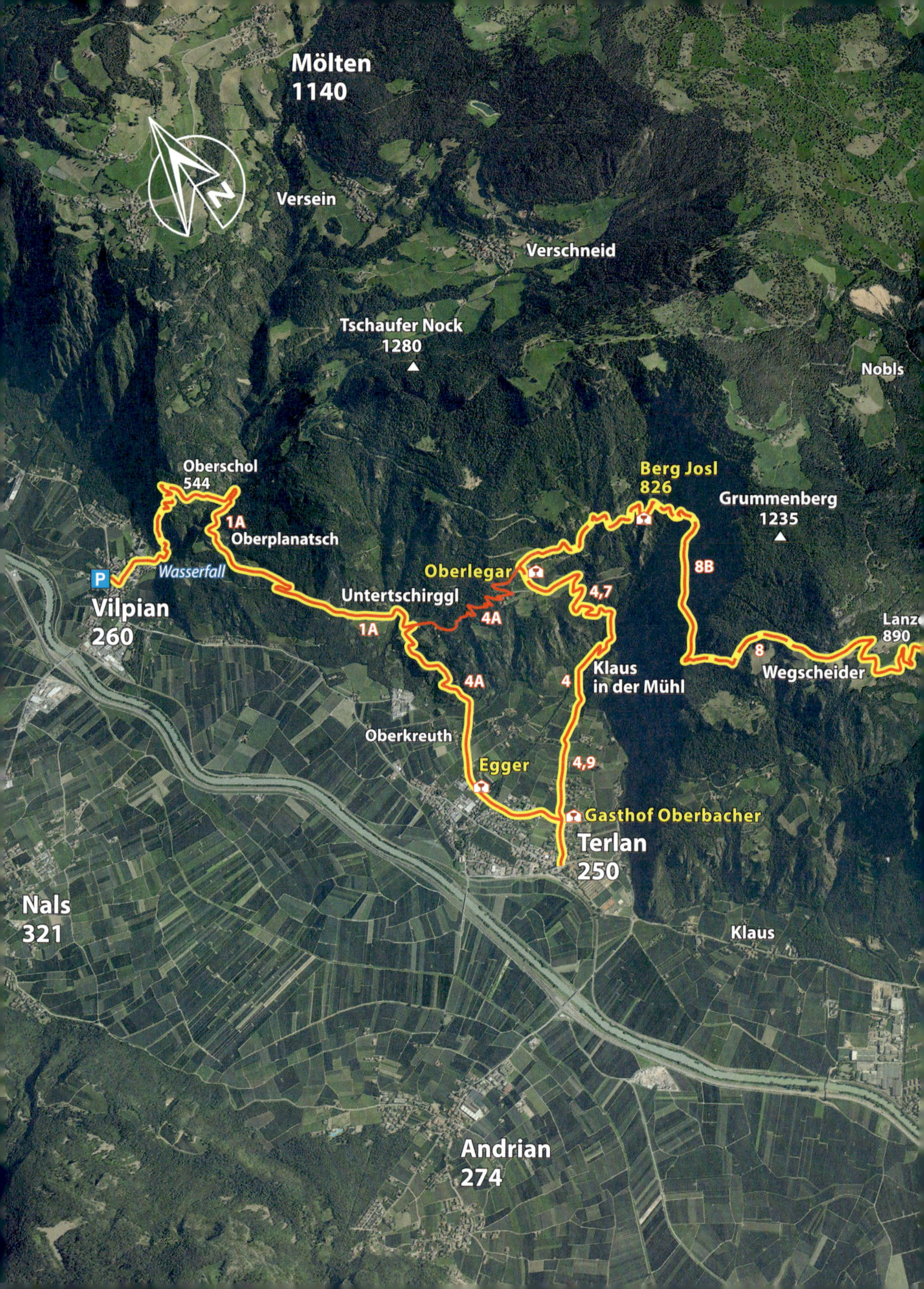
Mölten
1140
N
Versein
Verschneid
Tschaufer Nock
1280
Nobls
Oberschol
544
Berg Josl
826
Grummenberg
1235
1A
Oberplanatsch
Oberlegar
8B
P
Wasserfall
Vilpian
260
4,7
Untertschirggl
4A
1A
Lanz
890
8
Wegscheider
Klaus
in der Mühl
4A
4
Oberkreuth
Egger
4,9
Gasthof Oberbacher
Terlan
250
Nals
321
Klaus
Andrian
274

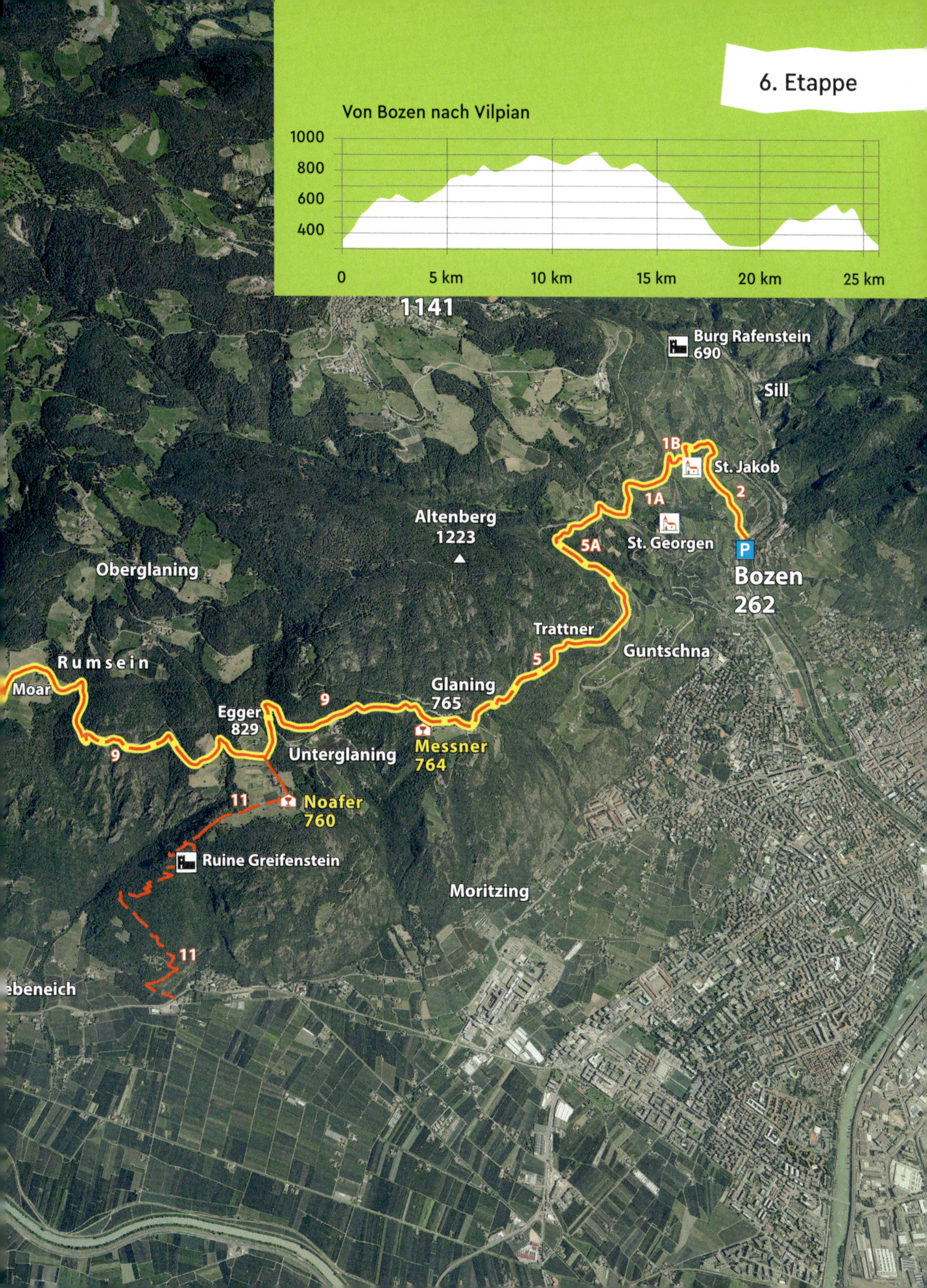
6. Etappe
Von Bozen nach Vilpian
1000
800
600
400
0
5 km
10 km
15 km
20 km
25 km
1141
Burg Rafenstein
690
Sill
1B
St. Jakob
2
1A
St. Georgen
Altenberg
1223
5A
P
Bozen
262
Oberglaning
Trattner
Guntschna
Rumsein
5
Moar
Glaning
765
9
Egger
829
Messner
764
Unterglaning
9
11
Noafer
760
Ruine Greifenstein
Moritzing
11
ebeneich

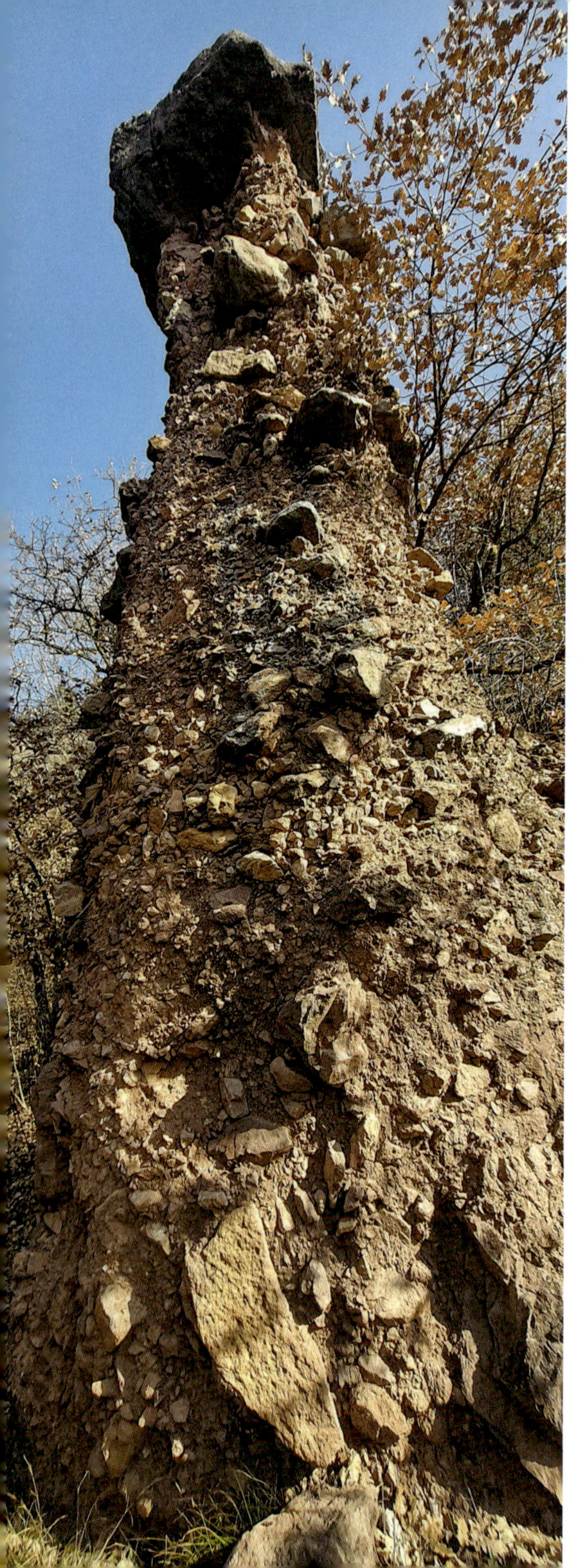

Einzelne Erdpyramide
bei St. Jakob im Sand

WEGVERLAUF: Vom Bozner Stadtzentrum erreicht man den Ausgangspunkt dieser Etappe – die Talstation der derzeit stillstehenden Jenesier Seilbahn – entweder zu Fuß über die Talferwiesen oder mit den öffentlichen Verkehrsmitteln. Von der Talstation folgt man der neuen Keschtnweg-Beschilderung, die steil bergauf Richtung Ruine Rafenstein weist. Nach der Hälfte des Weges leitet die Keschtnweg-Markierung nach links. Auf einem Wanderweg überquert man einen Graben und gelangt oberhalb der Kirche St. Jakob im Sand wieder auf eine Beton- und Asphaltstraße. Durch Rebenlandschaft wandert man weiter bergauf, vorbei an einigen Höfen. An einer Straßengabelung folgt man der Straße, die bergab führt (Schild „Jenesien"). In St. Georgen angelangt marschiert man wieder rechts bergauf. Kurz bevor diese Straße in die Jenesier Straße einmündet, geht links ein breiter Wanderweg ab, auf dem man unterhalb der Jenesier Straße dahinwandert. Bald überquert man diese und geht auf der anderen

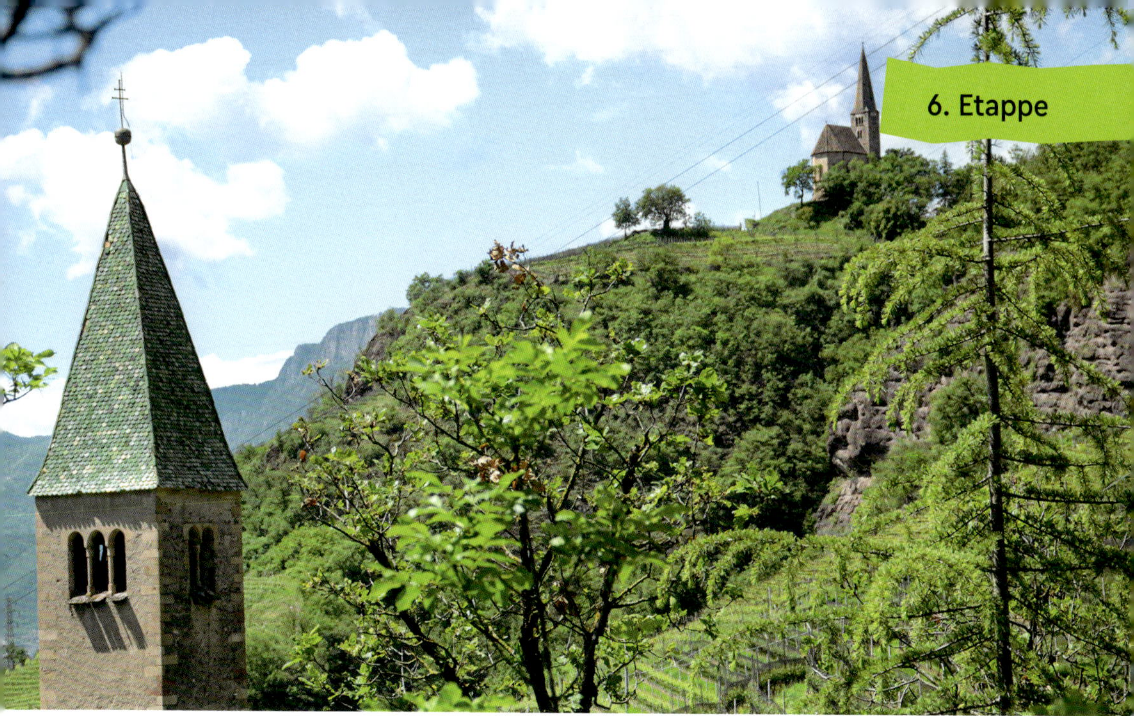

Die Kirchen St. Jakob im Sand und St. Georg oberhalb von Bozen

Straßenseite weiter bergauf bis zur Glaninger Straße. Auf dieser wenig befahrenen Straße gelangt man zu einem Bildstock, von dem rechts ein Wanderweg abgeht. Nun oberhalb der Straße weiterwandern, dann ein kurzes Stück die Straße entlang, bis der Wanderweg eine Kurve abschneidet und schließlich unterhalb der Straße bis Glaning verläuft. Beim Gasthof Messner angelangt, führt ein Steig wieder auf die Straße hinauf, auf der man Richtung Noaferhof und Hof Moar in Rumsein weiterspaziert. Oberhalb einer neuen Wohnanlage leitet die Beschilderung rechts auf einen Schotterweg, auf dem man nun entlangwandert. Ein Graben wird überquert und dann geht's abermals hinab zur Straße und auf dieser weiter. Bald hat man die Möglichkeit nach links hinab zum Gasthof Noafer zu spazieren und von dort aus noch der sagenhaften Ruine Greifenstein einen Besuch abzustatten. Allerdings sollte man sich vorher erkundigen, ob sie zugänglich ist.

TIPP **Wenn man die Etappe abkürzen möchte, hat man auch die Möglichkeit, von der Ruine Greifenstein ins Tal nach Siebeneich abzusteigen (Weg 11 und 11A). Von dort kann man mit den öffentlichen Verkehrsmitteln nach Bozen zurückkehren. Gehzeit: 50 Minuten**

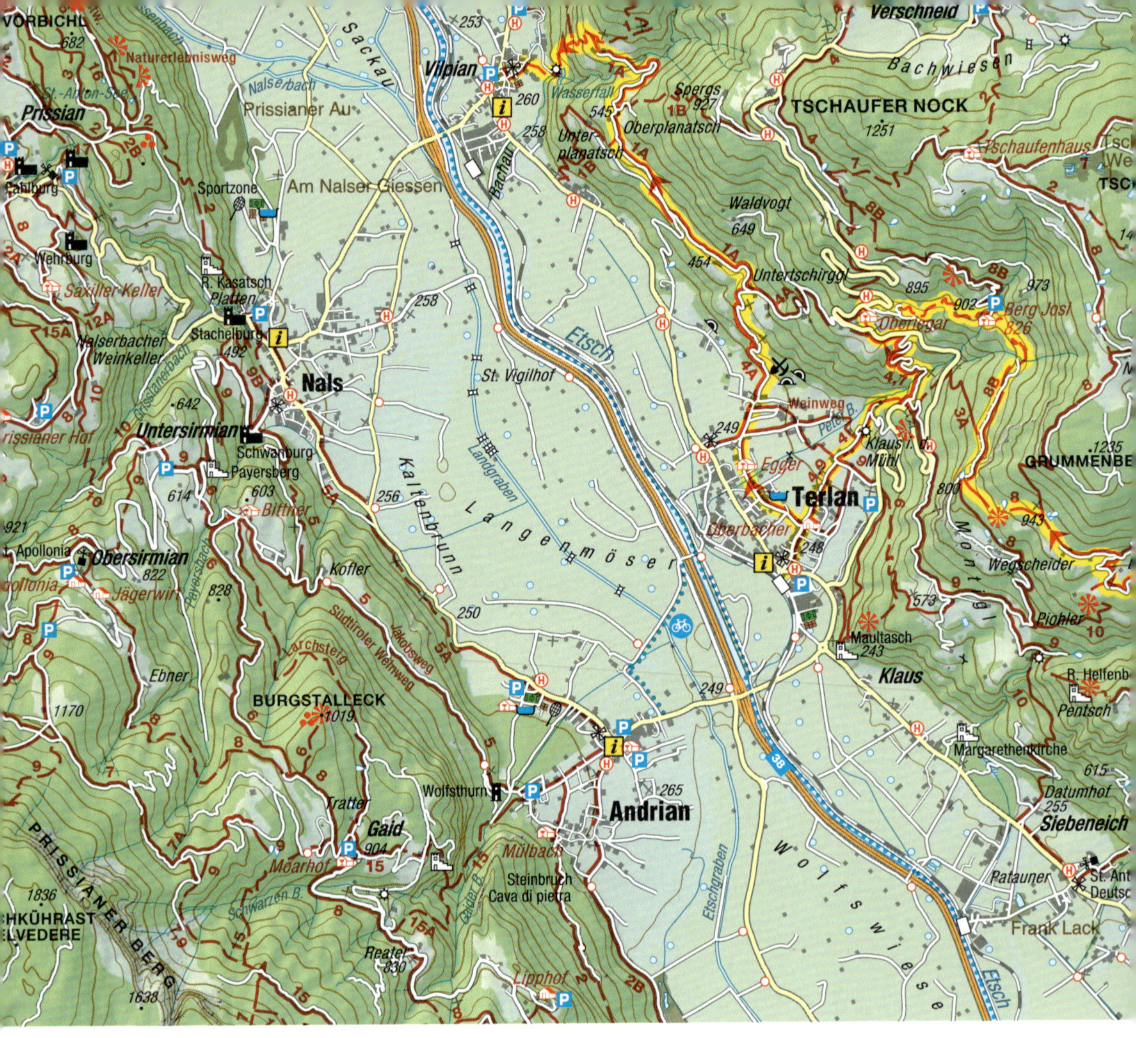

Man kehrt wieder auf den Keschtnweg zurück und wandert auf diesem weiter. Nach einigen Häusern hat man die Möglichkeit, nach links auf einen Wanderweg unterhalb der Straße auszuweichen (Castelronda). Sobald man wieder auf die Straße gelenkt wird, folgt man dieser bis zum Hof Moar in Rumsein. Dort hält man sich links und an der nächsten Gabelung wird man nach rechts gewiesen. An einem Kastanienhain vorbei marschiert man hinab in den Graben des Margarethenbaches und wieder hinauf zum Lanzonerhof. Durch Wiesenlandschaft wird der Wegscheiderhof erreicht und nun führt wieder ein Wanderweg weiter, an einem Teich vorbei und dann in den Wald hinein. Es geht kurz aufwärts, dann links hinab bis zu einem

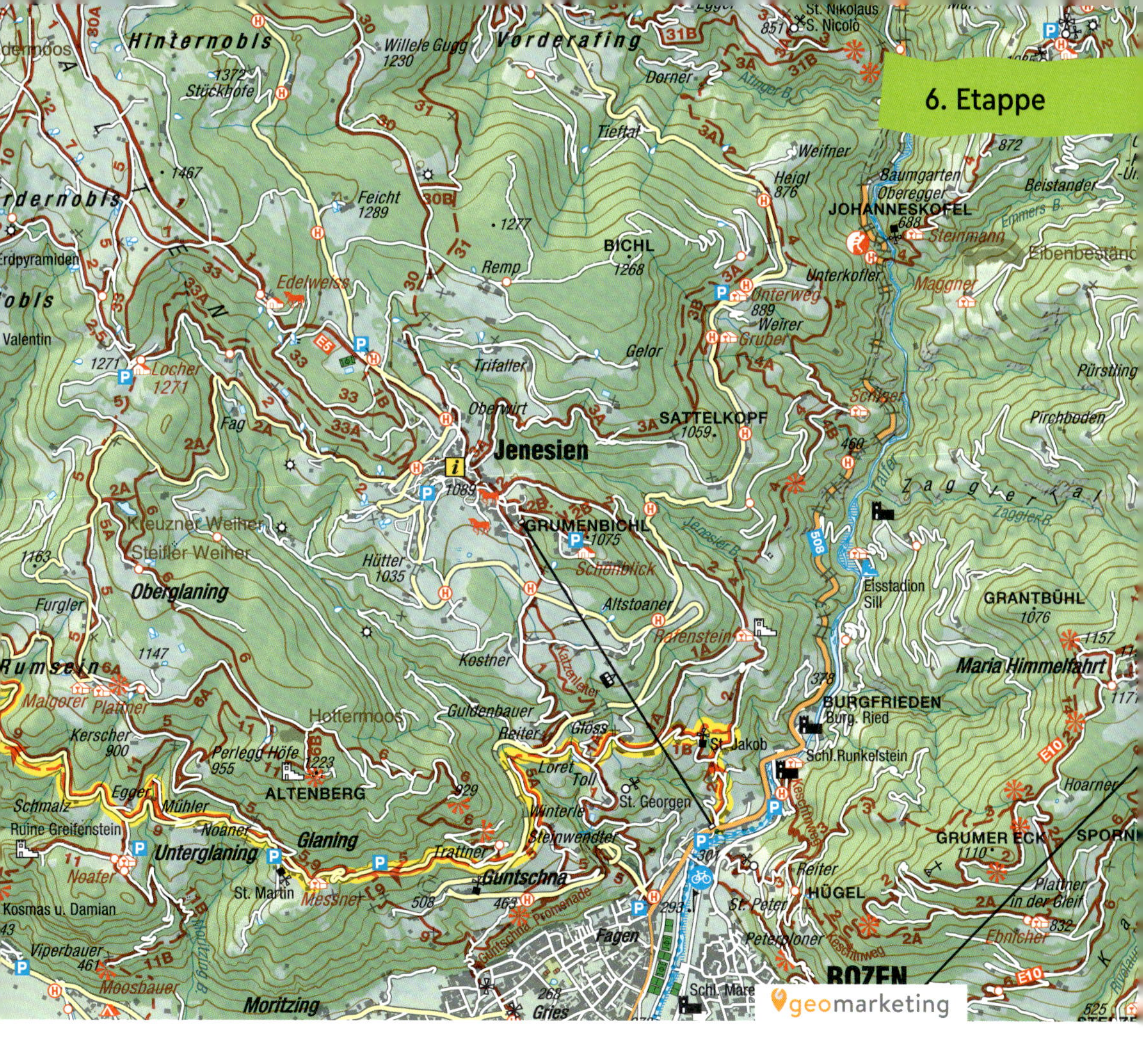

Aussichtspunkt und über einen teils gepflasterten Weg hinab zu den Gruner Wänden. Auf einem breiten Forstweg spaziert man rechts weiter, vorerst abwärts, dann flach und wieder an Höhe gewinnend. Nach einer Rechtskurve windet sich der Keschtnweg links hinauf, auf nunmehr schmalem Steig in abenteuerlichem Verlauf auf und ab bis zur Jausenstation Bergjosl.

Nach einer stärkenden Einkehr geht man durch den dazugehörigen Tierfriedhof hinab und auf einem schmalen Wanderweg hinüber zur Möltner Straße, die man oberhalb vom Buschenschank Oberlegar erreicht. Neben dessen Hofeinfahrt leitet der Keschtnweg von der Möltner Straße hinab auf eine Abkürzung.

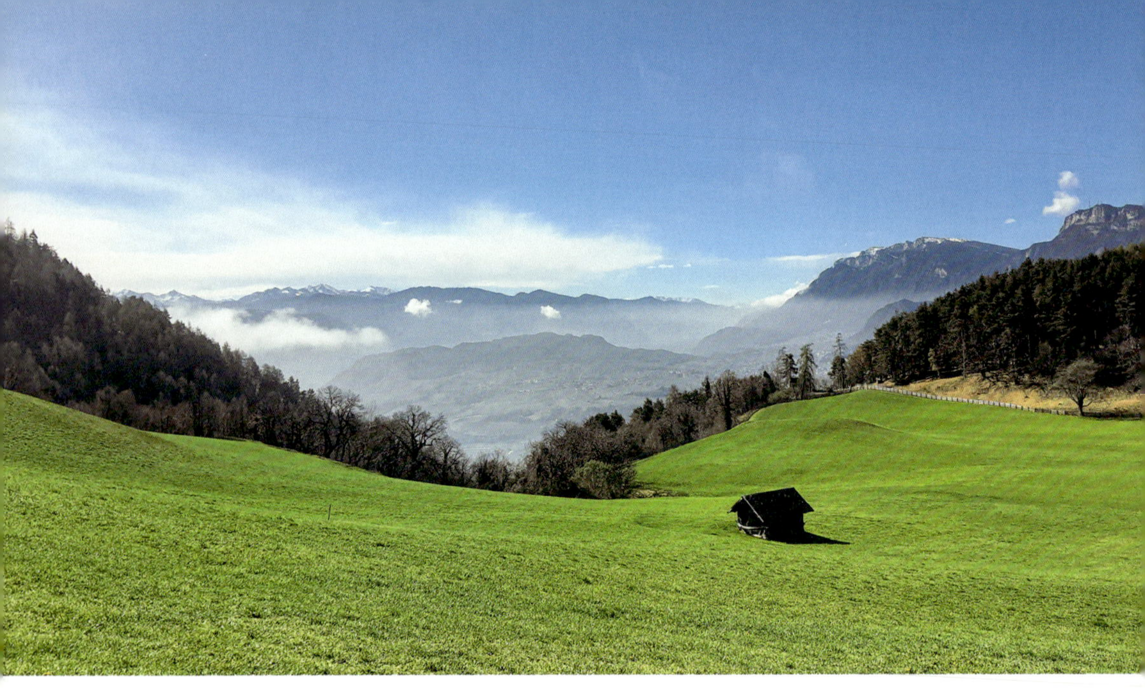

Ausblick auf das Überetsch auf dem Weg zum Lanzonerhof

TIPP **Wer sich diesen Abstieg bis Terlan und von dort den neuerlichen Aufstieg bis zu den Tschirglhöfen sparen möchte, hat die Möglichkeit, beim Oberlegarhof auf der Möltner Straße weiterzuwandern und nach der Linkskurve rechts auf Weg 4A abzubiegen. Zuerst verläuft er auf einer Straße und dann kürzt er diese als Wanderweg immer wieder ab. Aber Achtung, ab der 4. Rechtskurve sollte man auf der Straße weiterwandern, da man sonst zu tief hinabkommt. Schließlich trifft man auf den Keschtnweg. Man erspart sich dadurch rund eine halbe Stunde Gehzeit (bis Vilpian).**

Nach einem weiteren kurzen Stück auf der Möltner Straße führt rechts die alte Möltner Straße hinab. Diese geht schließlich in einen Wanderweg über. Auf diesem bis zum Klaus in der Mühl hinabgehen, wo der Keschtnweg in die Kirchgasse mündet und auf diesem bis ins Dorfzentrum von Terlan hinableitet. Im Dorfzentrum von Terlan spaziert man von der Kirche zur Bushaltestelle, vorbei an der großen Wanderkarte und weiter durch die Kirchgasse bis zum Gasthof Oberbacher. Dort biegt man links auf den Silberleitenweg ab. Man verbleibt nun auf diesem, bis er sich rechts hinaufdreht. Der Keschtnweg aber führt immer noch geradeaus, nunmehr auf dem Oberkreutherweg. In der gleichnamigen Siedlung zieht er sich kurz nach rechts und dann entscheidet man sich für den links abgehenden Vorbergweg. Er wird schmaler und schließlich gewinnt er an Höhe, vor dem Untertschirglhof biegt man scharf nach links ab (Planatschweg), spaziert nun teilweise flach dahin und dann wieder aufwärts, bis man den Oberplanatschhof erreicht. Als nächstes gelangt man zu einer Hängebrücke, die auch von Autos befahren werden kann, und nach deren Überquerung zum Oberscholerhof. Bei der Straßengabel rechts weiter und in der nächsten Rechtskurve dann geradeaus auf einem Wanderweg weiter. Dieser führt durch lichten Laubwald bergab, Richtung Vilpian. Er teilt sich schließlich: Ein steiler (als Keschtnweg ausgeschilderter) Weg geht hinab zum imposanten Wasserfall und ins Dorfzentrum oder man entscheidet sich für den etwas flacher verlaufenden Abstieg, auf dem man in einem Linksbogen zur Talstation der Möltner Seilbahn gelangt.

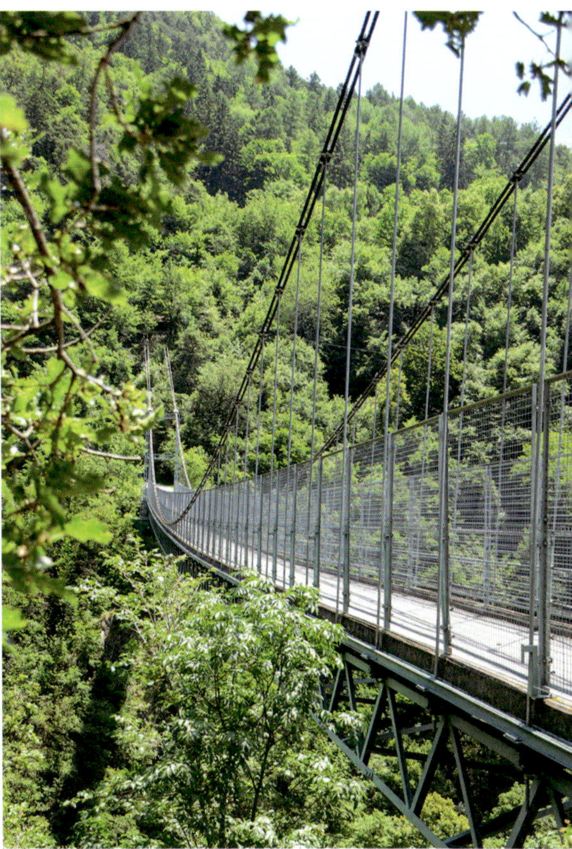

Über eine Hängebrücke erreicht man die Scholhöfe.

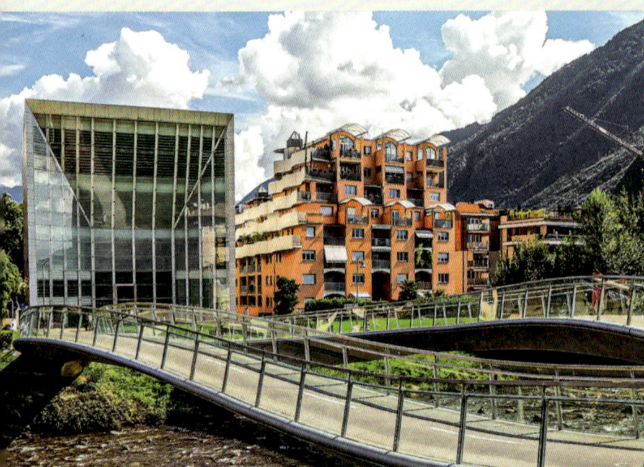

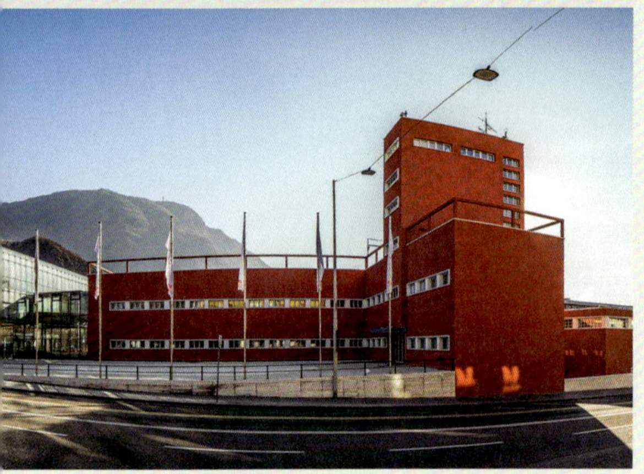

Oben: Das Museion – Museum für moderne und zeitgenössische Kunst

Unten: Gebäude der Eurac Research – ein Forschungsinstitut

SEHENSWERTES

 **Bozen**

Das Gebiet der Gemeinde Bozen erstreckt sich auf einer Fläche von 52,3 km² und zählt 106.600 Einwohner (31.12.2022). Bozen ist somit gemessen an der Zahl der Einwohner die größte Stadt Südtirols und auch dessen Hauptstadt mit Sitz des Südtiroler Landtages und der Landesregierung.

Das Sprachgruppenverhältnis ist hier im Vergleich zum restlichen Land Südtirol umgekehrt: rund 74 % haben sich bei der letzten Volkszählung (2021) zur italienischen Sprachgruppe bekannt und 25 % zur deutschen (Südtirol insgesamt: deutsch 62 %, italienisch 23 %).

Mehrere Täler treffen in Bozen – das sich in einem ausgedehnten Talkessel befindet – aufeinander: das Etsch- und das Eisacktal sowie das Sarntal.

Natürlich erfüllt die Stadt in mehrerlei Hinsicht eine Mittelpunktsfunktion. Täglich wird Bozen zum Beispiel von einer Vielzahl von Schülern und Studenten aufgesucht, denn Bozen ist auch Uni-

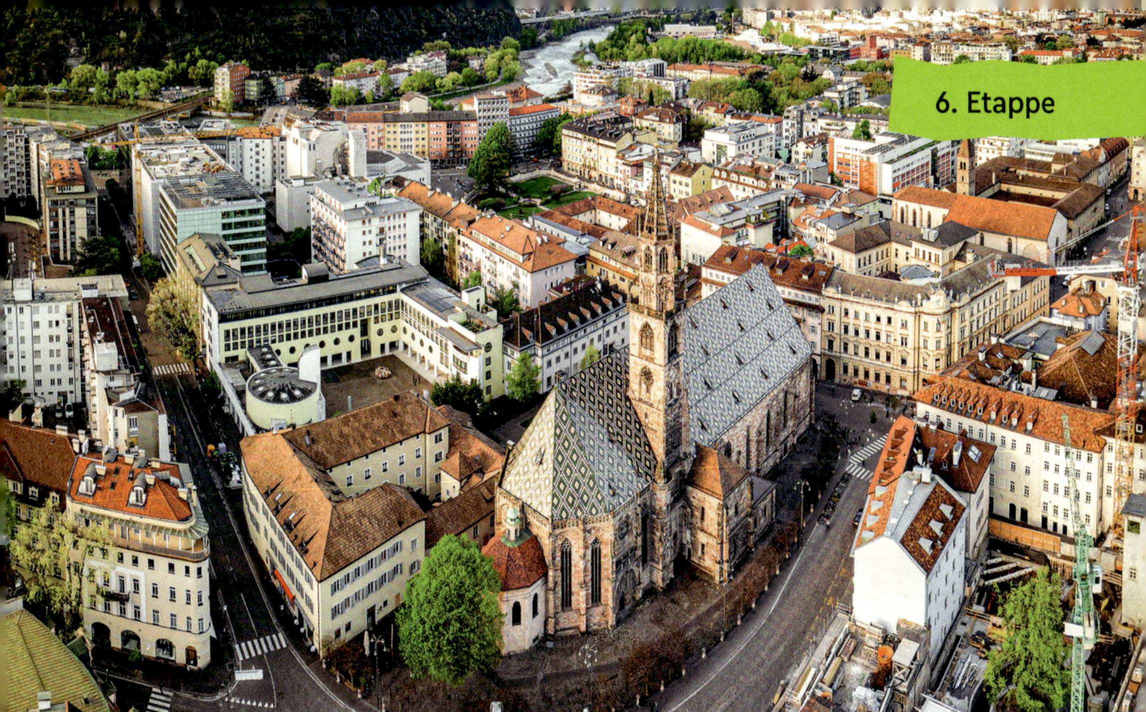

Der Dom zu Bozen thront mitten im Stadtzentrum.

versitätsstadt. Neben den Grund- und Sekundarschulen bietet eine Reihe von weiterführenden Schulen und Fachoberschulen, Berufsschulen in deutscher und italienischer Sprache sowie Studiengänge in drei Sprachen an der Freien Universität Bozen Ausbildungsmöglichkeiten; die Forschung kommt ebenso nicht zu kurz. Die Landesbibliothek „Dr. Friedrich Teßmann" hat ihren Sitz in Bozen, ebenso wie das Landeskrankenhaus, die Landesfachschule Claudiana für Gesundheitsberufe und viele andere kulturelle Einrichtungen. Viele Menschen finden Arbeit in diesen Einrichtungen genauso wie in den Landesämtern, Geschäften und Industriebetrieben. Die Industrialisierung wurde vor allem in der Zeit des Faschismus gefördert. Dieser veränderte auch das Stadtbild nachhaltig. Verkehrsmäßig laufen viele Bus- und Bahnlinien in Bozen zusammen. Außerdem befördern zwei Seilbahnen die Menschen auf den Ritten und nach Kohlern. Ein kleiner Flughafen sorgt ebenso für Erreichbarkeit. Bozen ist sehr beliebt bei den Touristen. Die Keimzelle des Fremdenverkehrs war ursprünglich in Gries. Zur Habsburgerzeit galt es als beliebter Kurort und nennt heute noch eine beeindruckende Promenade sein Eigen, die Guntschnapromenade an den sonnigen Hängen des gleichnamigen Hanges, der sich Richtung Jenesien zieht. Das mediterrane

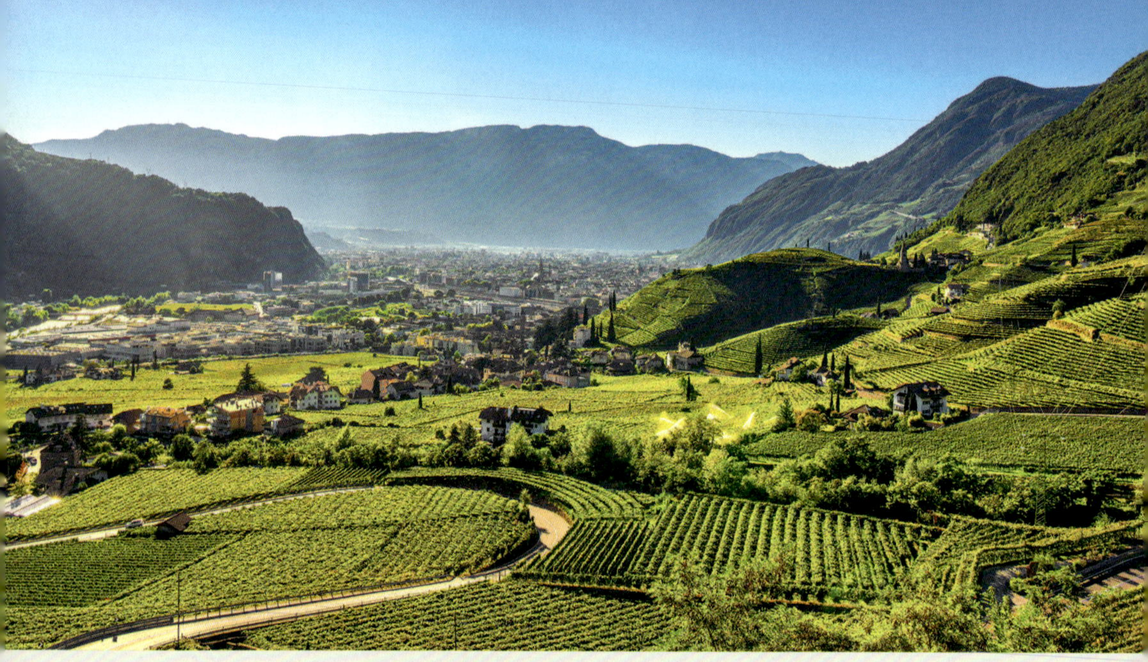

Rebhänge zieren den Blick auf Bozen und den Weinhügel von St. Magdalena.

Flair verspricht einen interessanten Spaziergang mit Blick auf die Dächer von Bozen. Nicht weniger sehenswert ist die etwas jüngere Oswaldpromenade, die sich von St. Anton am Eingang ins Sarntal zum Weinhügel von St. Magdalena zieht. In diesem Zusammenhang muss auch die Talfer-Promenade mit den gleichnamigen Talferwiesen genannt werden, welche als grüne Lunge der Stadt fungiert. Die kühlen Lauben mit ihren Geschäften, der Obstmarkt, der Walterplatz, der Dom und nicht zuletzt das Archäologiemuseum mit dem „Ötzi aus dem Eis" üben ebenso große Anziehungskraft auf die Besucher der Landeshauptstadt aus. Außerdem befindet sich noch eine Reihe von Schlössern, Burgen und sakralen Bauten innerhalb der Stadtgemeinde. Seit der Gründung der Stadt wurden jährlich mehrere Jahrmärkte (Messen) organisiert und Bozen ist bis heute Messestadt geblieben. Die entsprechenden Gebäude befinden sich im Süden der Stadt und bieten auf 45.000 m² Platz für rund 20 Messen im Jahr, aber genauso für Freizeitveranstaltungen und Kongresse. In sportlicher Hinsicht bleiben auch keine Wünsche offen, die Gemeinde Bozen bietet entsprechende Anlagen unterschiedlichster Art.

Der Keschtnweg endete bis 2022 in Bozen beim Schloss Runkelstein. Erst im Jahr 2023 wurde mit der Ausweisung und Markierung der letzten Etappe bis Vilpian begonnen.

Zur Kirche von Terlan gehört der dritthöchste Kirchturm Südtirols.

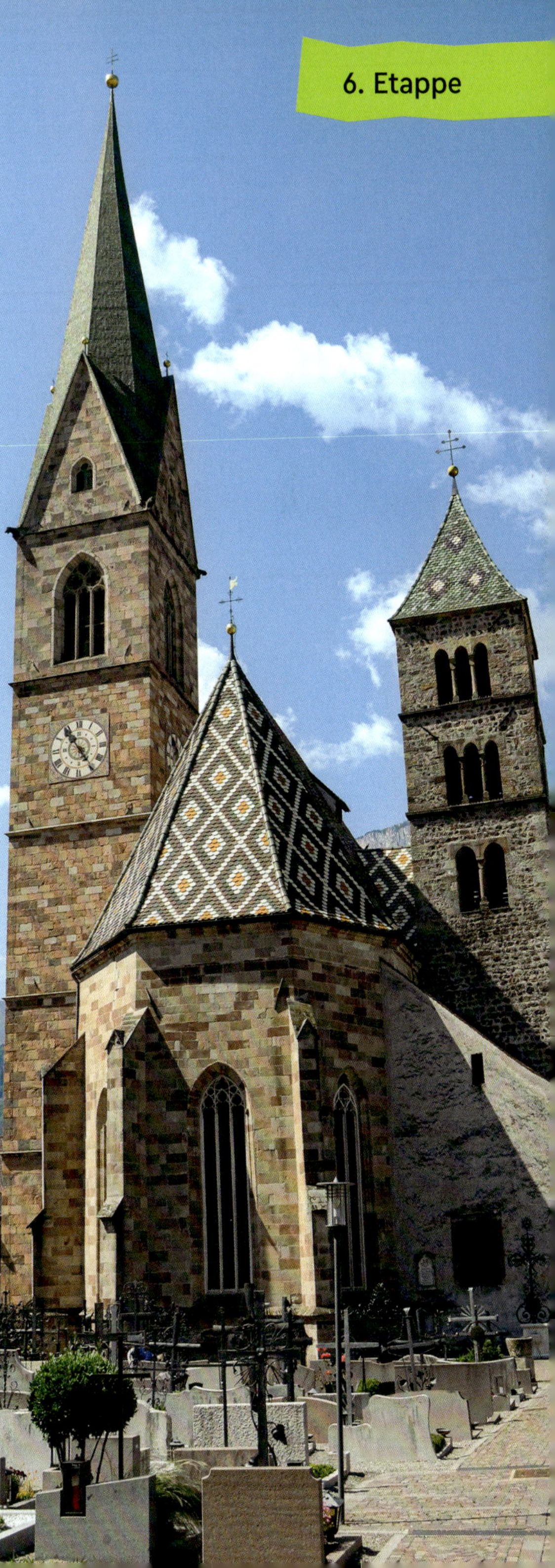

→ Terlan

Diese Gemeinde befindet sich an der östlichen Seite der Etsch zwischen Bozen und Meran. Sie umfasst eine Fläche von 18,7 km^2, hat gut 4700 Einwohner und verfügt auch über einen Bahnhof im Zentrum des Ortes. Zum Gemeindegebiet zählen auch Vilpian und Siebeneich sowie die kleine Streusiedlung Montigl an den Hängen des Tschögglberges. Das Dorfbild wird geprägt von den Weinhängen, welche sich Richtung Tschögglberg hinaufziehen. Der Talboden wiederum wird von Apfelplantagen bedeckt. Auch die Kirche Maria Himmelfahrt inmitten des Dorfes mit ihren zwei Türmen fällt ins Auge. Immerhin weist der höhere, gotische Turm eine Höhe von rund 75 Metern auf und ist somit der dritthöchste im Land Südtirol. Die Turmuhr ist ebenso ein Sonderfall, der für etwas Verwirrung sorgt: Stunden- und Minutenzeiger sind vertauscht, der kleine Zeiger gibt also in diesem Fall die Minuten an. Einen Besuch wert ist auch das Innere

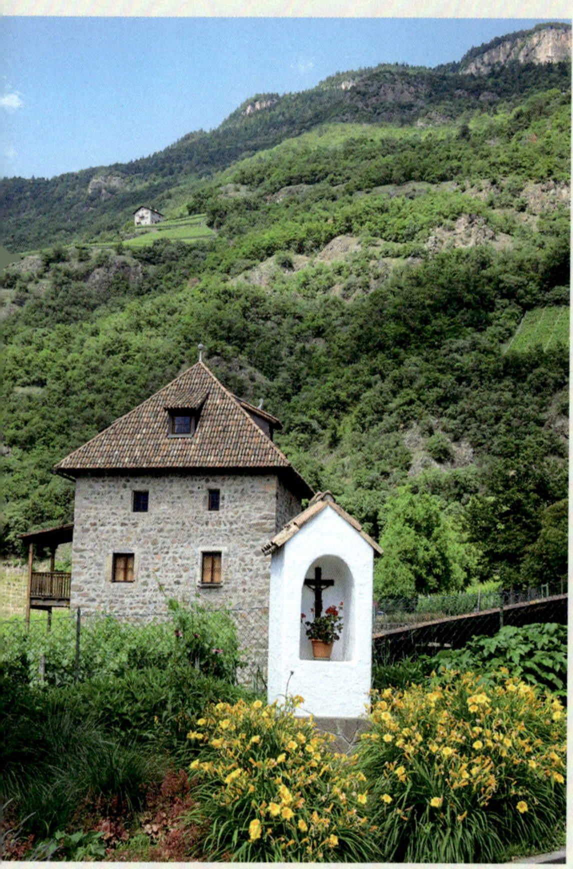

Ansitz Turm in Kreuth

der gotischen Kirche aus dem 14. Jahrhundert mit ihrem südtirolweit flächenmäßig größten Freskenvorkommen.
Oberhalb von Terlan thront die Ruine Neuhaus – auch als Burg Maultasch bekannt – wie ein Wächter über dem Dorf. Die Bezeichnung Maultasch stammt von der einstigen Tiroler Landesherrin Margarete, Herzogin von Kärnten und Tirol – *Maultasch* stammt laut Überlieferungen von ihrem losen Mundwerk –, wobei deren Aufenthalt in der Burg nicht belegt ist. Sicher aber ist, dass die Burg lange Zeit Sitz des Landgerichtes war, dessen Ausdehnung in etwa Terlan entsprach.
In Terlan spielte auch der Bergbau eine wichtige Rolle. Die intensivste Abbautätigkeit von Bleierzen beziehungsweise Silber erfolgte in der ersten Hälfte des 16. Jahrhunderts. Das Abbaugebiet erstreckte sich damals über mehrere Gebiete und reichte bis zu den Legarhöfen hinauf. Der Name *Knappen* südwestlich vom Legar erinnert immer noch daran, ebenso der dort verlaufende Knappensteig. Im 20. Jahrhundert wurde das

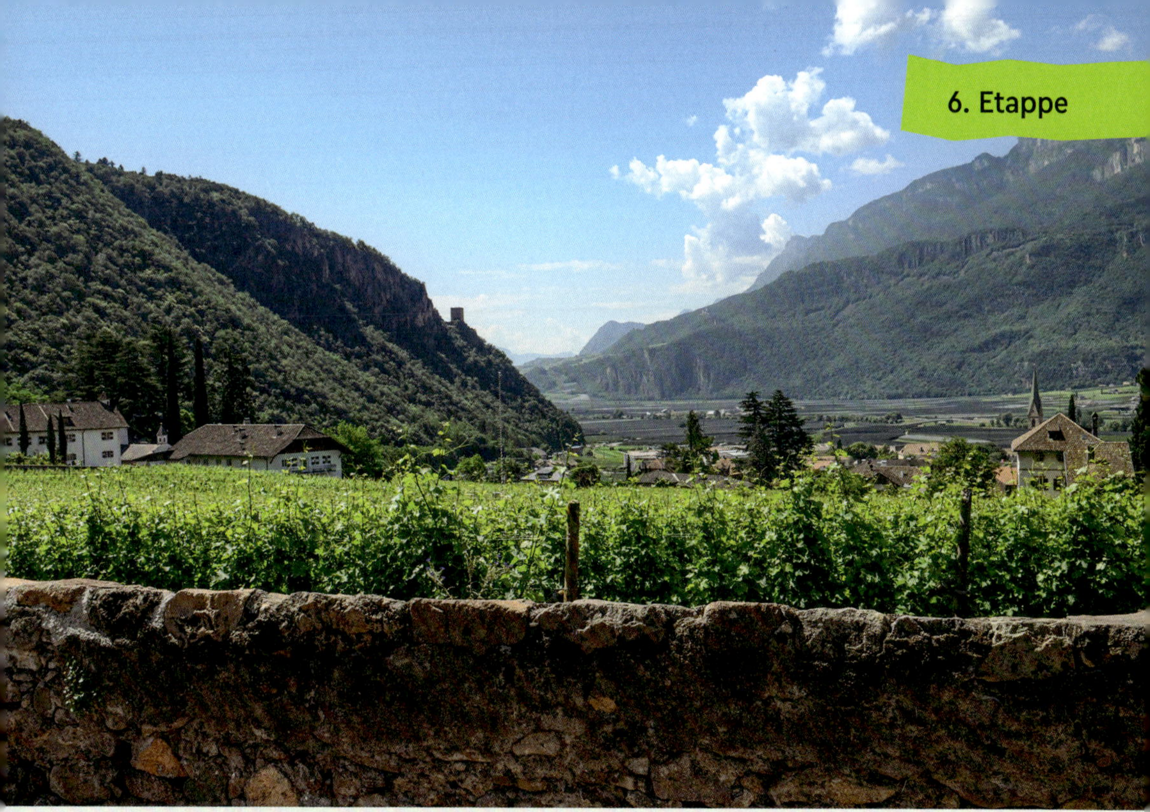

Blick auf Terlan, links der Ansitz Köstenholz

Bergwerk wieder aus seinem Dornröschenschlaf erweckt und 1916 bis 1918 wurde im Gebiet Neuhaus und Rauhenbühel (westlich von den Legarhöfen) neben den Bleierzen auch die Zinkblende mit großem Ertrag produziert. Während der Kriege war Stillstand und nach einem neuerlichen Versuch ab dem Jahr 1951 folgte die endgültige Auflassung im Jahr 1964.

Auch heute noch bekannt und beliebt ist der Terlaner Wein. Mittlerweile hat sich das Verhältnis zwischen Weiß- und Rotweinen in Terlan auf 70 Prozent Weißweine und 30 Prozent Rotweine eingependelt. Bereits 1893 wurde die Kellereigenossenschaft Terlan gegründet. Ein besonderes Projekt der Kellerei ist das sogenannte Weinarchiv mit rund 100.000 Flaschen. Die gelagerten Jahrgänge sollen sogar auf das Gründerjahr zurückgehen. Viele Infos zum Weinbau erhält man bei einem Spaziergang auf dem Terlaner Weinweg.

Einen weiteren kulinarischen Genuss verspricht noch der weitum bekannte Terlaner Spargel. Die sandigen Böden und die feine Erde bieten ideale Bedingungen für den Anbau dieser Spezialität.

Flora, Fauna und Geologie

→ Die Landschaft entlang des Keschtnweges, welche sich zwischen einer Meereshöhe von rund 250 Metern bei Bozen und einer maximalen Höhe von 1000 Metern beim Partschonerhof in Signat erstreckt, wird vielfach von bäuerlicher Kulturlandschaft bestimmt, die von Menschenhand geschaffen wurde: Mähwiesen, Äcker oder Obst- und Weinkulturen. Diese landwirtschaftlichen Nutzflächen sind vielfach aber recht klein strukturiert, sanft bewirtschaftet und relativ ursprünglich. Dadurch ergibt sich eine Vielfalt von Lebensräumen. Zudem findet man naturnahe Lebensräume wie Felsfluren und submediterrane Busch- und Mischwälder. Insgesamt ergibt sich dadurch eine beachtliche biologische Vielfalt.

Geologisch gesehen verläuft der Keschtnweg ab Neustift bei Vahrn in der Brixner Quarzphyllit-Zone, ein schiefriges, weiches Umwandlungsgestein, das für liebliche Landschaftsformen sorgt und zum Beispiel dafür verantwortlich war, dass das Brixner Becken entstand. Der Säbener Felsen und das Thinnetal sind ein geologischer Sonderfall: Sie bestehen aus hartem, vulkanischem und feinkörnigem Diorit, nur in dieser Zone auch *Klausenit* genannt. Bei Barbian tritt man schließlich vom Quarzphyllit in die Bozner Quarzporphyr-Zone über, ein magmatisches, hartes Gestein, welches heutzutage unter dem Begriff der Etschtaler-Vulkanit-Gruppe bekannt ist. Es sorgt für saure Böden und begleitet den Keschtnweg bis nach Vilpian.

In Neustift, dem Ausgangspunkt des Keschtnweges, führt der Weg zu Beginn am Eisack entlang in das erdgeschichtlich, geologisch und naturkundlich interessante Riggertal. Flussläufe werden oftmals von Menschenhand begradigt

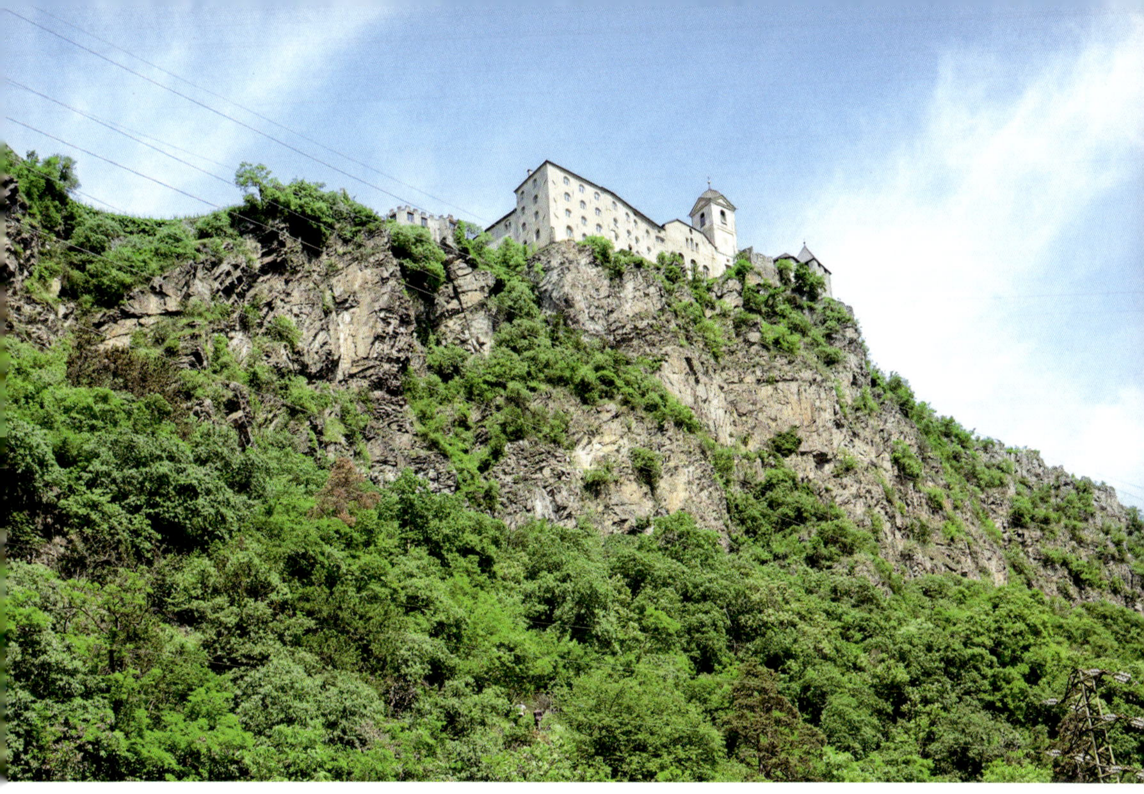

Kloster Säben thront auf einem Dioritfelsen, in dieser Gegend auch Klausenit genannt.

oder verlegt, in diesem Gebiet allerdings wurde die Flussführung durch Naturgewalten definiert.

Am sogenannten **Punterbühel** (im Riggertal), trifft man auf Lehmschichten der letzten Eiszeit, die vor 12.000 Jahren endete. Die Ablagerung dieser Schichten geschah durch den Fluss Rienz, welcher das Pustertal durchfließt und bei Brixen in den Eisack mündet. Bei diesen Schichten handelte es sich um große Mengen an Kalkmaterial aus den südlichen Seitentälern des Pustertales. Der Talboden war insgesamt höher und reichte bis auf die Höhe von Natz. Die Rienz schwappte teilweise sogar bis zum Vahrner Kirchhügel über, wo man auf ähnliche Lehmschichten stieß. Der Eisack floss damals teilweise im Bereich des Vahrner Sees, also weiter westlich. Die beiden Flüsse suchten sich im Laufe der Jahrtausende neue Wege: Die Rienz findet man heute weiter östlich in der Schlucht unterhalb von Rodeneck und der Eisack durchfließt nunmehr das Riggertal und sorgte im Laufe der Zeit für dessen Auswaschung. Der hintere Teil dieses Tales verändert aber neuerlich sein Aussehen; dies ist auch direkt am Keschtnweg oberhalb des Punterbühels zu sehen. Das Tal wird mit dem Aushubmaterial des

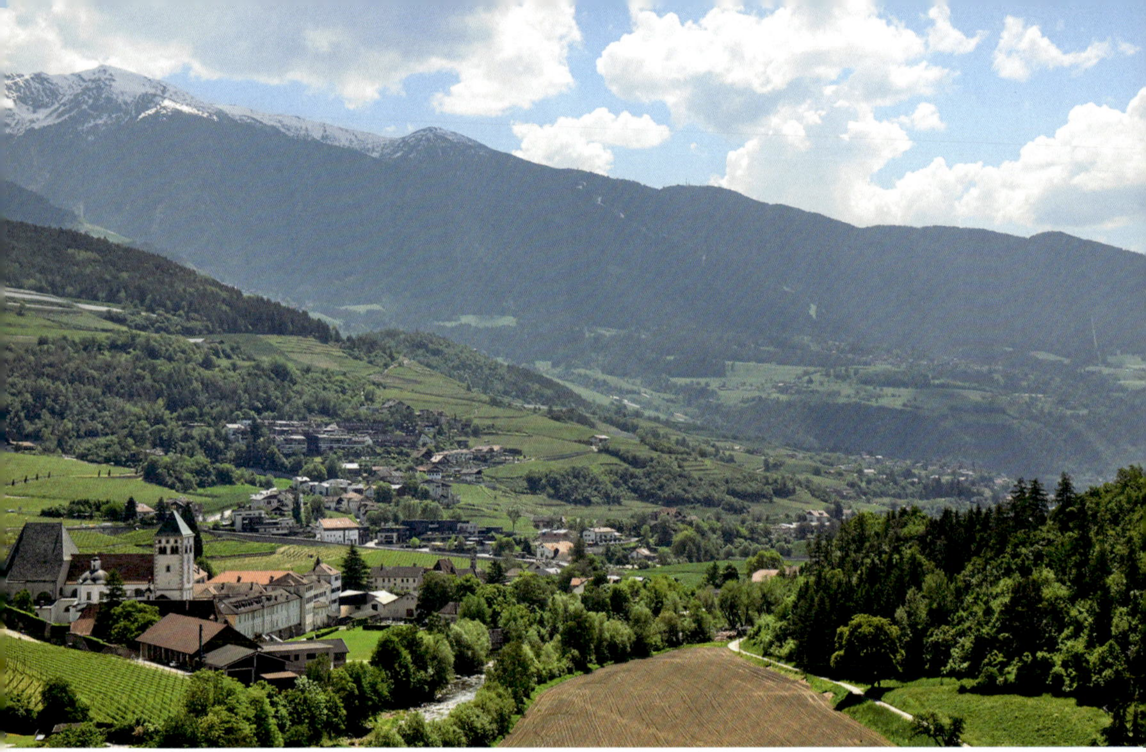

Aussicht vom Punterbühel auf den Auwald längs des Eisacks und Kloster Neustift

Brennerbasistunnels aufgefüllt. Der Punterbühel besteht aus einem netten Platz mit Rastbänken und Tischen: Von dort genießt man einen herrlichen Blick auf Kloster Neustift, auf die Dörfer an den ostseitigen Hängen von Brixen, auf den Brixner Hausberg Plose und auf die südlichen Ausläufer des Hochplateaus von Natz-Schabs. Ein buntes Vegetationsbild lädt ebenso zum Genießen und Staunen ein: Der Eisack wird begleitet von den typischen Ufergehölzen, das Kloster Neustift ist eingebettet in Weinberghängen und Obstbauanlagen und im Riggertal entdeckt man die Wiesen- und Ackerlandschaft des Punterhofes.

Auf dem Weg von Neustift bis zum Punterbühel durchschreitet man auch einen interessanten Mischwald aus Lärchen, Fichten, Kastanienbäumen, Birken und Resten des submediterranen Mischwaldes mit Mannaesche, Flaumeiche, Steinweichsel, Kornelkirsche. Diese Waldform findet in dieser Gegend ihre nördlichste Ausdehnung. Im Frühling erfreut die Kornelkirsche (gelber Hartriegel) als erste mit ihren zarten gelben Blütenbüscheln das Auge des wintermüden Wanderers. Aus den Früchten dieses Strauches oder auch kleinen Baumes (max. 5 Meter Höhe) wird Marmelade oder Saft gemacht. Sie enthalten Mineralstoffe, Gerbstoffe und Vitamin C.

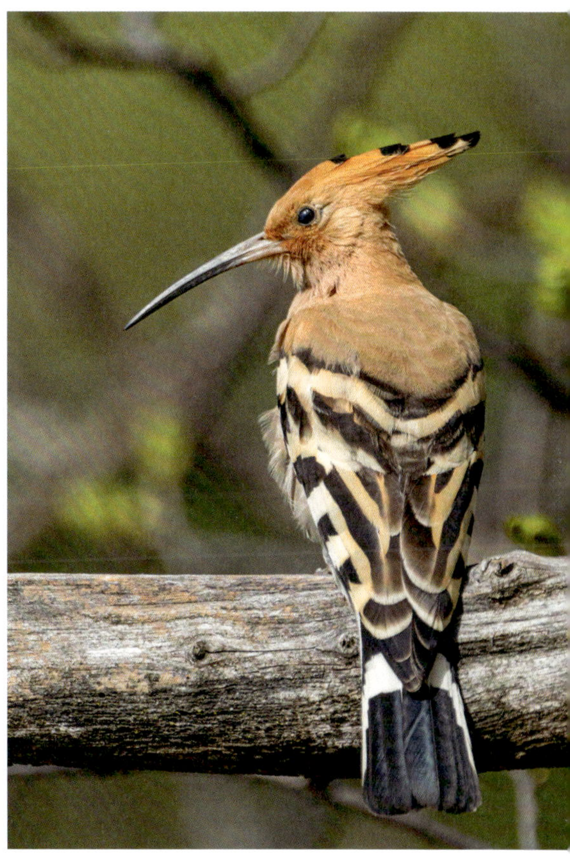

Der Wiedehopf liebt warme Gebiete wie Rebkulturen.

Das Holz der Kornelkirsche war ebenso ein beliebter Werkstoff: Aus dem feinfaserigen, harten Holz wurden Spazierstöcke oder Rechenzähne hergestellt. Auf dem Weg begegnet man natürlich oftmals der namengebenden **Edelkastanie**, in veredelter Form in Kastanienhainen, sowie auch stolzen, mächtigen und alten Einzelexemplaren. Jene Kastanienbäume, die inmitten im Wald wachsen, nennt man **wilde Kastanien**, die von Eichhörnchen, Siebenschläfern, Mäusen, Hähern und Krähen als Wintervorrat deponiert und nicht verzehrt wurden und somit die Möglichkeit hatten, wild zu keimen. Meist sind dies kleinere Bäume, aber auch höhere mit einem sehr schlanken Stamm und der noch typischen hellgrauen Rinde. Ab und zu stößt man auch auf dickere, alte, mit Efeu umwachsene Kastanienbäume, einzelnstehend oder in Gruppen. Dabei handelt es sich meist um einen sich selbst überlassenen, ehemaligen Kastanienhain.
In Vahrn leitet der Keschtnweg längs des Carl-Toldt-Weges an einem heute

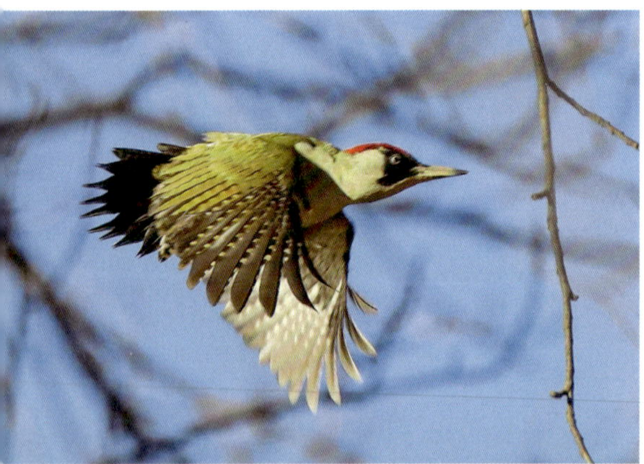

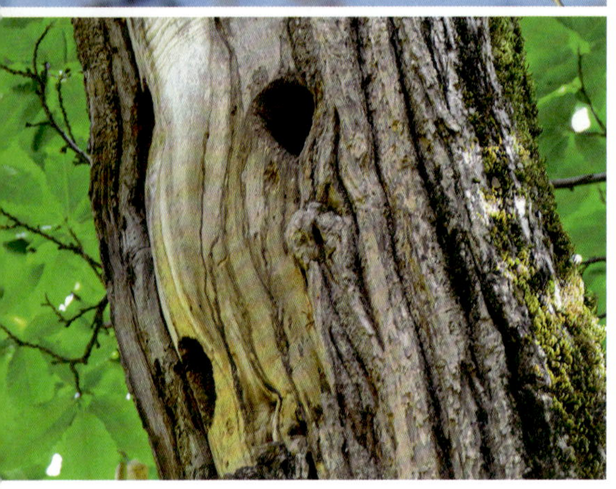

Oben: Der Grünspecht legt gerne Höhlen in den Kastanienbäumen an.

Unten: Kastanienbaum von Spechten bewohnbar gemacht

noch gepflegten und beeindruckenden Kastanienhain vorbei. Vahrn bildet die nördliche Wachstumsgrenze für Kastanien in Italien. Viele dieser Bäume in Südtirol sind sehr alt und teilweise hohl, aber sie sind in Kombination mit der darunter befindlichen Magerwiese ein einmaliges Beispiel für Artenvielfalt: Für viele Höhlenbrüter, wie zum Beispiel Spechte, sind sie eine Heimstatt. Wenn die Spechte ihr Nest wechseln, dann gewähren die Bäume wiederum dem Wiedehopf oder den Zwergohreulen eine Nisthöhle. Insgesamt finden auf dem gesamten Kastanienbaum vielerlei Insekten, holzbewohnende Käfer und andere Kleintiere ihren Lebensraum.

Auf dem Keschtnweg begegnet man natürlich immer wieder **Kastanienhainen**, so etwa auch in Feldthurns am nördlichen und südlichen Dorfende oder am Ritten kurz vor Unterinn. Zwischen Barbian und Saubach findet man den wohl größten zusammenhängenden Kastanienhain namens „Patschoger", der sich bis Kollmann hinabzieht. Überhaupt wird der Keschtnweg in

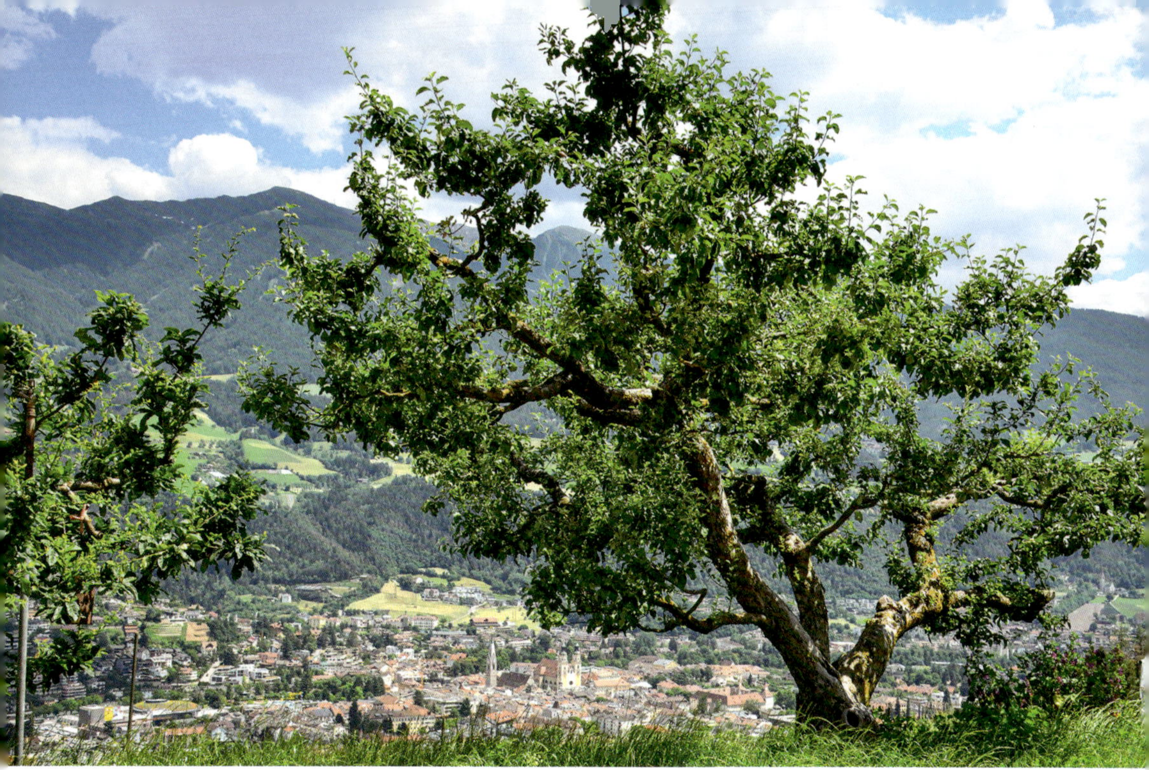

Knorrige, flechtenbedeckte, alte Obstbäume stehen in den sogenannten Streuobstwiesen, hier beim Burgerhof oberhalb von Brixen.

der Gemeinde Barbian von einem fast zusammenhängenden Band von Kastanienbäumen begleitet, größtenteils direkt am Keschtnweg, aber auch etwas ober- und unterhalb davon, bedingt durch das dörfliche Siedlungsgebiet. Auf der neuesten Etappe von Bozen nach Vilpian entdeckt man einen bislang vernachlässigten ehemaligen Kastanienhain, wo jetzt die Bäume einen gesunden Schnitt erhalten haben und deren Umgebung ausgeholzt wird. Wer seinen Fokus auf Flora und Fauna sowie die Bewirtschaftungsformen lenkt, dem fallen auch sogenannte **Streuobstwiesen** auf – so etwa beim Burgerhof oberhalb von Brixen, beim Moar zu Viersch in Pardell (Klausen) oder die Zwetschgenbaumbestände in Barbian. Alte, knorrige, flechtenbedeckte Bäume wie Birn-, Apfel- oder Zwetschgenbäume stehen verstreut in einer Mähwiese, Weide oder in einem Acker. Besonders in Verdings (oberhalb Klausen) hat man sich dieses Themas angenommen. Man findet gleich vier solcher Streuobstwiesen und sogar eine Schautafel im Ort, auf der die hier wachsenden alten Sorten zu sehen und deren völlig unbekannte Namen zu lesen sind. Namen wie Spitzlederer, Goldparmäne, Brixner Plattling,

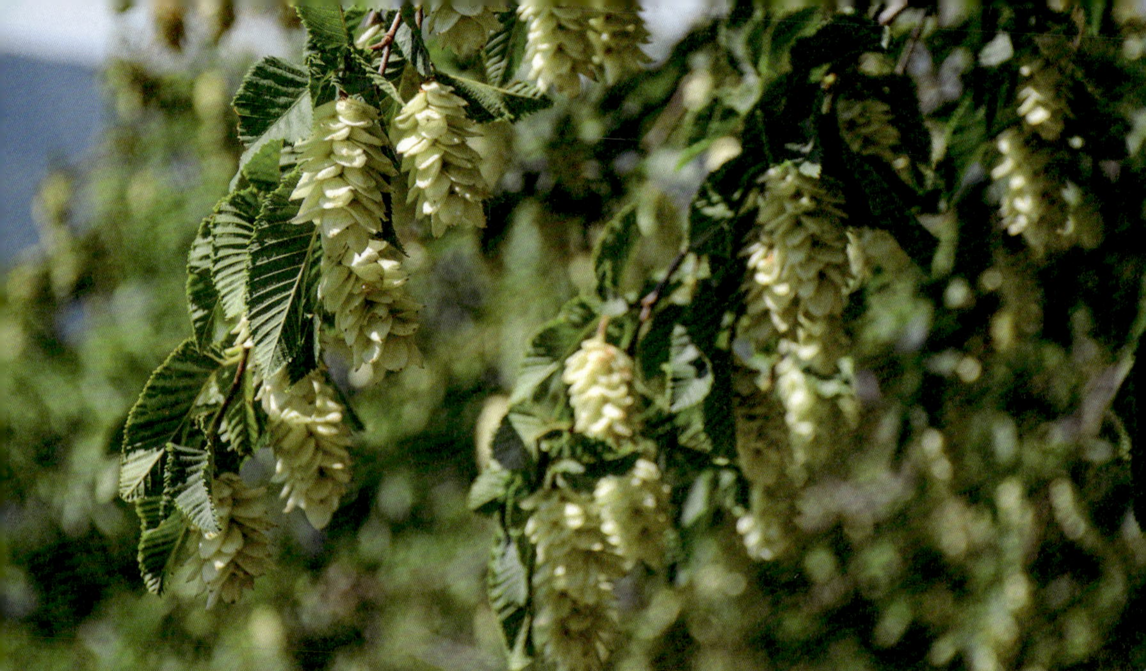

Die Hopfenbuche, eine treue Begleiterin am Keschtnweg

Köstliche oder Kalterer Böhmer wecken unweigerlich das Interesse an diesen alten Apfelsorten. Auch ich kann mich noch gut an unser „Angerle" erinnern, besetzt mit Zwetschgen- und einem Birnbaum mit leckeren Grummetbirnen. Diese Wiesen, auch Bangert (wohl von „Bamgart") oder Anger genannt, sind von Menschenhand angelegt worden und wurden oftmals durch Trockenmauern abgegrenzt, auf denen Hecken wachsen. Man kann sich kaum vorstellen, welche Artenvielfalt auf Streuobstwiesen zu finden ist. Man geht von rund 5000 Arten aus, die sich von der Krone bis zum Boden hier aufhalten. Um diese Vielfalt zu fördern, das Bewusstsein dafür zu wecken und zu stärken, wurde die Initiative „Baumgart" und sogar ein Wettbewerb ins Leben gerufen, an dem namhafte Partner wie EURAC Research, Heimatpflegeverband, Obstbaumuseum, „Roter Hahn" (Bauernbund) und andere beteiligt sind. Es werden wertvolle Streuobstwiesen (bestückt mit mindestens sechs Bäumen) gesucht, bewertet und ausgezeichnet.

Die **Trockenmauern** bestimmen ebenfalls das Landschaftsbild des Keschtnweges und bieten einen natürlichen Lebensraum für zahlreiche Tiere und Pflanzen. Gerade im Weinberg sind sie von großem Nutzen: Durch die ohne Mörtel aufgeschichteten Steinmauern entstehen im steilen Gelände künstliche, etwas flachere Terrassen. Die Steine speichern untertags die Wärme der

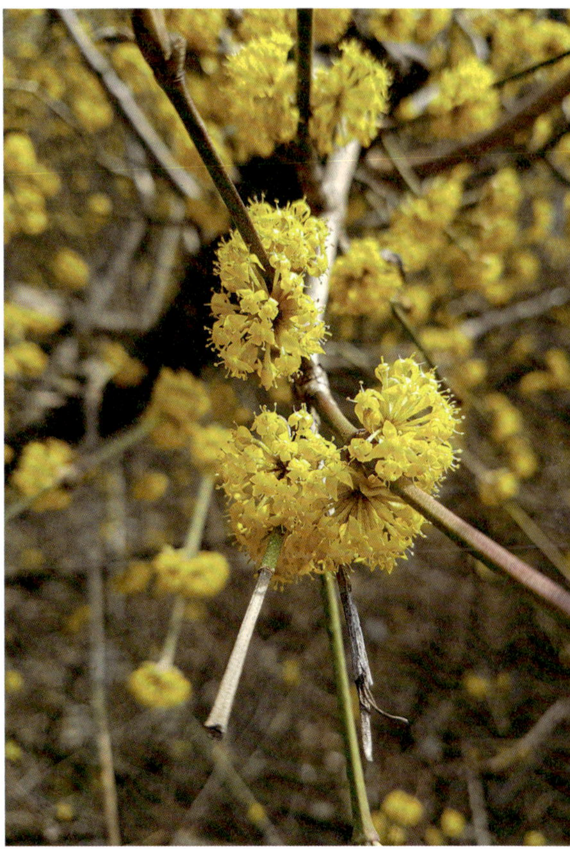

Sonne und geben sie nachts wiederum an die Umgebung ab. Die Steine wurden meist vor Ort gesammelt, also in den Feldern, und dann aufgeschichtet. Die Mauern schützen zusätzlich vor Erosion. Wärmeliebende, anspruchslose Pflanzen siedeln sich gerne an: Mauerpfeffer, Fetthenne oder Hauswurzen. Überall flitzen Eidechsen herum, aber in den offenen Spalten und Ritzen zwischen den Steinen kann man noch jede Menge anderes Getier und Pflanzen entdecken, wie etwa den Ackermohn.

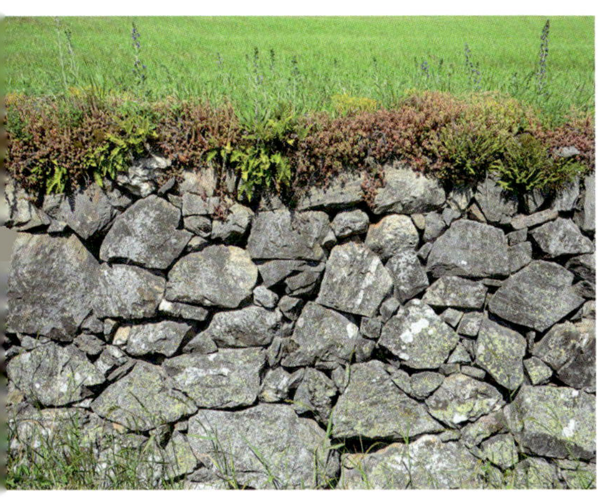

Oben: Die Blüte der Kornelkirsche läutet den Frühling ein.

Links: Trockenmauern sind Lebensraum für Tiere und Pflanzen

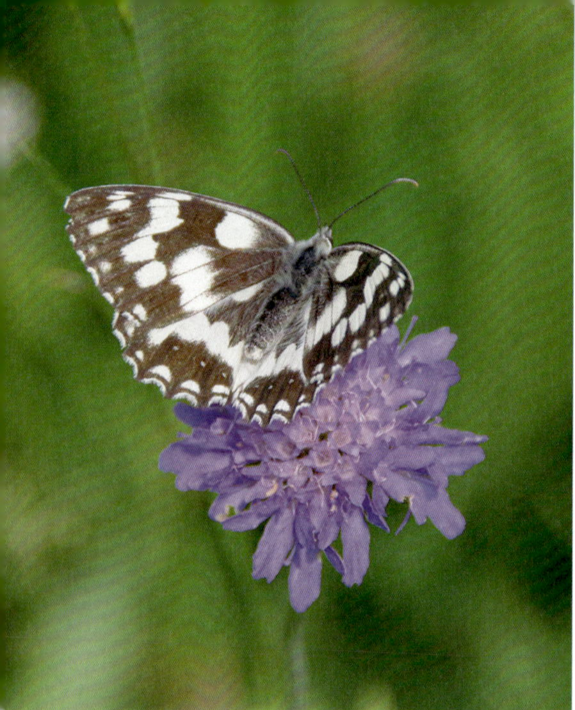

Links: Das Schachbrett gehört zur Familie der Augenfalter.

Unten: Die zierlichen Blüten der Schwalbenwurz sind sehr giftig!

Zusätzlich zu all diesen Lebensräumen sind noch sogenannte **Magerwiesen** (da diese wenig gedüngt und maximal zwei Grasschnitte durchgeführt werden) als Lebensraum im Sinne der Artenvielfalt von sehr großer Bedeutung. Viele Schmetterlinge – wie etwa der Schachbrettfalter – und Heuschrecken wie zum Beispiel der buntbäuchige Grashüpfer fühlen sich auf diesen zu Hause.

Um die Erforschung der Vielfalt geht es auch am „Tag der Artenvielfalt", den das Naturmuseum Bozen regelmäßig veranstaltet. Ein ausgewähltes Gebiet wird dabei genau unter die Lupe genommen. Im Jahr 2017 wurden der **Säbener Berg** sowie ein Teil des Thinnetales und Pardell bis hinauf zum Moar zu Viersch ausgewählt, also genau das Gebiet, durch den auch der Keschtnweg verläuft. An den Hängen des aus Klausenit bestehenden Säbener Berges findet man neben Föhren (Kiefern) und Fichten auch die Flaumeiche.

Käfer, Pilze, Moosarten und dergleichen wurden akribisch aufgezeichnet und dokumentiert. Allein von den Moosarten wurden etwa 97 an der Zahl nachgewiesen, davon einige recht seltene in Südtirol. Bei den Korbblütlern wurde etwa der Borsten-

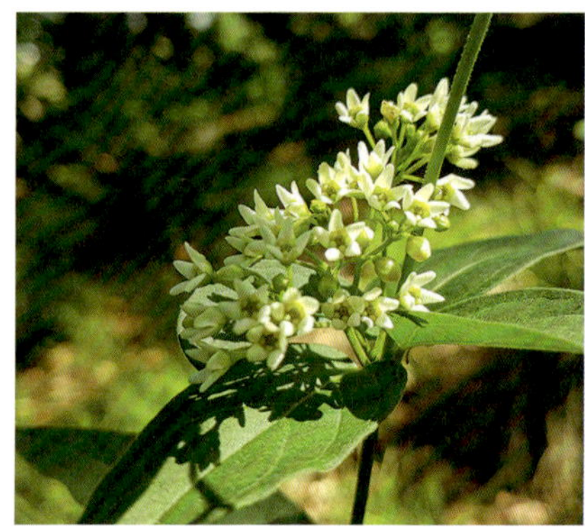

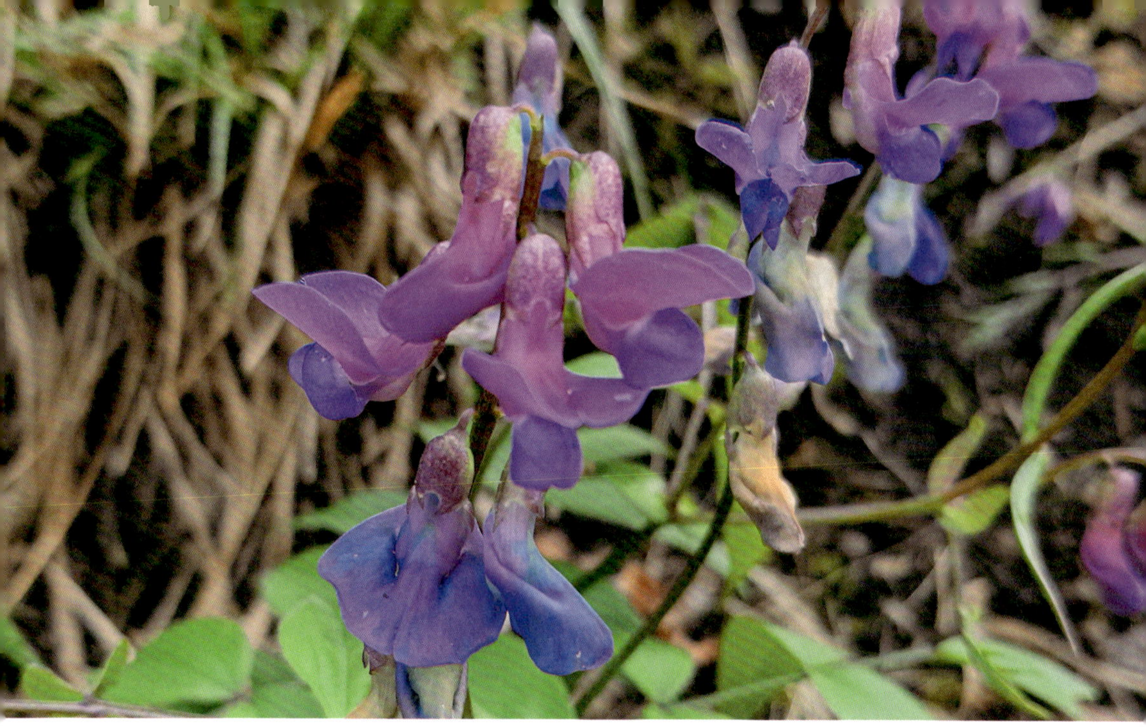

Die Frühlingsplatterbse liebt halbschattige Standorte in Laubwäldern.

Pippau – eine einjährige krautige Pflanze mit einer Wuchshöhe von acht bis 80 Zentimeter – nach rund 100-jährigem Verschwinden in Südtirol wieder aufgefunden. Spinnen, Heuschrecken, Wanzen, Libellen sowie eine Vielfalt an Vögeln, nichts entging den aufmerksamen Augen der Forscherinnen und Forscher. Bemerkenswert ist in diesem Gebiet zudem, dass bei Klausen gleich zwei Laubbäume ihr nördlichstes Ausdehnungsgebiet finden: die Hopfenbuche und der Zürgelbaum (italienisch *spaccasassi* = Steinspalter; seine Wurzeln wachsen nämlich teilweise aus Felsspalten heraus). Der Zürgelbaum stammt ursprünglich aus dem Mittelmeerraum und ist auch vielen Südtirolern nicht bekannt. Aus dessen Holz fertigte man zum Beispiel Radspeichen und Peitschenstiele an. Die kleinen, dunklen, süßen Früchte mit dem großen Stein waren einst für viele ein *Zuckerle*-(Bonbon)Ersatz. Neben diesen zwei typischen **Laubbäumen** findet sich in dieser kollinen Wachstumsstufe (200 bis 900 Meter Meereshöhe) auch die Mannaesche und die Flaumeiche. Die Manna- oder Blumenesche zeigt sich zur Blütezeit von ihrer besten Seite. Die buschigen, elfenbeinfarbenen Blüten prägen im Frühling die Landschaft und locken mit ihrem süßlichen Geruch Insekten und Käfer an. Aus Öffnungen in der Rinde fließt ein Saft heraus, der an der Luft erstarrt.

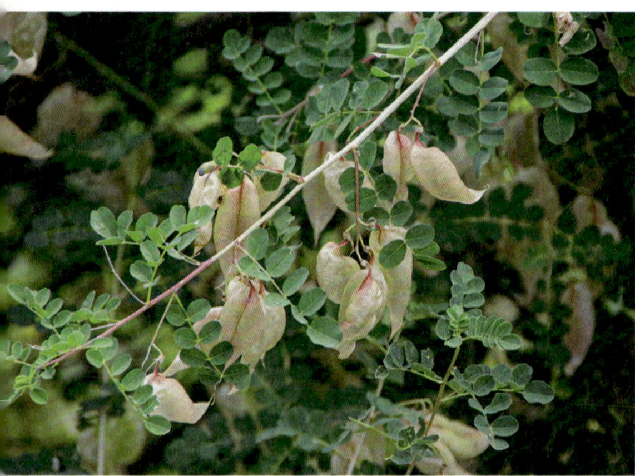

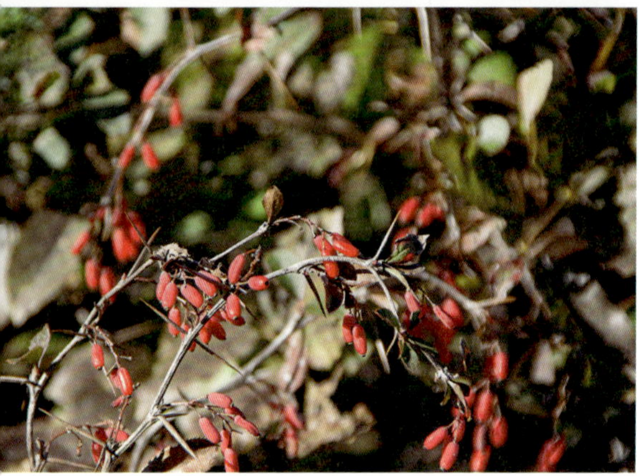

Oben: Der Blasenstrauch mit seinen besonderen Früchten

Unten: Die Berberitze mit ihren heilkräftigen Beeren

Dieses Manna wird in Süditalien von eigens gezüchteten Bäumen gesammelt und als Zuckerersatz verwendet. Die Hopfenbuche, eigentlich ein Birkengewächs, bezaubert mit den namengebenden hopfenähnlichen Fruchtständen. Die Flaumeiche wiederum hat ihren Namen von den auf der unteren Seite behaarten Blättern. Ihr dürres Laub lässt sie erst im darauffolgenden Jahr fallen, nicht wie die meisten Laubbäume im Herbst.

Bei Kollmann (Barbian) befindet sich die nördliche Ausbreitungsgrenze des Perückenstrauches. Die perückenähnlichen Fruchtstände sowie die herrliche Blattfärbung der sehr wärmeliebenden Pflanze sind im Herbst eine wahre Augenweide und wecken urlaubsähnliche Gefühle. Am Gardasee etwa findet man den Perückenstrauch zuhauf. Das Holz wurde früher zum Färben von Seide und Wolle verwendet.

Mit steigender Höhe sind auch die Föhre und die Fichte im Mischwald vertreten. Letztere ist in Südtirol der am häufigsten vorkommende Nadelbaum.

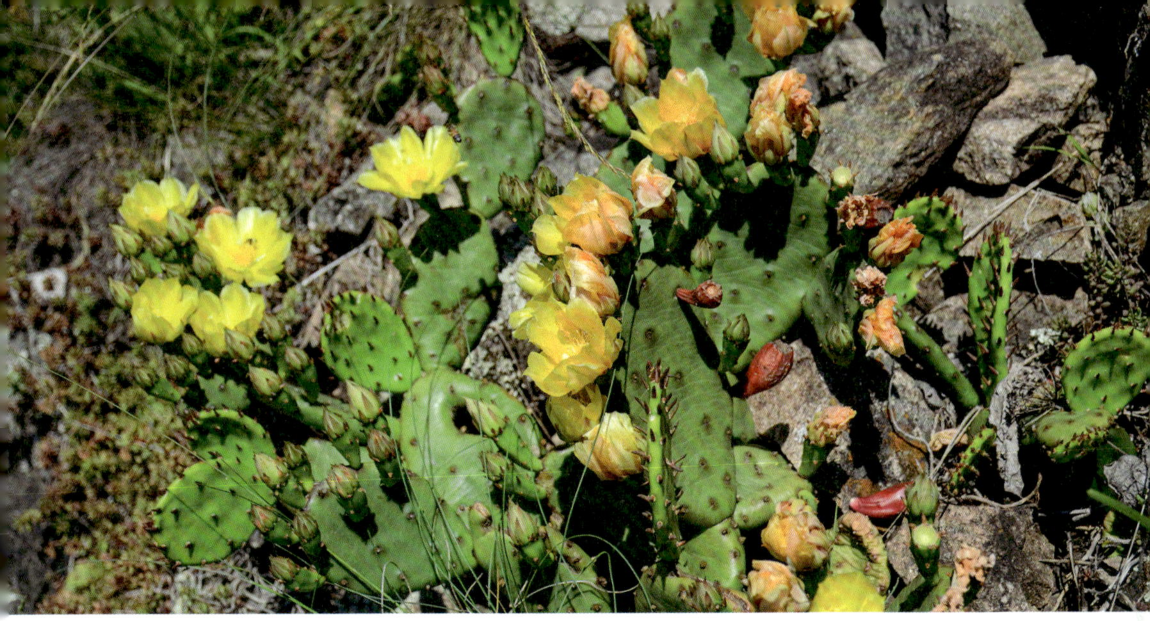

Der Feigenkaktus liebt mediterrane Lebensräume.

Und wo die Fichte steht, findet man am Boden auch häufig den Sauerklee, der dort die idealen Wuchsbedingungen vorfindet.

Die besonders typische Flora des **submediterranen Buschwaldes** findet man etwa am Ritten zwischen Unterinn und Siffian: das früher als Gewürz verwendete Immenblatt mit seinen großen weißen Lippenblüten, die sehr früh blühenden Leberblümchen, Huflattiche und Primeln, die Frühlings-Platterbse, die giftige Schwalbenwurz mit ihren zarten weißen Blüten, die hübsche Graslilie, die strauchige Kronwicke, die rosaroten Polster des kleinen Seifenkrautes, der Deutsche Ginster, die Schattenblümchen, die Habichtskräuter, der blaue Lattich. Zu guter Letzt sollen noch die geschützte Dingel-Orchis, das Weiße Waldvöglein und das unscheinbare Kriechende Netzblatt, allesamt aus der Familie der Orchideen, erwähnt werden.

Die **Heckenlandschaft** entlang des Keschtnweges ist ebenfalls ab und zu noch recht vielfältig: die heilkräftigen Schwarz- und Weißdornbüsche, Berberitze, Steinweichsel, Blasenstrauch, Felsenbirne oder Heckenkirsche, Goldregen und die Heckenrose kann das aufmerksame und fachkundige Auge entdecken.

Sobald man am Keschtnweg die Umgebung von Bozen sowie das Etschtal erreicht, gibt es nochmals ein pflanzliches Highlight: der **Feigenkaktus**, vor dem Oberplanatscherhof (oberhalb von Vilpian) zum Beispiel auf knochentrockenem Porphyrfelsen, vergesellschaftet mit der Hauswurz. Man verwendete ihn einst als

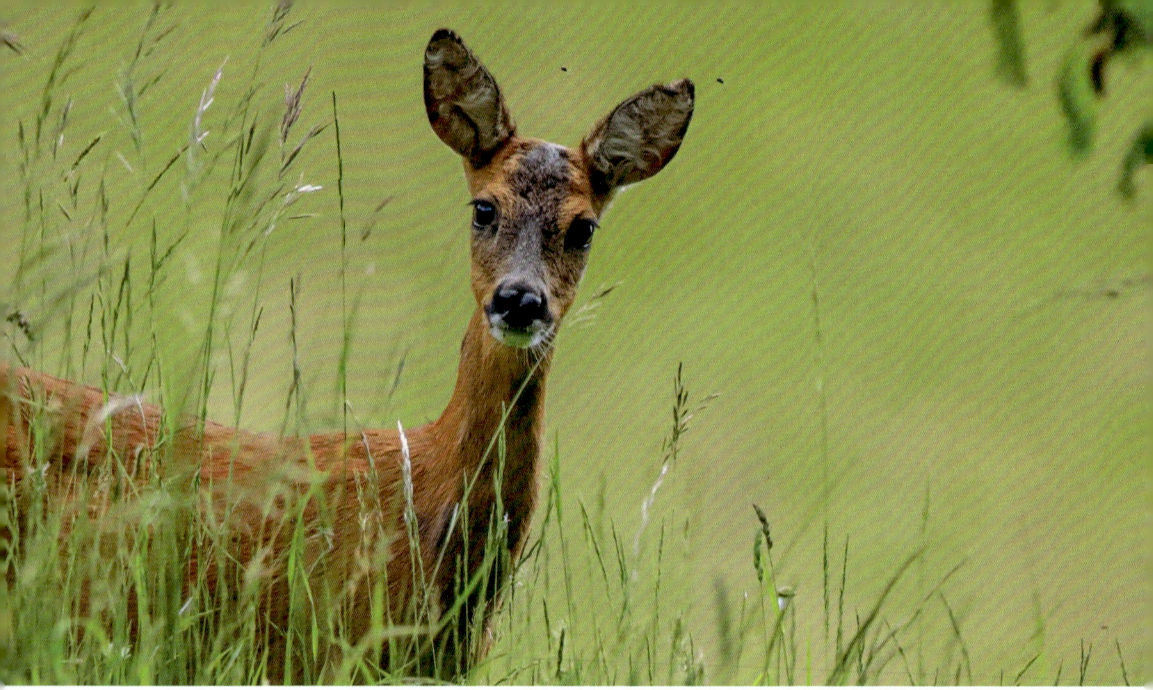

Schweinefutter und das brachte ihm den Namen „Fackendistel" ein. Beim Abstieg nach Vilpian entdeckt man den **Mäusedorn** mit seinen harten und stacheligen Blättern sowie den dekorativen roten Beeren.

Insgesamt gesehen, kann auch die Tierwelt am Keschtnweg mit sehenswerten Überraschungen aufwarten: Wenn man Glück hat, lässt sich eine grünschillernde **Smaragdeidechse** fotografieren, die ab und zu auftaucht, aber sogleich fluchtartig ihren Standplatz wechselt. Im Südtiroler Dialekt wird sie als „Gruanze" oder „Groane" bezeichnet. An feuchten Tagen und in dichten Wäldern, wie hinter der Jausenstation Bergjosl oberhalb von Terlan etwa, sollte man gut darauf achten, wohin man seine Füße setzt. Die Weinbergschnecken ziehen ihre gemütlichen Runden. Auch einen Feuersalamander (Südtirolerisch *Tottermandl*) könnte man im gleichnamigen Salamandertal zwischen Unterinn und Rielinger entdecken, aber man hat nicht mehr oft das Glück, auf diese seltenen Tierchen zu treffen. Die Zikaden

Feuersalamander sieht man nur mehr sehr selten.

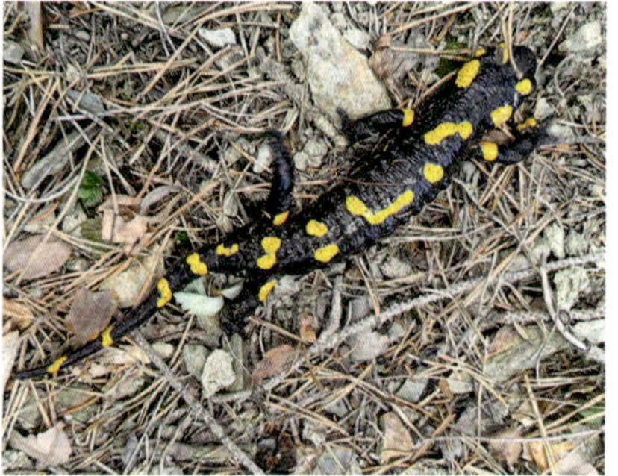

Ein neugieriges Reh betrachtet die Wanderer aus sicherer Entfernung.

sieht man nicht, aber sie schnarren ununterbrochen. Eine sehenswerte Entdeckung ist auch die **Gottesanbeterin**: „Maringgele bet, bet, dass die Weimer siaß werdn!" (Gottesanbeterin bete, bete, dass die Trauben süß werden!) Mit diesem Spruch beschwörte zum Beispiel meine Mutter dieses Tierchen, das sich dann wirklich erhob und die vorderen Beinchen aneinanderhielt. Ihren Artnamen *religiosa* verdankt sie ihren zwei Fangbeinen, die sie in Ruhestellung vor dem Körper hält und damit an zum Gebet erhobene Arme erinnert. Selten kann sich der erfreuliche Anblick eines scheuen Rehes eröffnen ...

Weniger erfreut ist wahrscheinlich manch einer über die Begegnung mit einer **Aeskulapnatter**, welche aber ungiftig ist. In kleinen Teichen und Feuchtgebieten, wie etwa in der Nähe des Wegscheiderhofes (oberhalb von Terlan), ist sogleich eine Libelle zur Stelle. Nicht zuletzt sind noch die zahlreichen Schmetterlinge zu nennen, die das Auge der Wanderer erfreuen und fröhlich vor ihnen hergaukeln.

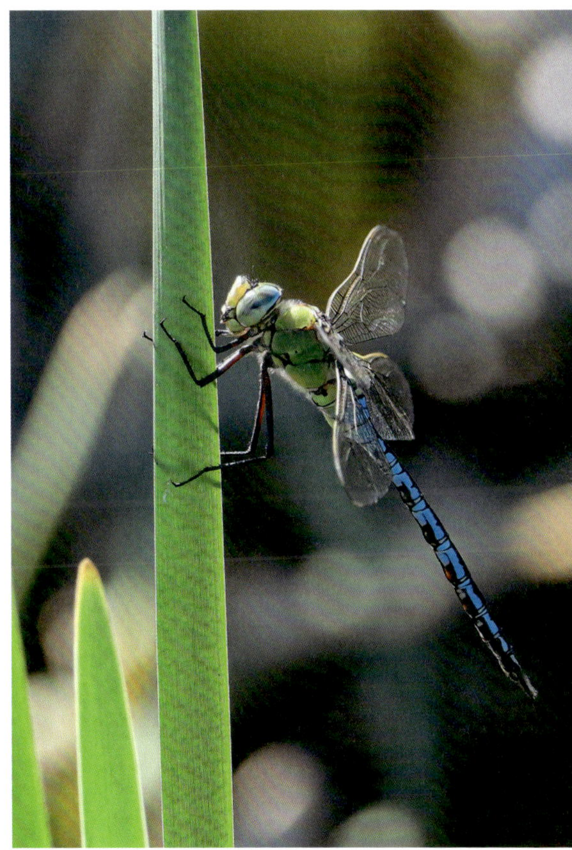

In Feuchtgebieten trifft man auf die filigrane Libelle.

Veranstaltungen

→ Der Keschtnigl in Feldthurns

Jährlich finden ab Mitte Oktober bis Anfang November in Feldthurns die sogenannten „Keschtniglwochen" statt. Dabei wird ein vielfältiges Programm angeboten wie „Kastanie am Keschtnweg", „Kastanienland", „Kastanienbraten erleben", „Kinderkeschtnwanderung", Genusswanderungen und vieles mehr. Highlights sind der „Niglmarkt" und der „Keschtnigl-Sunntig".

Die Anfänge dieser Initiative stehen im Zusammenhang mit der bereits erwähnten Tagung „Die Kastanien sterben – na und?" in Lana. Auch der rührige und in vielen Vereinen aktive Feldthurner Unterwirt Franz Tauber hatte daran teilgenommen. Er regte daraufhin die Feldthurner Bauern an, die vernachlässigten und kranken Kastanienbäume zu sanieren. Weiters galt es die Kastanienhaine aufzuräumen und andere Bäume herauszuschneiden, wie z. B. die vielen Lärchen. Denn auch in Feldthurns war – wie in vielen anderen Teilen des Landes – das Interesse an der Kastanie verloren gegangen. Nach erledigter „Sanierungs-Arbeit" jedoch fragte man sich: „Und jetzt ...?"

Einige Interessierte suchten nach Ideen, um der Kastanie wieder eine größere Bedeutung, Wertschätzung und Aufmerksamkeit zu geben. „Denn gerade einmal 30–40 Jahre früher hatten einige Feldthurner Bauern an die 5000 Kilogramm Kastanien auf die Waage gebracht und auf dem Stegener Markt und im übrigen Pustertal innerhalb kurzer Zeit verkauft", erzählte der Radoarbauer Norbert Blasbichler. Blasbichler kannte den Ideengeber des Keschtnigls (Kastanienigel), den vom Burgerhof oberhalb von Brixen stammenden Regionalentwickler Konrad Meßner. So wurde die Veranstaltung namens

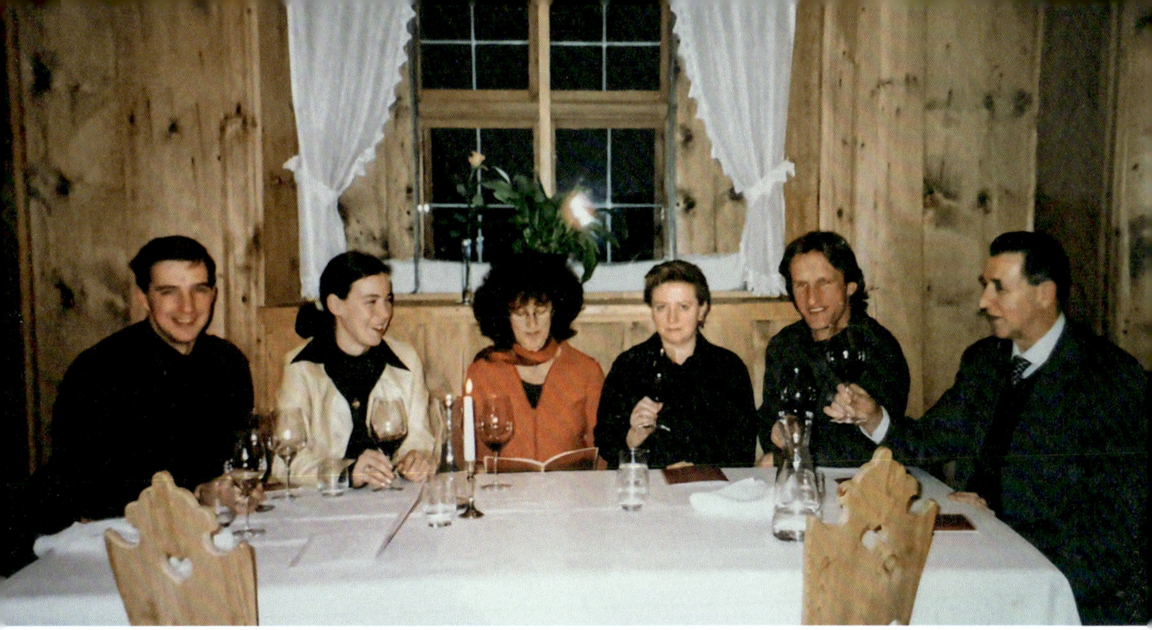

Keschtnrunde 2002: Norbert Blasbichler, Agnes Rabanser, Marialuise Gamper, Margareth Blasbichler, Georg Gamper, Franz Tauber (v. l. n. r.)

„Keschtnigl" ins Leben gerufen mit abwechslungsreichem, durchaus auch kulturell anspruchsvollem Programm. Man lauschte Laute- und Trommlerkonzerten, organisierte Symposien sowie geführte Wanderungen mit literarisch gewandten Begleitern, eine Nachtwanderung zum Kloster Säben, Feuerakrobatik und vieles mehr. Wichtig war dem veranstaltenden Verein „Keschtnrunde" auch die Einbindung von allen Altersgruppen, vom Kindergarten bis zu den Senioren. Und nicht zuletzt ging aus dieser Gruppe unter dem Vorsitz von Norbert Blasbichler auch die Idee eines Keschtnweges hervor, der vorerst innerhalb der Gemeindegrenzen auf bestehenden Wegen mit Einbeziehung der Kastanienhaine verlaufen sollte. Auf diese Gedanken war man nach einem Besuch im Tessin und der Bekanntschaft mit Peter Lendi gekommen. Dort gab es bereits einen solchen Weg zum Thema Kastanie. Die Erweiterung, Betreuung und Vermarktung dieses Weges ging schließlich auf die Tourismusvereine über, welche sich heute für diesen Weg verantwortlich zeichnen, ebenso wie die Veranstaltung des Keschtnigls. Diese Veranstaltung und deren Initiatoren können als Keimzelle des heute so bekannten und beliebten, auf die beachtliche Länge von 90 Kilometern gewachsenen Keschtnweges gesehen werden.

Weitere Informationen

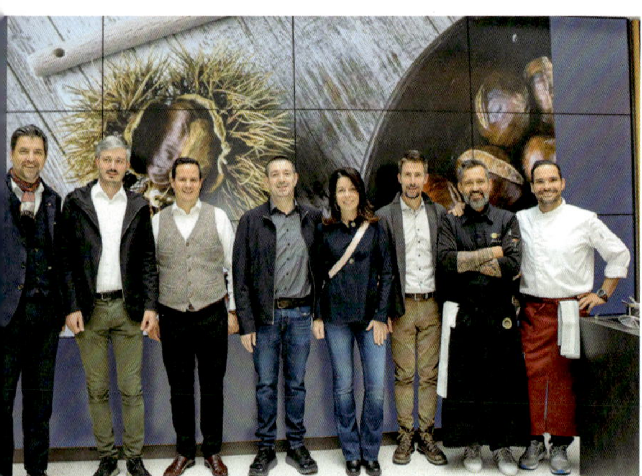

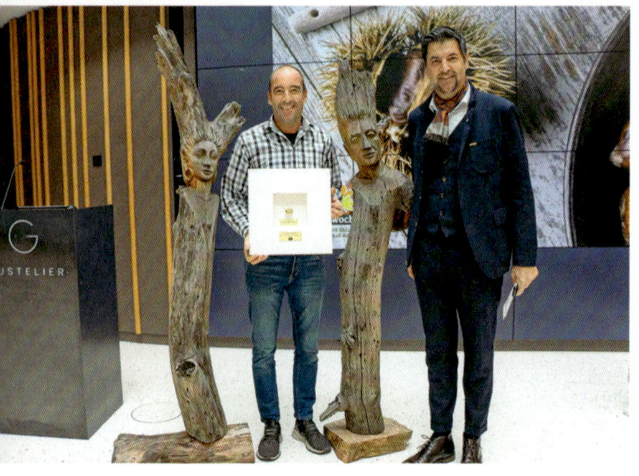

Oben: Die Gastwirte, welche sich an den Kastanienwochen beteiligen, treffen sich zur Eröffnungsfeier.

Unten: Verleihung der Auszeichnung „Goldene Kastanie" an den Künstler Herbert Kerschbaumer durch HGV-Bezirksobmann Helmut Tauber

→ Die Eisacktaler Kastanienwochen

Während die Veranstaltung Keschtnigl vor allem die kulturelle, naturverbundene und wirtschaftliche Bedeutung der Kastanie entlang des Keschtnweges in den Vordergrund stellt, werden bei den Kastanienwochen hauptsächlich die kulinarischen Möglichkeiten in Zusammenhang mit dieser Frucht aufgezeigt.

2001 fanden die Eisacktaler Kastanienwochen das erste Mal statt, Initiator war wiederum der rührige Unterwirt Franz Tauber. Organisiert wird die Veranstaltung nach wie vor vom Hoteliers- und Gastwirteverband des Bezirkes Eisacktal, dem aktuell sein Sohn Helmut Tauber vorsteht.

Im Jahr 2022 beteiligten sich 13 Gastbetriebe von Neustift bis Barbian an dieser Aktion. Von deftigen Vorspeisen, wie beispielsweise Kastanienspätzle mit Speck und Bergkäse, bis hin zu köstlichen Nachtischen, alle zubereitet aus der Kastanie, kann man mit allerlei lecke-

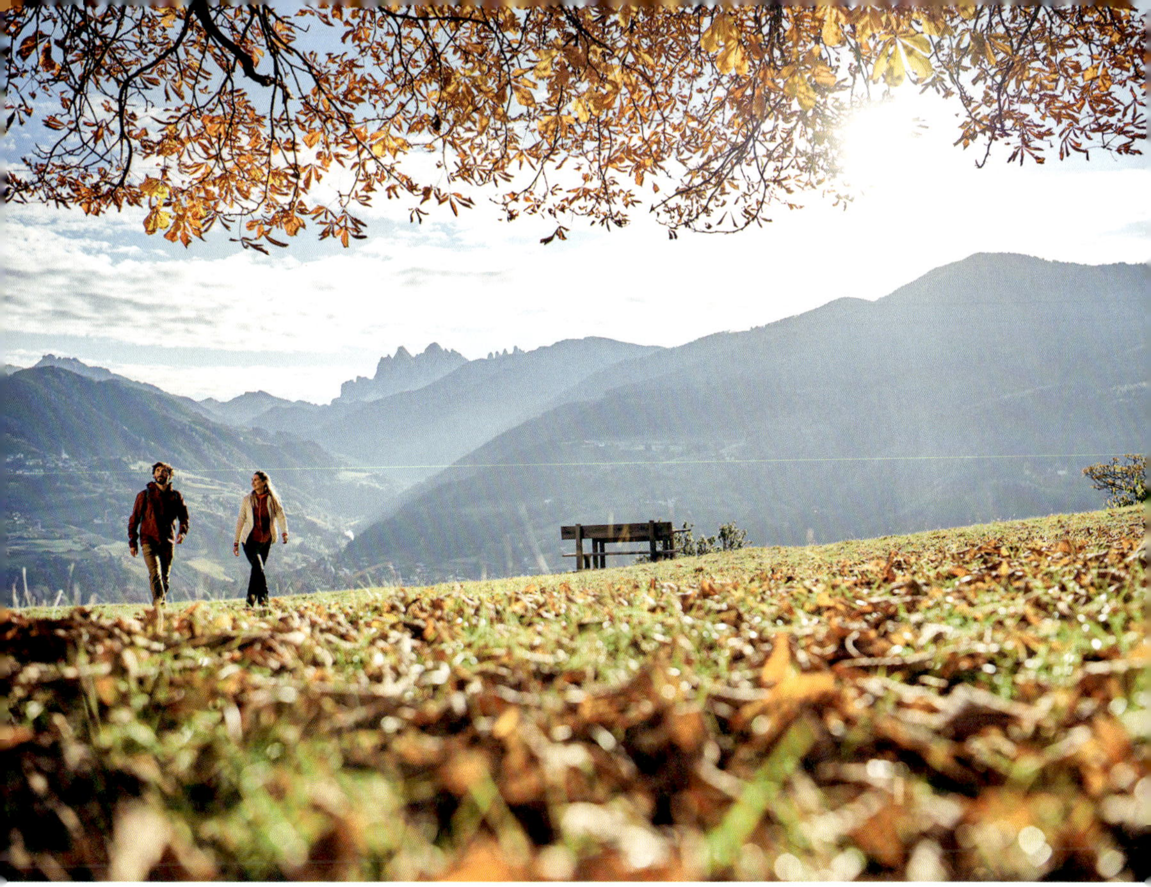

Herbstwanderung durch raschelndes Kastanienlaub

ren und kreativen Überraschungen rechnen. Die Kastanienwochen finden immer Ende Oktober statt. Dazu werden interessante Rahmenveranstaltungen geboten wie geführte Wanderungen mit Verkostungen. Außerdem wird die Veranstaltung auch von der Verleihung der Auszeichnung „Goldene Kastanie" begleitet. Persönlichkeiten, welche sich rund um die Kastanie besondere Verdienste erwarben, erhalten dieses Zeichen der Anerkennung und des Dankes. Zu ihnen gehörte unter anderem auch der Kastanienbaumzüchter Hans Laimer, der mit seiner Kastanienbaumschule in Südtirol ein Unikum darstellt. Die 11. Auszeichnung in dieser Form wurde 2022 an die Feldthurner Künstler Herbert Kerschbaumer und Simon Rauter verliehen. Sie setzen sich in ihrem künstlerischen Schaffen vor allem mit dem Kastanienholz auseinander.

Weitere Informationen

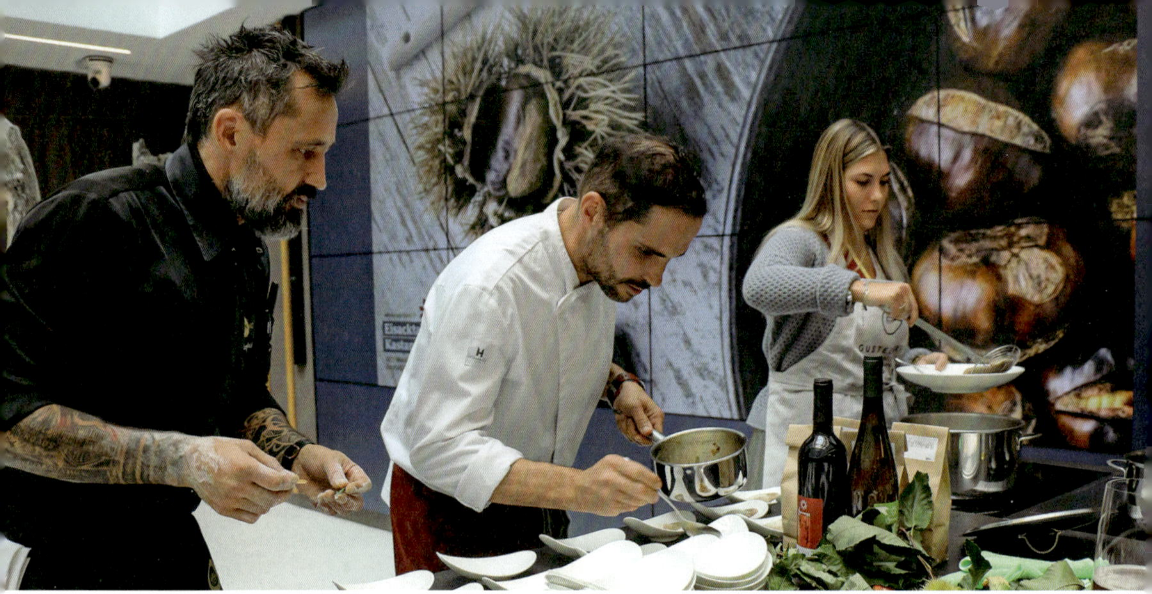

Zubereitung von Kastaniengerichten anlässlich der Eröffnung der Kastanienwochen

→ Keschtnriggl

Wie bereits erwähnt, wird laut darüber nachgedacht, den Keschtnweg zu verlängern. In unmittelbarer Nähe vom derzeitigen Ende des Keschtnweges in Vilpian befindet sich auf der anderen Talseite des Etschtales auf einem Hochplateau gelegen das Gebiet von Tisens/Prissian und Völlan. Dieses Kastaniengebiet ist für den westlichen Teil Südtirols gleichbedeutend wie die Keschtn im Eisacktal. Und genau dieses Gebiet soll das Ziel der nächsten angedachten Etappe sein.

So wie in Feldthurns im Rahmen des „Keschtnigl" verschiedenste Veranstaltungen rund um die Kastanie organisiert werden, findet in Tisens, Prissian, Völlan und Lana ab Mitte Oktober drei Wochen lang der „Keschtnriggl" statt. Der „Riggl" ist ein länglicher, geflochtener Korb mit einer rechteckigen Öffnung. Darin werden die gebratenen Kastanien gerüttelt (= geriggIt) und dadurch löst sich die Schale von der Frucht. Dieses alte Gerät ist Namensgeber für diese Veranstaltung. In den Restaurants kann man in diesem Zeitraum traditionelle und moderne Kastaniengerichte genießen und Bauern oder Förster begleiten die an der Kastanie interessierten Wanderfreunde durch die Kastanienhaine und erzählen Wissenswertes über die geschätzte Frucht. Natürlich gibt es auch ein Kastanienfest, das in Völlan stattfindet. Musik, altes Handwerk, Markt und dergleichen tragen zur Unterhaltung der Besucher bei.

Weitere Informationen 

➔ Kastanienwochen in Jenesien

Der Vollständigkeit halber soll auch diese Initiative erwähnt werden, verläuft doch ein kurzer Teil des Keschtnweges auch durch diese Gemeinde. Im Rahmen der Wochen von Mitte bis Ende Oktober werden Kochkurse, geführte Wanderungen, ein Keschtnmarkt und Törggelefeste organisiert.

Weitere Informationen 

➔ Holzhauersymposium „Kunst am Keschtnweg"

Diese Initiative wurde von Simon Rauter aus Feldthurns 2016 ins Leben gerufen und findet alle zwei Jahre statt, inzwischen mit Beteiligung von internationalen Künstlern. Den Künstlern wird ein unbehauener Baumstamm zur Verfügung gestellt. Daraus entstehen Kunstwerke zu einem vorgegebenen Thema. Die Ergebnisse des ersten Symposiums stehen im Zusammenhang mit der Urgeschichte und sind im Archeopark Feldthurns zu bewundern. .

Weitere Informationen 

Skulptur aus Kastanienholz im Feldthurner Keschtnloach

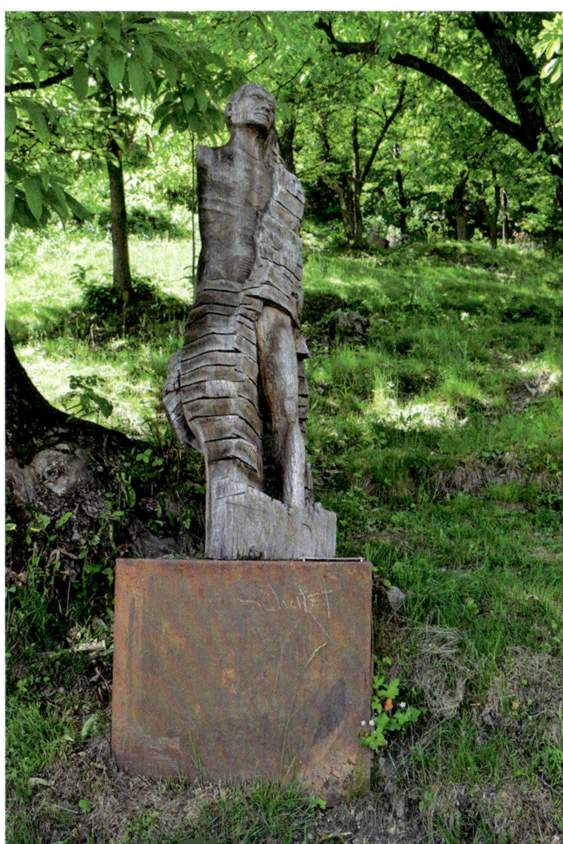

Einkehrmöglichkeiten am Keschtnweg

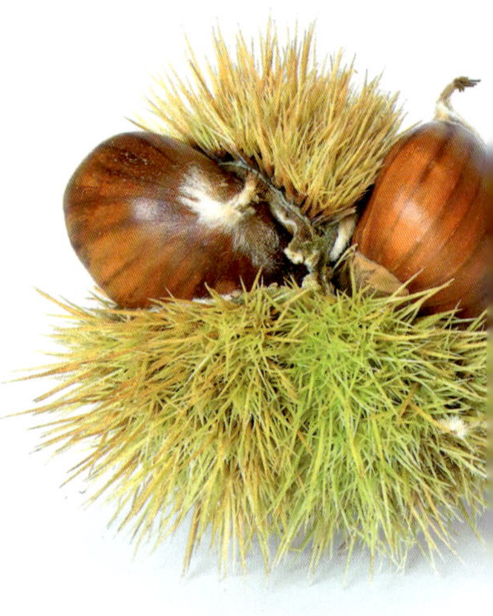

VAHRN

→ Stiftskeller Kloster Neustift (Neustift)
www.kloster-neustift.it, T +39 0472 836189

→ Buschenschank Griesserhof (Vahrn)
www.griesserhof.it, T +39 0472 834805

→ Buschenschank Hubenbauer (Vahrn)
www.hubenbauer.com, T +39 0472 830051

→ Peter's Bistro (Neustift) – T +39 0472 835077

→ Hotel Brückenwirt (Neustift)
www.hotel-brueckenwirt.com
T +39 0472 836692

→ Villa Mayr (Vahrn) – www.villamayr.com
T +39 0472 833945

BRIXEN

→ Buschenschank Burgerhof Meßner (Untereben/Brixen) – www.burgerhof-messner.com, T +39 388 8984818

→ Buschenschank Villscheiderhof (Untereben/Brixen) – www.villscheider.info, T +39 0472 832037

→ Buschenschank Huberhof (Pinzagen/Brixen) – www.huberhof.net, T +39 0472 830240

→ Restaurant Alpenrose (Pinzagen/Brixen)
www.alpenroses.com, T +39 0472 694947

→ Hofschank Saderhof (Summeregg/Brixen) – www.saderhof.it, T +39 0472 835919

FELDTHURNS

→ Landgasthof Wöhrmaurer (Feldthurns)
www.woehrmaurer.com, T +39 329 4175789

→ Buschenschank Peintnerhof (Feldthurns)
www.peintnerhof.it, T +39 333 2259558

→ Hotel Oberwirt (Feldthurns)
www.hotel-oberwirt.it, T +39 0472 855212

→ Hotel Taubers Unterwirt (Feldthurns)
www.unterwirt.com, T +39 0472 855225

→ Dorfcafe Sellemond (Feldthurns)
www.sellemond.it, T +39 0472 855210

→ Gartencafe Tonig Bar (Feldthurns)
www.tonigbar.it, T +39 0472 855216

→ Hotel Feldthurnerhof (Feldthurns)
www.feldthurnerhof.com, T +39 0472 855333

→ Buschenschank Radoarhof (Feldthurns)
www.radoarhof.com, T +39 0472 855645

KLAUSEN

→ Buschenschank Moar zu Viersch (Pardell)
T +39 0472 855489

→ Gasthaus Huber (Pardell)
www.gasthaus-huber.it, T +39 0472 855479

→ Bäckerei Gasser (Klausen) – T +39 0472 613516

→ Restaurant Pizzeria Zum Hirschen (Klausen)
T +39 0472 847559

→ Restaurant/Brauerei Gasslbräu (Klausen)
www.gassl-braeu.it, T +39 0472 523623

→ Restaurant/Pizzeria Torgglkeller (Klausen) www.schmuckhof.it, T +39 0472 847026

→ Bar Stadtlcafe (Klausen) www.stadtlcafe.com, T +39 0472 847592

→ Cafe Bar Mary – T + 39 0472 847556

VILLANDERS

→ Buschenschank Johannserhof (Villanders) T +39 328 1651696

→ Ansitz Steinbock (Villanders) www.ansitzsteinbock.com, T +39 0472 843111

→ Pizzeria Rustika (Villanders) www.pension-gasser.com, T +39 0472 843206

→ Buschenschank Larmhof – www.larmhof.it, T +39 0472 843163

→ Buschenschank Winklerhof www.winklerhof.eu, T +39 331 3990090

→ Buschenschank Pschnickerhof www.pschnickerhof.it, T +39 0472 843498

BARBIAN

→ Buschenschank Unteraichnerhof www.unteraichnerhof.com, T +39 0471 650115

→ Gasthof Zur Traube (Barbian) www.zurtraube.com, T +39 0471 650000

→ Gasthof Rösslwirt (Barbian) www.roesslwirt.com, T +39 0471 654188

→ Gasthof Zum Englwirt (Barbian) www.englwirt.com, T +39 0471 654283

→ Gasthof Saubacherhof (Saubach/Barbian) www.saubacherhof.com, T +39 0471 654344

RITTEN

→ Gasthaus Zunerhof (Antlas/Lengstein) www.zunerhof.com, T +39 320 1952291

→ Buschenschank Schlosshof (Siffianer Leitach) www.schlosshof-ritten.com, T + 39 0471 349066 (nur am Wochenende und auf telefonische Bestellung geöffnet)

→ Buschenschank Rielinger (Siffianer Leitach) www.rielinger.it, T +39 349 5927302

→ Gasthaus Wunder (Unterinn) www.wunder.bz.it, T +39 0471 1800140

→ Gasthaus Pirbamer (Unterinn) www.pirbamer.it, T +39 0471 359014

→ Gasthof Fleier (Unterinn) www.fleier.it, T +39 0471 359047

→ Hofschank Partschonerhof (Signat/Unterinn) www.partschonerhof.com, T +39 347 0005876

→ Gasthof Signater Hof (Signat) www.signaterhof.it, T +39 0471 365353

→ Buschenschank Ebnicherhof (Oberbozen) T +39 329 6085866

BOZEN

→ Burgschänke Schloss Runkelstein www.runkelstein.info/burgschaenke, T +39 375 6045180

JENESIEN

→ Gasthof Messner (Glaning/Jenesien) www.gasthof-messner.it, T +39 0471 281353

→ Gasthaus Noafer (Glaning/Jenesien) T +39 0471 266539

TERLAN/VILPIAN

→ Jausenstation Bergjosl – T +39 338 8720482

→ Gasthof Oberbacher (Terlan) – T +39 0471 257264

→ Bar/Pizzeria Residence Egger (Terlan) www.egger-terlan.eu, T +39 0471 1889670

→ Buschenschank Oberlegar – T +39 334 3189520

→ Café Meitinger (Terlan) – T +39 0471 258209

→ Café Wieterer (Terlan) www.wieterer.com, T +39 0471 257474

→ Restaurant & Pizzeria Oberhauser (Terlan) www.oberhauser.bz, T +39 0471 257121

→ Bäckerei (u. Café) Psenner (Terlan) www.baeckerei-psenner.com, T +39 388 4376676

→ Pizzeria Central (Vilpian) www.pizzeria-central.com, T +39 371 4690685

→ Restaurant & Pizzeria Soali (Vilpian) T +39 0471 678301

BILDNACHWEIS: Alle Bilder stammen von **Rosmarie Rabanser Gafriller** außer **Archeopark/Marianne Erlacher** 110, **Athesia-Tappeiner Verlag** 62; **Norbert Blasbichler** 185; **Bergwerk Villanders/Gruber** 104; **Wolfgang Gafriller** 8/9, 28, 111; **Laura Ganner** 45; **Thomas Gantioler** 173; **Rene Gruber** 31, 52; **HGV Bozen** 186, 188; **IDM Südtirol** (Manuel Ferrigato) 34, 187, (Alex Filz) Vorsatz/Klausen, 80/81, 91, (Andreas Mierswa) 37; **Hans Laimer** 17, 30; **Daniel Mair/LIVE-STYLE Agency** 36; **Kim Marcelli** 42; **Helmut Moling** Vorsatz/Feldthurns, 70/71; **Georg Rabanser** 174 o., 183; **Caroline Renzler/SILBERSALZ** 86; **Helmuth Rier** 83, 85 u., 92; **Valentina Solfrini** {Hortus Cuisine} 43 und 44; **Rosa Soratroi** 32; **Olga Staffler** 39; **stock.adobe.com** (Gabriele Bignoli) 63, (Sergej Borzov) 148, (cmfotowork) 89, (Dan74) 190, (gtranquillity) 2, (hegadex.com) 132 o., (kab-vision) 38, (Patryk Kosmider) 88, (Frank Krautschick) 67, 164 o., (New Africa) 41, (Albert Noib) 164 u., (lorenza_panizza) Vorsatz/Neustift, (saiko3p) 165, (Sergiogen) 35, (stevanzz) 166, (zcy) Umschlag-Rückseite, (Boris Zerwan) Vorsatz/Kastanienbaum; **Tourismusverein Ritten** (Sophie Pichler) 133, (Achim Meurer) Vorsatz/Unterinn, 145; **Werner Waldboth** 5; **www.suedtirolerland.it** Vorsatz/Vilpian und Terlan

1. Auflage 2023

Umschlaggestaltung & Design: Athesia-Tappeiner Verlag
Satz & Korrektorat: Cilli Staffler
Kartografie & 3D: geomarketing, www.geo-marketing.eu; Orthofoto: Autonome Provinz Bozen-Südtirol/Landeskartographie und Koordination der Geodaten
Bildbearbeitung: Typoplus, Frangart
Druck: Athesia Druck, Bozen
Papier: Gardamatt Ultra, Vorsatz Offset weiß

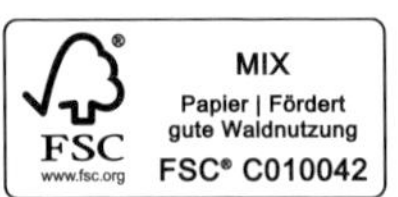

Gesamtkatalog unter
www.athesia-tappeiner.com

Fragen und Hinweise bitte an
buchverlag@athesia.it

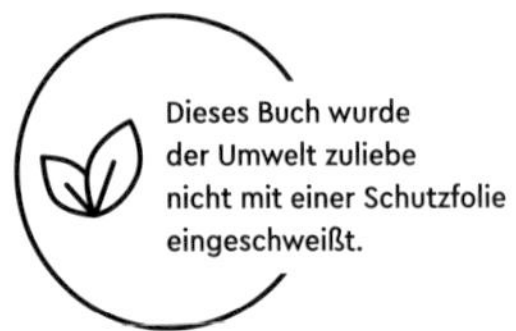

ISBN 979-12-80864-11-6

Bildbeschreibung Titelseite:
Sonnendurchflutete Kastanienbäume umrahmen den Blick auf den Schlern (© Wolfgang Gafriller)

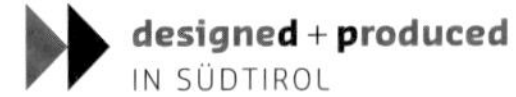

QUELLENANGABE

Josef Rampold, Eisacktal, Athesia Bozen, 1996

Oswald Stimpfl, Blumenwanderungen, Folio Verlag Wien-Bozen, 2010

Meraner Stadtanzeiger, **Wilhelm Mair** (Botanischer Spaziergang Sommer 2014, Herbst 2014, Frühling 2016)

Dora Somvi, Kräuterwanderungen in Südtirol, Tappeiner Verlag, 2015

Erich Kofler, Südtiroler Gebietsführer (Barbian/Villanders), Athesia Bozen, 1980

Thomas Peer, Lebensräume in Südtirol/Die Pflanzenwelt, Athesia Bozen, 1989

Peter Ortner, Christoph Mayr, Kulturlandschaft Südtirol, Athesia Bozen, 2006

Anton von Lutterotti, Südtiroler Landeskunde, Athesia Bozen, 2000

Leo Andergassen, Südtirol. Kunst vor Ort, Athesia Bozen, 2002

Arbeitsgruppe Säben, Säben – Geschichts- und Kunstführer, 2003

Cornelia Haller Zingerling, Südtiroler Kastanien, Athesia Spectrum, 2006

Manfred Ziernheld und **Christoph Gufler**, Südtiroler Kastanien, Athesia Bozen, 2011

Informationen zum Thema „Biodiversitäts-monitoring Südtirol", „Initiative Baumgart", „Biodiversität und Lebensräume am Keschtnweg", **Andreas Hilpold**, Biologe Eurac Research

Kastanienrezepte: S. 42: Tina Marcelli – Meine Lieblingsrezepte; Athesia-Tappeiner Verlag 2021; S. 43/44: Südtiroler Leibgerichte von Hanna Perwanger; Athesia-Tappeiner Verlag 2020; S. 45: Alles selbst gemacht! von Annalena Ganner; Athesia-Tappeiner Verlag 2022

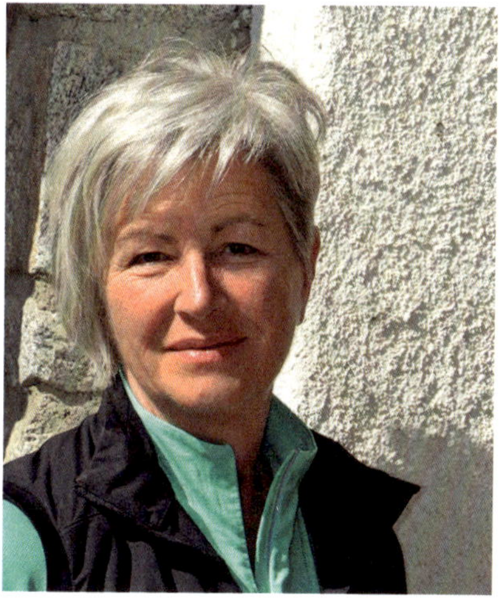

ROSMARIE RABANSER GAFRILLER

Die Autorin, Jahrgang 1959 aus Barbian, ist Lehrerin im Ruhestand. Ihr Einsatz gilt dem Verfassen von Wanderbüchern und ihrer Tätigkeit als Wanderführerin. In diesem Rahmen ist sie einerseits mit Wandergruppen des Alpenvereins unterwegs, aber auch mit vielen Gästen. Der Keschtnweg liegt vor ihrer Haustür, sie kennt ihn wie ihre Westentasche, und fehlt natürlich nicht in ihrem Tourenprogramm. Als ehemalige Dorfchronistin zählt die Sammel- und Recherche-Leidenschaft ebenfalls zu ihren Stärken und so hat sie viele interessante Informationen rund um die Kastanie und das Leben am Keschtnweg zusammengetragen.

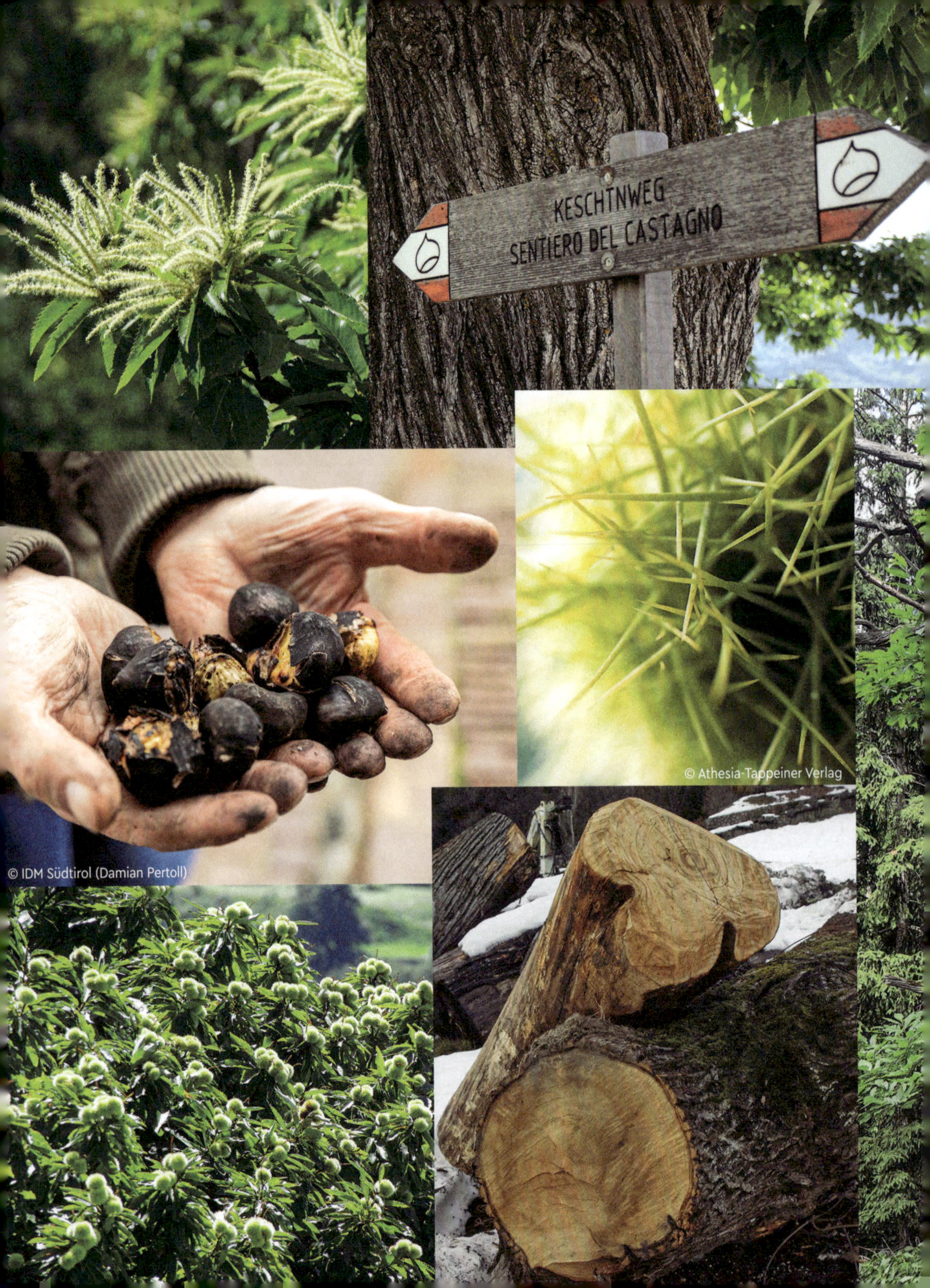
KESCHTNWEG
SENTIERO DEL CASTAGNO
© Athesia-Tappeiner Verlag
© IDM Südtirol (Damian Pertoll)